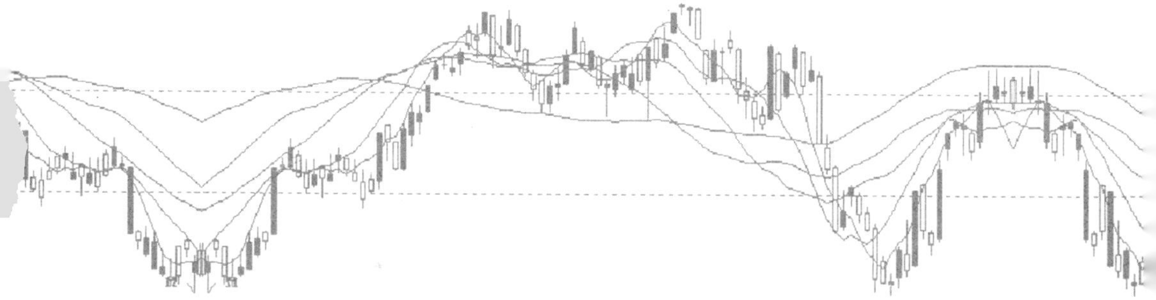

K线是打开股市之门的金钥匙

短线为王之五

——解读K线玄机

吴行达/编著

第2版

经济管理出版社
ECONOMY & MANAGEMENT PUBLISHING HOUSE

图书在版编目（CIP）数据

短线为王（之五）——解读K线玄机/吴行达编著．—2版．—北京：经济管理出版社，2013.11
ISBN 978-7-5096-2817-1

Ⅰ．①短…　Ⅱ．①吴…　Ⅲ．①股票投资—基本知识　Ⅳ．①F830.91

中国版本图书馆CIP数据核字（2013）第280815号

组稿编辑：勇　生
责任编辑：勇　生
责任印制：黄章平
责任校对：陈　颖

出版发行：经济管理出版社
（北京市海淀区北蜂窝8号中雅大厦A座11层　100038）
网　　址：www.E-mp.com.cn
电　　话：（010）51915602
印　　刷：三河市延风印装厂
经　　销：新华书店
开　　本：720mm×1000mm/16
印　　张：17.5
字　　数：277千字
版　　次：2013年12月第2版　2013年12月第1次印刷
书　　号：ISBN 978-7-5096-2817-1
定　　价：38.00元

前言

投资者进入股市后，首先接触的就是K线走势，通过K线走势，我们可以直观清晰地看到股价的运行轨迹。但是投资者在察看K线走势的时候，是否对K线所蕴涵的市场信息有所了解呢？了解K线走势的意义对实际买卖有什么作用呢？可以说，K线形态不仅仅是对历史走势的反映，它更蕴涵了丰富的市场信息，这其中包括市场趋势状态、多空双方的力量转变、主力活动踪迹等等。不了解K线形态的市场含义，我们就无法解读这些市场信息，就不能通过K线形态去预测股价的未来走向，也难以在这个本就变幻莫测的股市中生存下去。

K线分析方法是应用最广泛也是最实用的分析方法，不仅在股市中长盛不衰，在期市、汇市、债市等各类投资市场中也需要应用K线分析。K线之所以会成为投资者心目中的经典分析方法，与K线背后蕴藏的丰富信息密不可分。首先，单根K线、双根K线的组合，反映了短短几日内市场的多空交投情况，以及主力最近几日内的控盘效果、控盘目的，通过它们我们可以准确地预测此股近期的走向如何。其次，K线走势是大趋势持续与反转最为直观的体现，透过较长一段时间内的K线走势情况，我们可以准确地看出个股是处于上升趋势、下跌趋势还是盘整趋势。当个股走势将要反转时，K线会提前向我们发出预警。例如当个股处于上涨末期或下跌末期时，衰竭缺口的出现就是最好的信号；当个股处于顶部区或底部区时，K线经常会走出较为经典的顶部或底部形态。掌握这些形态出现的原理，我们就可以超越形态、透过简单的K线走势看出市场的真实交投情况，从而对个股后期走势了然于胸。此外，K线走势也是主力动向最为直接的体现，主力无疑是投资者极为关注的方面，因为主力是趋势的制造者、是走在市场前面的、先知先觉的资金。主力控盘自然会在盘面上留下信息，而K线走势则是发现主力行踪、了解主力意图的最准确的盘面信息，主力的活动踪迹就是K线的运行轨迹，能否把握主力动向就看投资者是否有这个能力读懂K线走势了！虽然，K线分析法的优点多多，但我们也不能盲目地迷信K线，因为如果仅凭对于K线走势的分析就可以做到常胜不败，那么这个证券市场就真的是太简单了。因此，在分析K线走势的时候，我们还要结合均线、趋势线、成交量甚至基本面等内容进行综合分析，才能不失偏颇，胜之有道。

本书除了全面地介绍K线走势、各种K线形态的分析方法外，还对成交量、趋势线、均线等对K线分析起辅助作用的技术面内容做了较为详尽的讲解，力图让读者全面深刻地理解股市技术分析方法。对于K线走势，本书讲解了各种K线形态所蕴涵的市场信息，这其中既有经典的K线顶部、底部、整理形态等，也有笔者的多年经验成果。通过对每种形态的深入分析及大量实例讲解，力图使读者在看懂K线走势的基础上，能做到灵活运用这些形态，真正地掌握K线分析的方法，这样才能从股市中获取稳定的收益。

在章节安排上，我们采取了循序渐进的方法，首先，从普及性的角度讲解了K线的运用方法、K线与趋势的关系；其次，讲解了运用K线时所要重点关注的另一个技术参数——成交量，随后对K线形态由点及面，从单日、双日、三日一直到底部、顶部、整理等综合形态进行了全面讲解；最后，我们结合主力分析了主力控盘各个阶段的K线形态特点。在全书的讲解中，我们既注重理论的深度、方法的讲解，也注重实例的解析，期望读者在读过本书后，可以真正掌握K线分析之道。

目录

第一章 K线——市场运行轨迹的直观体现

第一节 探究K线的起源

K线起源于300多年前的日本，是18世纪中叶日本德川幕府时代(1603~1867年)，从事粮食生意的商人用于记录米价涨跌的一种图表。当时的米商为了能够预测米价的涨跌，每天仔细地观察市场米价的变化情况，以此来分析预测市场米价的涨跌规律，并将米价波动用图形记录下来，这种图形就是K线最初的雏形。目前，K线分析法在我国以至整个东南亚地区尤为流行。由于用这种方法绘制出来的图表形状颇似一根根蜡烛，加上这些蜡烛有黑白之分，因而也叫阴阳线图表。此外，K线也常被称为蜡烛线、蜡烛图、日本线、阴阳烛、阴阳线、棒线等。K线具有东方人所擅长的形象思维特点，没有西方用演绎法得出的技术指标那样定量，因此运用上还是主观意识占上风。1990年，美国人史蒂夫·尼森以《阴线阳线》一书向西方金融界引进"日本K线图"，立即引起轰动，史蒂夫·尼森因此而被西方金融界誉为"K线之父"，因为英文candle（蜡烛）前面的发"k"的音，故称为K线图。K线还称为"酒井线"。K线后来被技术派人士引用到证券市场，逐步发展成今天的一套K线图理论，K线这一测市工具已在世界各地得到了广泛的应用，它在股市上发挥了奇妙的作用。

第二节 K 线的表现方法

一、单根 K 线的表示方式及意义

图 1-1 K 线示意图所示，单根 K 线由开盘价、收盘价、最高价、最低价四个价位组成，中间的矩形称为实体，开盘价低于收盘价称为阳线，中部的实体以空白或红色表示；开盘价高于收盘价则称为阴线，中部的实体以黑色或蓝色表示。实体以上细线叫上影线，实体以下细线叫下影线，实体的长短代表收盘价与开盘价之间的价差。

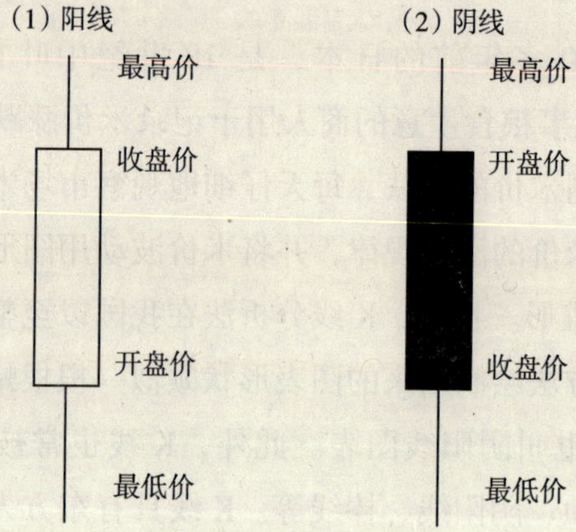

图 1-1　K 线示意图

二、K 线用于表现不同时间周期的特点

K 线的计算周期可将其分为日 K 线，周 K 线，月 K 线，年 K 线。日 K 线是根据股价（指数）一天的走势中形成的四个价位，即开盘价、收盘价、最高价、最低价绘制而成的。一根 K 线记录的是股票在一天内价格变动情况，将每天的 K 线按时间顺序排列在一起，就组成了股票价格的历史变动情况，叫做日 K 线走势图。周 K 线是指以周一的开盘价，周五的收盘价，全周最高价和全周最低价来画的 K 线图。月 K 线则以一个月的第一个交易日

的开盘价，最后一个交易日的收盘价和全月最高价与全月最低价来画的K线图。同理可以推得年K线定义。周K线、月K线常用于研判中期行情。对于短线操作者来说，用5分钟K线、15分钟K线、30分钟K线和60分钟K线具有重要的参考价值。

K线图有直观、立体感强、携带信息量大的特点，通过K线图，我们能够把每日或某一周期的市况表现完全记录下来。股价经过一段时间的盘档后，在图上即形成一种特殊区域或形态，不同的形态显示出不同意义。可以说，K线图能充分显示股价趋势的强弱、买卖双方力量平衡的变化，预测后市走向较准确，是各类传播媒介、电脑实时分析系统应用较多的技术分析手段。

第三节　单日K线形态及其市场含义

本节中我们重点介绍一些常见的单日K线形态及其所代表的市场含义。有些K线由于形态极为相似，因而也反映出了相同的市场含义，比如："没有上下影线的大阳线和大阴线"（称之为光头光脚的K线）与"具有短小的上下影线的大阳线和大阴线"就具有相似的形态，并且代表了相同的市场含义，在具体介绍时，我们就一并用"大阳线"和"大阴线"这两个形态来进行讲解，而不再做细微的区分。

在进行单日K线形态认识前，我们首先要了解一下K线中实体与影线的普遍市场含义。K线实体的长短代表的是多空双方的力量对比，阳线代表的是多方力量，阴线代表的是空方力量。当具有阳线实体的K线形态出现时，代表的是多方力量占据上风，阳线实体越长，表示多方力量越强大；当具有阴线实体的K线形态出现时，代表的是空方力量占据上风，阴线实体越长，表示空方力量越强大。影线则体现出了多空双方的交锋过程，上影线出现时，代表多方曾发动过攻击，而下影线出现时，则代表空方曾发动过攻击。理解了实体与影线的普遍市场含义之后，我们会更容易理解单日K线形态的市场含义。

一、大阳线

此种 K 线图表示最高价与收盘价相同或相接近，而最低价则与开盘价相同或相接近，是股价上涨的信号。如果大阳线出现在股价刚开始上涨的时候，则表明多方占主导优势，买盘力量强劲，投资者可以择机买入，短线或中长线都可能有良好收益；如果大阳线出现在股价连续上涨过程中，则具有双重含义，一是要当心多方能量过快耗尽而导致股价见顶回落，二是大阳线有可能是股价加速上涨的信号，此时要结合股价的具体走势及大盘环境来综合判定；如果大阳线出现在股价连续下跌过程中，则是一种股价短期内见底回升的信号，此时投资者可逢低适量买入。图 1–2 为产生大阳线的当日分时线走势，收盘价接近全天最高价，而开盘价几乎是全天最低价，且最高价与最低价相差较多。

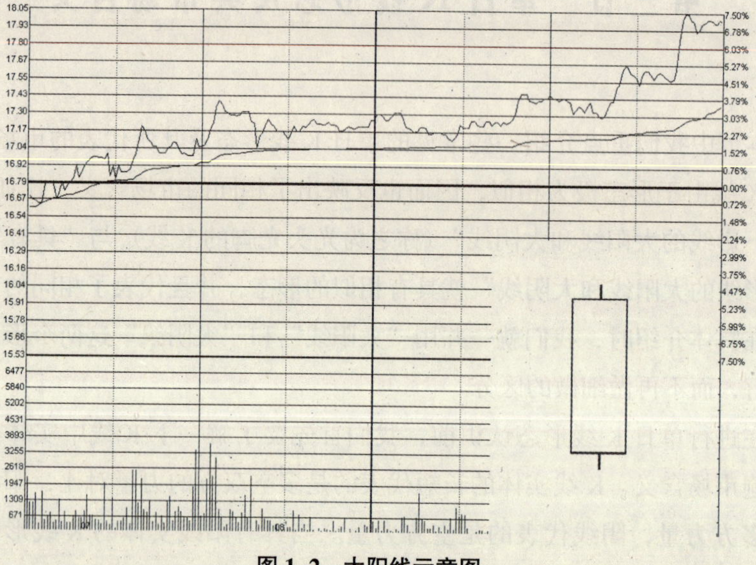

图 1–2 大阳线示意图

二、大阴线

此种 K 线图的形成方式刚好与大阳线相反，表示最高价与开盘价相同或相接近，而最低价则与收盘价相同或相接近，是股价下跌的信号。如果大阴线出现在股价的顶部横盘区域，则多是一种主力出货的信号，此时持股的投资者应提高警惕；如果大阴线出现在股价下跌途中，多是一种股价加速下跌的信号，若此时股价离顶部区还比较近的话，投资者切不可盲目抄底，股市有谚语“不接飞速下跌中的刀”，就是针对这种情况所说的；如果大阴线出现在股价刚启动或启动前，则很有可能是主力用以迷惑散户投资者的“诱空”震仓手法，此时投资者不必惊慌，耐心持股即可。图1–3为产生大阴线的当日分时线走势，收盘价接近全天最低价，而开盘价则几乎是全天最高价，且最低价与最高价相差较多。

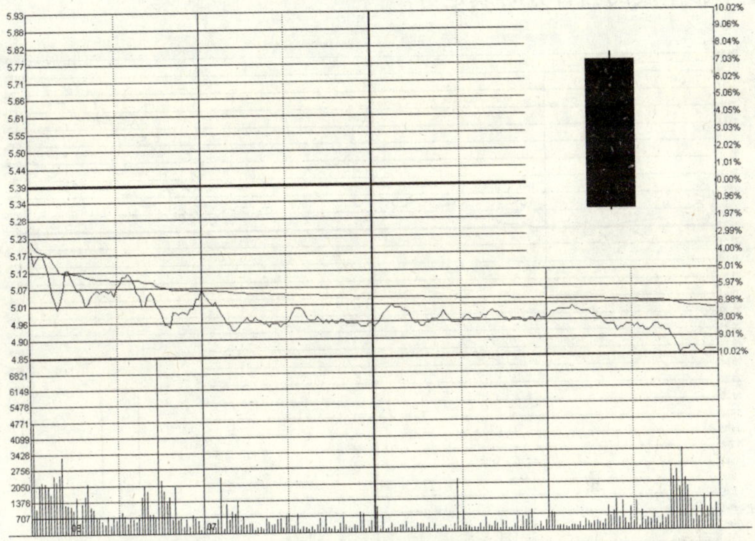

图1–3 大阴线示意图

三、下影阳线

指带下影线的红实体阳线。最高价与收盘价相同或相接近，是一种先跌后涨的K线形态。个股开盘后在卖方打压的情况下，出现下跌走势，随着卖方力量的减弱，股价在低价位上得到买方的支撑，随后，在买盘不断涌入的情况下，价格一路上扬，直至收盘，收盘价基本是全天的最高价。一般来说，出现这种K线形态，是由于买卖双方分歧较为明显导致的，并且卖方在全天的前一段时间内占有优势，而买方则在全天的后一段时间内占有优势，全天交易结束后，由于股价在总体上出现了上涨，因此可以说是在当天的交锋中，以买方获胜而收盘。这种K线形态既是市场分歧加剧的表现，也是买方力量仍占主导地位的体现，是短期内多头行情仍将继续的信号。

当下影阳线出现在股价低位区的长时间横盘整理之后，具有较强的实战意义。因为这时的成交量已逐渐萎缩到了极其清淡的程度，做空力量明显不足，股价基本已失去了下跌的动力。若在此之后的某一日当中，股价在盘中突然出现了大幅下挫，可能会引发部分恐慌性抛盘。主力则可以借此机会将最后一批信心不坚定者清理出局，在主力承接了低位筹码后反手做多，股价很快反转直上，伴随放大的成交量，最后，日 K 线以下影阳线出现，多意味着多方开始有所行动了。此时，这种形态也常常被称为“探底神针”。图 1-4 为产生下影阳线的当日分时线走势。

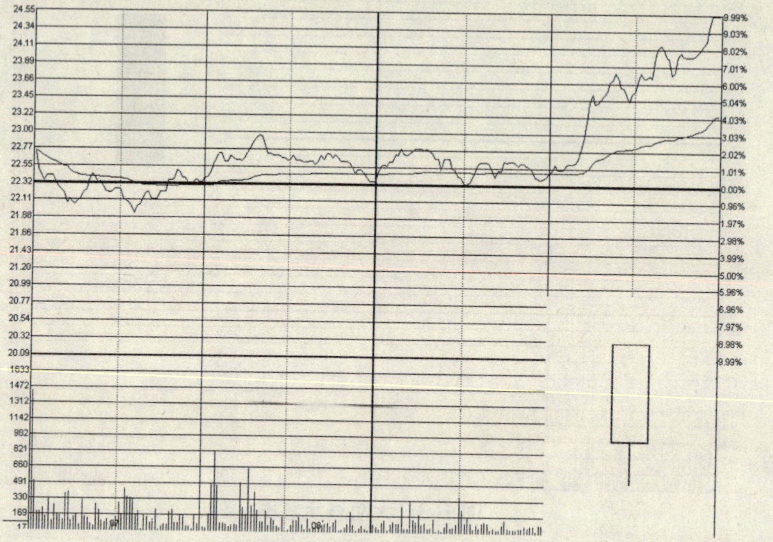

图 1-4　下影阳线示意图

四、下影阴线

下影阴线是一种带下影线的阴实体。这种 K 线形态一般出现在股价跳空高开的情况之下，开盘后，由于卖方的强大抛压，股价出现较大幅度的下跌，随着下跌幅度的加大，卖盘的抛售意愿有所减轻，在下探过程中成交量开始出现萎缩；等下跌到某一价位后，股价开始止跌回升，但由于买盘的乏力，使收盘价仍无法达到开盘价之上，最终以阴线报收；此外，这种形态也常出现在个股盘中或尾盘大幅跳水的情况下，这多是由于大盘跳水从而带动个股所致，是市场整体性抛压沉重的一种表现。一般来说，下影阴线的出现，代表空方在当天的交投过程中处于主导地位，阴线实体越长，则说明空方抛压越大，个股短期走势不容乐观。

出现在个股运行不同阶段的下影阴线，往往会有截然不同的市场含义，如果下影阴线出现在个股运行的相对高位区，则要警惕主力出货的可能性，而当下影阴线出现在股价上涨的途中，投资者也要注意个股的短期回调趋势；此外，下影阴线也极有可能出现在个股短期深幅下跌之后，在下影阴线出现之前，个股连续收出大阴线，这时再出现下影阴线，则是因为做多力量没有马上集结起来，但这时出现的下影阴线已经体现出了一种多空双方发生转变的信号，此时则应短线积极做多。总的来说，下影阴线多是一种短期看空的 K 线形态，一旦出现则应引起关注，特点是当阴线实体较长而下影线较短的时候，则更应注意，因为这是空方力量强大的信号。图 1–5 为下影阴线及当日分时线走势示意图。

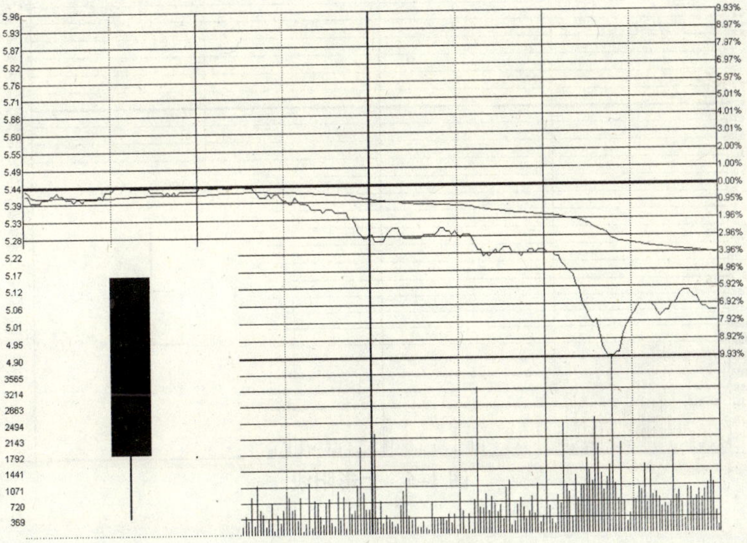

图 1–5　下影阴线示意图

五、上影阳线

上影阳线是一种带上影线的红实体。这种 K 线形态在盘中的形成过程往往是这样的：开盘后，由于多方发起攻击，股价一路上涨，且上涨幅度一般较大，但当股价冲到某一高位后，遭遇到空方强大的抛压，使股价上升受阻，并出现了一定幅度的回调，但在收盘时的收盘价仍然要高于开盘价，因此形成了一个带上影线的阳线实体。当上影阳线形成后，我们可以通过比较阳线实体与上影线的长短，来判断在多方与空方的较量当中，究竟是哪一方略胜一筹。

若阳线实体比上影线长，这说明虽然多方在高价位时遇到了阻力，遇到了空方的打压，但多方仍是市场的主导力量，后市继续看涨；若阳线实体比影线短，这说明股价在高价位遇到空方的压力较大，多方受到严重考验，如果此时股价处于阶段性的高位区或是已有较大的累计涨幅，则后市看跌；若阳线实体与影线同长，一般来说，表明多方略占优势，但优势不大，对于后期股价如何走，此时要结合股价目前的运行趋势及股价所处位置区间来做综合分析。图 1–6 为上影阳线及当日分时线走势示意图。

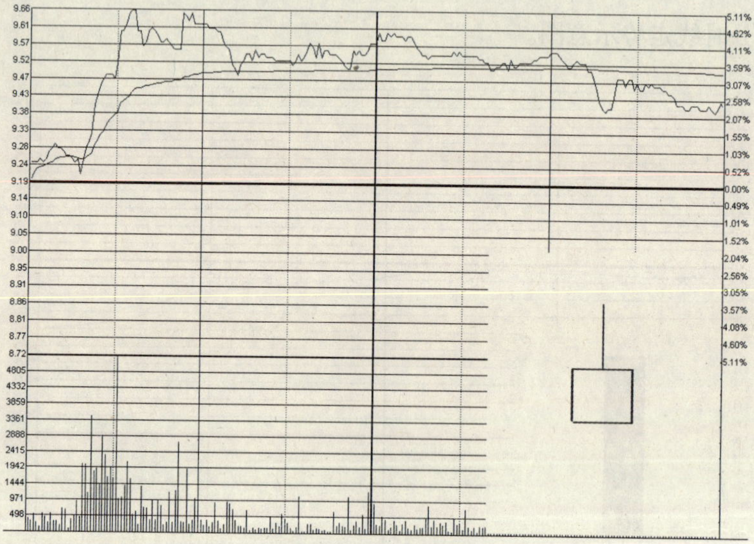

图 1–6　上影阳线

六、上影阴线

上影阴线是一种带上影线的黑实体。上影阴线与上影阳线都是一种先涨后跌的 K 线形态。上影阴线与下影阳线的形成过程有相类似之处，所不同的是，上影阳线 K 线形态形成的当日，是收盘价高于开盘价，多意味着在当日买卖双方的交锋中，买方占有一定优势；而在上影阴线 K 线形态形成的当日，是收盘价低于开盘价，意味着在当日买卖双方的交锋中，卖方占有一定优势。

上影阴线的形成过程一般是：个股在开盘后在买方推动的情况下，出现上涨走势，随着买方力量的减弱，股价在高价位上遭遇了卖方的打压，随后，在卖盘不断涌出的情况下，价格持续下跌，直至收盘，收盘价基本是全天的最低价。一般来说，出现这种 K 线形态，也是由于买卖双方分歧较为明显导致的，虽然买方在全天的前一段时间内占有优势，但卖方却在全天的后一段时间内占有优势，全天交易结束后，由于股价在总体上出现了下跌，因此可以说是在当天的交锋中，以卖方获胜而收盘。这种 K 线形态既是市场分歧加剧的表现，也是卖方力量仍占主导地位的体现，是短期内空头行情仍将继续的信号。图 1–7 为上影阴线及当日分时线走势示意图。

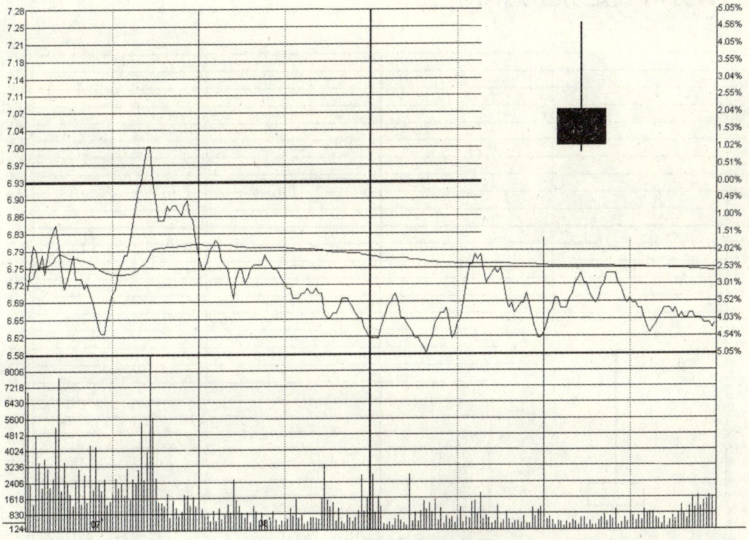

图 1–7　上影阴线示意图

七、长上影线

长上影线形态是指当日 K 线（可为阳线亦可为阴线），带着长长的上影线，同时伴随着较大的成交量，此形态通常在升势末期出现。由于长上影线形态出现时，上影线的长度要远大于实体的长度，因而无论当日是收阳线即形成长上影阳线形态，还是收阴线即形成长上影阴线形态，一般来说，两者代表了相同的市场含义，因而我们不再做细微的区分。

之所以会形成长上影线，或是因为主力拉高出货所致，或是市场获利盘丰厚导致逢高出局的投资者众多所致，总之，长上影线反映了空方力量的强大，是股价短线回落的信号。在主力拉高出货的操盘手法中，开盘后，主力为引诱跟风的投资者介入，早市先大幅拉高，吸引跟风盘涌入，待投资者进来接盘后，再反手做空、大量出货，股价先升后跌，随着主力在当日余下时间里的不断出货，股价少有反弹，一路走低，收盘时就留下一根长长的上影线。若是股价连续上升后导致获利盘丰厚，当大盘有一些震荡时，会加大多空双方对后市看法的分歧，很多短线投资者在看不清局势的情况下，多采用落袋为安的策略，导致股价冲高回落，亦会留下长长的上影线。无论是哪一种情况，长上影线的出现，多代表了空方的攻击，若股价此时处于阶段性的高位或已有较大的累计涨幅，则长上影线是股价下跌的信号。图 1-8 为长上影线及当日分时线走势示意图。

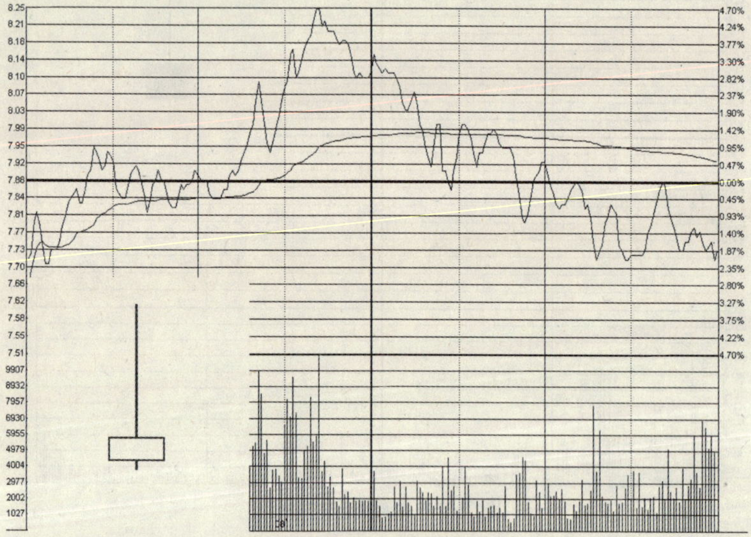

图 1-8　长上影线示意图

八、长下影线

长下影线形态是指当日 K 线（可为阳线亦可为阴线），带着长长的下影线，由于当日股价波动幅度过大，一般会同时伴随着较大的成交量，此形态通常在跌势末期出现。

之所以会形成长下影线，或是因为主力盘中出货后又积极维护股价所致，或是因为主力打压测试市场抛压所致，或是下跌途中市场恐慌盘抛售所致，总之，长下影线反映了空方力量虽然强大，但多方仍能够收复失地，是一种代表多方占优的信号，但当这一 K 线形态出现时，我们应把其看作是多头信号还是空头信号，则要结合具体情况而定。

在主力打压的操盘手法中：由于大盘或个股前期的长时间下跌，导致了股价一路走低，此时的市场是一种空头气氛弥漫的市场，有着较强的空头氛围。主力或是为了震仓、或是为了测试市场抛压，在开盘后或盘中，往往会借大盘震荡顺势打压。由于空头气氛重，主力此时只需少量筹码就可以大幅度地打低股价，当股价大幅下探后，主力再反手做多、大量买入，股价先跌后升，收盘时就留下一根长长的下影线。同样，在股价下跌途中，市场恐慌盘的集中抛售也可以产生这种长下影线的 K 线形态，此时股价之所以能收复失地，多是主力护盘的原因，但主力护盘不等于股价后期走势就一定会好转，因为若股价此时仍处于相对高位、价值高估区间的话，仅仅凭一次长下影线是无法大幅削弱空方力量的。

一般来说，长下影线若是出现在股价低位运行区，则很有可能是主力为了测试市场抛压而顺势打压所致，主力测试市场抛压多是为了后期的拉升，此时我们可以把它看作是股价启动前发出的信号；长下影线若是出现在股价运行的高位区，则很有可能是主力先出货，但由于出货量较少，为了维护股价高位运行，所以在收盘前又把股价拉回来，这多是个股下跌的信号。图 1–9 为长下影线及当日分时线走势示意图。

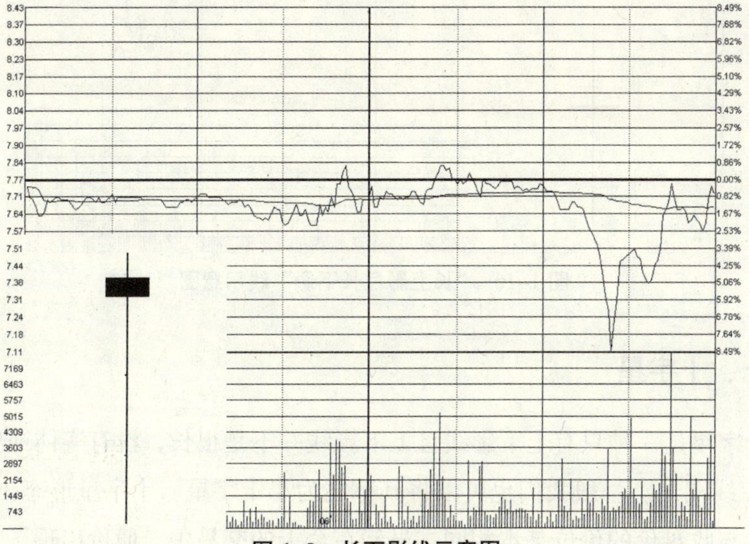

图 1–9 长下影线示意图

九、“长上影且长下影”线

上影很长并且下影也很长的K线，我们称之为“长上影且长下影”线。这种形态往往出现在股价处于相对高位区的时候，由于多空双方的激烈交锋导致的，一般来说，由于股价当日震幅巨大，多会出现明显的放量情况。

上影线很长代表了主力的拉升动作，而下影线很长则代表了市场抛压极重，当这种形态出现在股价运行的相对高位区时，多是空方力量开始加速释放、股价短期下跌的信号，投资者应积极回避。反之，若其出现在深幅下跌的途中时，则代表多方力量已经开始发威，但由于前期市场下跌造成的市场恐慌气氛仍存在，因而当日股价出现了巨幅震荡，随着多方力量的持续跟进，此股短期有快速反弹的可能，投资者可以积极关注。图1-10为“长上影且长下影”线及当日分时线走势示意图。

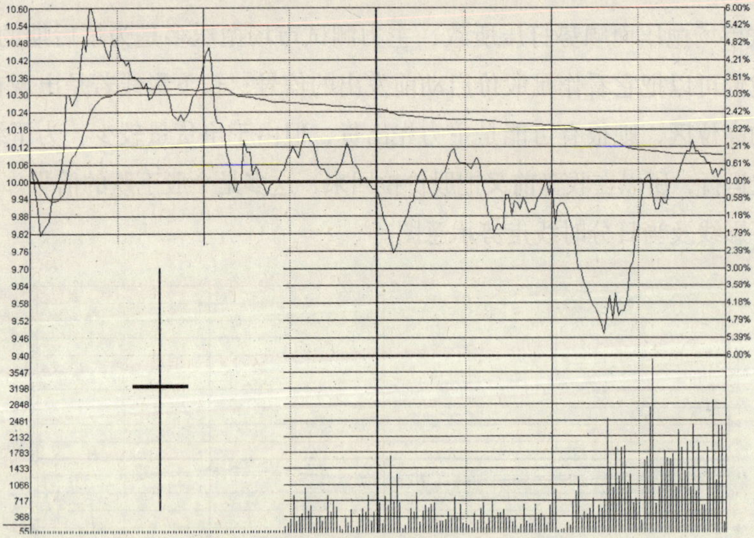

图1-10 “长上影且长下影”线示意图

十、十字星

十字星是一种只有上下影线且上下影线并不是很长，没有实体或实体很短的K线图形。一般我们也可以将其称之为小十字星。十字星形态出现时，开盘价与收盘价的价位基本相同，虽然在全天的交易中，股价出现了一定的波动，但由于买方与卖方几乎势均力敌，导致了股价波动范围并不大。十字星出现在不同的位置往往有不同的含义，比如出现急跌后的低点、急涨后的高点多是一种短期内趋势即将反转的信号，如果出现在上涨初期或下跌初期多是一种趋势仍将继续的信号。

十字星往往预示着市场到了一个转折点，投资者要密切关注，及时调整操盘的策略，做好应变的准备。当十字星出现在持续下跌末期的低价区，称为希望之星，这是见底回升的信号，出现在持续上涨之后的高价区，称为黄昏之星，这是见顶转势的信号。图1–11为十字星及当日分时线走势示意图。

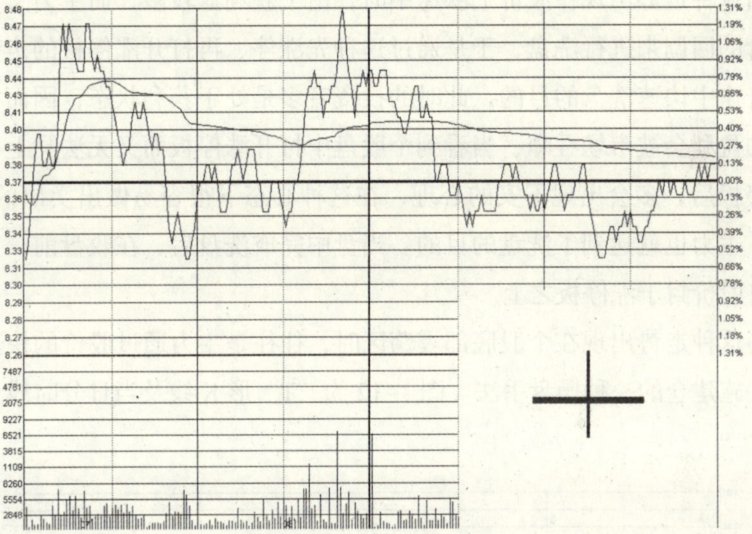

图1–11 十字星示意图

十一、“一”字形K线

“一”字形K线形态是一种专属于涨停板或跌停板的形态，当个股在重大利好消息公布后，由于沪深两市有10%涨幅限制（ST类股票是5%），而这10%的涨幅是无法完全释放出个股的利好效应的，当日开盘后，由于很少有卖盘卖出，却会出现大量抢进的买盘，因而会出现开盘价即涨停价的情况，全天收出一个“一”字形的K线走势。这种“一”字形的涨停板走势能维持多少个交易日，取决于个股所发布的利好消息、市场买盘的跟风程度、主力的做多意愿等多种因素。

与涨停板上的“一”字形走势恰好相反，出现在跌停板上的“一”字形走势，是一种开盘价即跌停价，并且这个价位一直持续到收盘的情况，多是由于重大利空所致。

十二、“T”形 K 线

“T”形 K 线也是一种涨停板走势下的 K 线形态，开盘价即是涨停板，随后在市场抛压或主力的打压下，股价失守涨停板，但是在收盘前，由于买方的强势反击，股价再次收于涨停板之上。“T”形涨停板 K 线形态较多地出现在主力建仓或洗盘阶段。

当这种走势出现在股价上涨途中时，由于获利盘较多，而主力又不想通过股价的回调来进行洗盘，于是通过这种先涨停、再打开涨停板的走势来达到上升途中快速洗盘的目的，此时的投资者多是处于获利状态，因而很担心自己的盈利会被市场吞噬，当看到个股盘中打开涨停板而又无法马上再次封上涨停板后，多会出现不安的心理，在这种心态下很容易做出卖出的决定，从而，主力也就达到了洗盘的目的。当盘中完成洗盘后，在收盘前，主力再一次将股价封于涨停板之上。

当这种走势出现在个股底部震荡区时，往往是主力通过股价的快速波动进而实施建仓的一种操盘手法。图 1–12 为“T”形 K 线及当日分时线走势示意图。

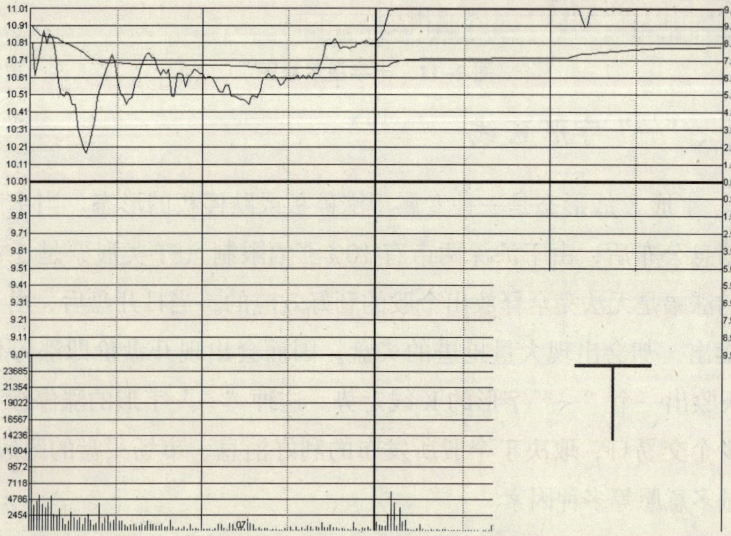

图 1–12 “T”形 K 线示意图

十三、倒“T”形 K 线

与“T”形 K 线形态相反，倒“T”形 K 线是一种常见的跌停下的 K 线形态。倒“T”形 K 线形态出现时，开盘价即是跌停板，随后在市场买盘或主力推动下，股价打开跌停板，但是在收盘前，由于卖方的持续抛压，股价再次收于跌停板之上。倒“T”形跌停板 K 线形态较多地出现在主力出货或个股突然出现重大利空的情况之下。

当这种走势出现在主力出货时，股价此时多处于高位区间运行，市场散户接盘者极少，无法满足主力出货的需要，由于主力底部买入的筹码非常便宜，因而主力不介意将股价打低一个位置再进行出货。某一交易日，若股价突然出现了大幅低开，这会引一些短线客的关注，从而吸引市场上的一些抢反弹的投资者介入，而这正是主力出货所需要的条件。开盘后，主力首先在跌停板的价位上挂出巨量卖单，随后运用自买自卖的对倒手法大笔买进，散户投资者看到有大量的大笔买单在“吸货”，于是迫不急待地开始买进。在主力的对倒、散户投资者抄底这两种力量攻击之下，股价打开跌停板。随后，由于主力的持续出货，这种跌停板被打开的状态注定只能是暂时性的，在主力强大的抛压下，收盘前，股价再次封于跌停板之上。

当这种走势出现在个股突然出现重大利空消息时，其市场含义基本与主力出货时是一样的，是大资金集中出逃的一种表现形态。图 1-13 为倒“T”形 K 线及当日分时线走势示意图。

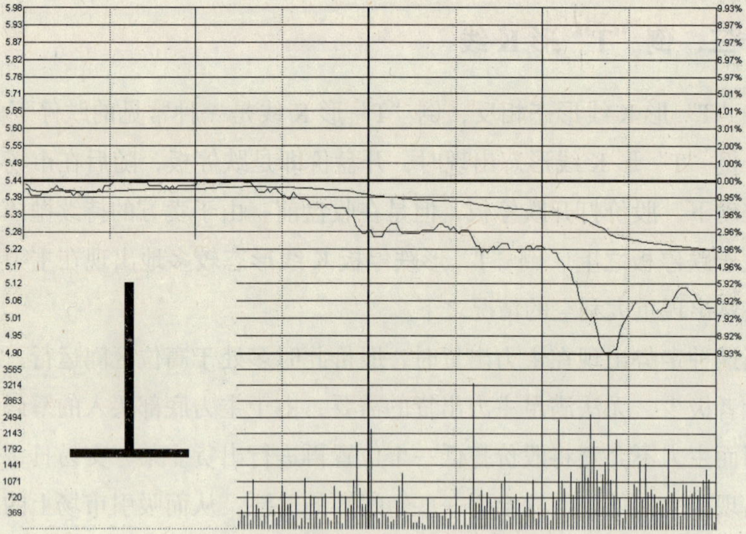

图 1–13　倒“T”形 K 线示意图

第四节　看 K 线形态要关注四点

K 线是股价运行轨迹的直观体现，用 K 线描述市场有很强的视觉效果，是最能表现市场行为的图表之一。每一根 K 线形态都在一定程度上反映了当天的交投情况，无论 K 线包含的四个价位，还是 K 线形态上的实体与影线，它们都代表了一定的市场含义。我们在分析 K 线形态时，最主要的任务就是准确地解读出它所蕴藏的市场信息，在实际看 K 线时，笔者认为以下几点是值得投资者重视的。

一、单日形态固然重要，但整体走势却更重要

单日的 K 线形态仅仅反映了当天的市场交投情况，无法反映市场的整体走势，甚至无法反映出市场阶段性的走势，如果只把目光局限在单日 K 线形态上，就很容易出现一叶障目的情况。

我们知道，市场上的偶然因素有很多，既有消息面的因素，也有人为控制的一面，但这些因素是无法与市场趋势相抗衡的。当市场处于上升趋势

时，虽然不断出现的阳线推高了股价，但期间也经常会出现大阴线的回调，如果我们错把这单日或几日的大阴线回调当作是股价下跌的信号，并认为趋势将发生反转，则我们就会痛失后面的上涨行情；当市场处于下跌趋势时，虽然不断出现的阴线打低了股价，但期间也经常会出现大阳线的反弹，如果我们错把这单日或几日的大阳线反弹当作是股价上涨的信号，并认为趋势将发生反转，则我们就很可能会出现严重的亏损。

因此，在分析K线走势时，我们要在理解单日K线形态意义的基础上，把目光放得更开阔一些，以阶段性的K线走势或整体性的K线走势来入手，这样就不会出现战略性的错误，即使我们对于随后几日的走势出现判断失误，但这也不会影响到我们对于股价中长期走势的判断。

二、关注周K线与月K线组合形态

本书在随后的章节中将会讲到双日K线形态、三日K线形态，以及常见的顶部形态、底部形态等各种K线组合形态。这些组合形态之所以可以用来预测市场趋势，是因为它们在某种程度上反映了市场上多空双方的力量对比，如：圆弧底形态的出现就反映出了多方力量强于空方力量的信息，是股价见底的信号；而圆弧顶形态则刚好相反，反映了空方力量强于多方力量，是股价见顶的信号。

我们在讲解时以日K线图来举例，因而，在实际应用时，投资者可能就只用日K线图来察看了，从而忽略了对周K线组合形态与月K线组合形态的观察。

其实，在同样的K线组合形态中，日K线组合形态的可信度是最低的，这是因为在股市中日K线形态是被使用最广泛的，而股市中技术分析方法是越多的人掌握它、它就越是不灵验，其原因一方面是因为股市是一个博弈的竞局，多空双方处于此输彼赢的对阵之中，而赢的又往往只是一小部分人，这就注定了赚钱的方法只能掌握在少数人手中，赚钱秘技是无法普及的；另一方面是因为由于常见的日K线组合形态被众多投资者所熟知，因而就成了主力制造骗局的工具。主力由于实力强大，因而可以人为地制造一些K线形态，例如当股价处于顶部运行时，主力却刻意制造出一些“底部K线组合形态”，以此迷惑散户投资者，从而方便自身出货。

但是月K线和周K线的组合形态则不同，由于投资者关注较少，因而主力就没有必要再去刻意制造K线走势了，而且月K线和周K线的时间跨度较长，主力即使有心制造假象，也是难以操作的。我们可以试想一下，在主力出货阶段，由于主力大量地卖出股票，这势必会明显地造成二级市场中卖盘力量明显强于买盘力量的局面，而且这种局面会持续很久，主力可以依靠自身的控盘能力在出货阶段的某一短期时间内（比如5日或10日）来刻意地“画”出一个底部形态，即主力在这几日不出货。几日内的不出货操作，不会影响到主力总体性的出货操作，但主力又如何能做到在5周、10周甚至几个月内仅仅为了“画”出一个底部形态而放弃出货呢？要真是这样的话，那这个阶段就不是主力出货阶段，而是主力吸筹阶段了。因而我们可以有把握地说，周K线组合形态和月K线组合形态更为可信。因此，在运用K线组合预测后市行情时，日K线组合形态必须配合周K线和月K线使用效果才能更佳。

三、看K线形态，必须要结合成交量

对证券市场稍有了解的投资者都听说这样一种说法“量在价先”，可是对这句话能够真正理解的却并不多见，投资者在听股评时也常听到“量价配合”、“天量有天价”、“成交量不足，市场观望较重”等有关成交量的说法，这一方面体现了成交量在分析股价未来走势中的重要地位，另一方面也充分说明成交量所包含的信息是丰富的。

成交量，蕴涵了丰富的交易信息。尤其是多日成交量的不同组合，对于预测股价的后期走势有着极为重要的作用。成交量代表的是力量的消耗，是多空双方博弈的激烈程度，放量或缩量形态的出现都蕴涵了丰富的市场信息、主力行为信息。K线是买卖双方博弈的结果，透过成交量形态，我们可以对这种博弈结果有一个更为透彻的认识。只看成交量而不看K线组合，势必无法理解这种市场交投的原因何在，而只看K线组合，不看成交量，则我们无法确定目前的K线组合形态有多大的真实性。因而，在实际分析K线组合形态时，我们一定要关注这一K线组合形态下的成交量形态如何。

四、看 K 线组合形态，理解原理是关键

在随后的章节中，将要讲解很多种 K 线组合形态。组合形态只是总结经验的产物，在实际市场中，完全满足我们所介绍的 K 线组合形态的情况是不多见的。而且，由于市场的走势是复杂多变的，虽然技术派投资者所认为的“历史往往会重演”这一观点并没错，但是“历史走势重演”并不等于“历史走势复制”，而且实际的市场情况可能与我们的判断有距离，因而，仅仅照搬经典的 K 线形态来进行实战其成功率不会很高，也有可能长时间碰不到合适的机会，我们要根据情况适当地改变组合形态。

另外，主力在股价走势中往往起着决定性的作用。有的 K 线形态实实在在地反映了多空双方的交战过程，我们称这样的 K 线反映出了真实的市场交投情况；但也有的 K 线是主力通过做早盘、做收盘等操盘手法刻意“画”出来的，主力只需要做一个开盘价、收盘价、最高价、最低价，这样便制造出一根大阳线或者大阴线或者十字星了，如果不察看当时的分时线走势，我们就很容易被它的 K 线形态所欺骗，我们称这样的 K 线为虚假的 K 线，并没有反映出真实的市场交投情况。

通过以上的分析，我们可以看出，不理解 K 线组合形态的含义，盲目地套用 K 线组合形态，是难以取得成功的，那么，我们该从哪些方面入手来理解 K 线组合形态的原理呢？其实，我们只要想到决定股价走势的最为关键的两点因素，就可以找到入手点。在国内股市中，股价的走势、大盘的走势主要取决于主力的引导、市场环境的冷暖这两点因素，因而，我们可以认为即使是相同形态的单日 K 线、双日 K 线甚至是多日的 K 线组合，由于个股不同、大盘环境不同、主力操盘手法不同，这些相同的 K 线形态也往往会有其不同的意义，我们要理解每一根 K 线的具体实战含义，每一种 K 线组合形态的实战含义，这样，才能在实战交易中取胜。我们在随后章节中讲解 K 线组合形态时，也会侧重从这两点来加以诠释。

第二章　透过K线看大势

第一节　市场存在三种趋势

根据汉语字典，趋势的意思是“事物或者局势发展的动向”，并且，当人们用“趋势”这个词来表示一个事物状态时，目的是“对一种模糊的、不够明确的、遥远的运行方向采取行动”。对于股市而言，股价趋势就是股票市场价格运动的方向。依照道氏理论，股票价格运动的趋势可以按时间周期长短来划分为三个类型：主要趋势（或称为基本趋势）、次要趋势、短期趋势。

要想深入理解个股涨跌的深层次原因，就一定要对“股价趋势”这个概念加以了解。正是“趋势性”规律的存在，才决定了个股处于某一趋势运行中时，是“大涨小跌”还是“大跌小涨”？“趋势性”也是我们短线操作时的市场背景，在不同的趋势下我们的短线操作也会采用不同的策略，比如在上升趋势中可以采用回调后加仓的策略，在下跌趋势中可以采用急跌后操作反弹的策略，而在横盘震荡中可以采用高抛低吸的箱体操作策略。

股价运动的第一种趋势称为主要趋势。主要趋势是趋势的主要方向，也是股价波动的大方向，这种变动持续的时间通常为一年或一年以上，并导致股价增值或贬值20%以上。主要趋势一般可以有三种运动方向，即上升方向、下降方向、水平方向，与此对应的是三种基本趋势，即基本上升趋势、基本下跌趋势和横盘震荡趋势。

股价运动的第二种趋势称为次要趋势。次要趋势与基本趋势的运动方向相反，是基本趋势行进过程中的修正，并对其产生一定的牵制作用，次要趋势主要体现在基本上升趋势中的“回调”、基本下跌趋势中的“反弹”。趋势持续的时间从几日到几周不等，其对原有主要趋势的修正幅度一般为股价在一波上涨中的 1/3 或 2/3。

股价运动的第三种趋势称为短期趋势，反映了股价在几天之内的变动情况，多由一些偶然因素决定。

一、基本上升趋势

基本上升趋势是指，虽然基本趋势在向上运动过程中穿插着与其方向相反的次等趋势，但只要每一个后续价位上升到比前一个价位更高的水平，而每一次上升途中的回调所创下的低点都高于近期前一次上升过程中回调的低点，这一基本趋势就是上升趋势，这就称为牛市。也可以用“波峰”、“波谷”来做比喻，即上升趋势是在一个价格走向总体向上的运动当中，其包含的波峰和波谷都相应地高于前一个波峰和波谷。基本上升趋势通常分为三个阶段：

第一阶段是建仓（或积累），在这一阶段，有远见的投资者知道尽管现在市场萧条，但形势即将扭转，因而就在此时购入了那些勇气和运气都不够的卖方所抛出的股票，并逐渐抬高其出价以刺激抛售，财政报表情况仍然很糟——实际上在这一阶段总是处于最萧条的状态，公众为股市状况所迷惑而与之完全脱节，市场活动停滞，但也开始有少许回弹。

第二阶段是一轮较为坚实的上涨，随着行业景气不断增加，同时公司的盈利开始受到关注，股市交易也出现活跃的迹象，这种活跃的迹象既体现在稳步和上涨之上，也体现在交易量的放大之上。也正是在这一阶段，技巧娴熟的交易者往往会得到最大收益。

第三阶段来临，是市场中的狂热情绪导致的，这时，所有信息都令人乐观，价格惊人地上扬并不断创造“崭新的一页”，新股不断大量上市。这时，市场的参与者众多，很多不熟悉这个风险市场的场外人士纷纷加入进来，他们的感觉是只要买进就会赚钱，市场的走势已经不是基本面和技术面能解释得了的，以往的投机者虽然有一部分人在抛出套现，但是仍有不少前期投机者在参与短线交易，以求获取市场波动中带来的利润，但是这些市场的参与者都忽略了一个事实：涨势已经持续得够长了，即使是自然规律也该到“物极必反”的地步，现在其实是到了该问卖掉哪种股票的时候了。在这一阶段的最后一个时期，交易量惊人地增长，而“卖空”也频繁地出现，垃圾股也卷入交易（即低价格且不具投资价值的股票），但越来越多的业绩优秀的股票此时拒绝跟风上涨，市场正在酝酿大跌。

对于中长线投资者来说，他们的目标是尽可能地在一个牛市中买入，一旦他们确定基本趋势是上升的并且已经启动，他们便会买入，然后一直持有直到上升趋势已经终止、一个熊市已经开始的时候。中长线投资者如果认为上升趋势并没有结束，他们便可以很从容地忽略各种次等的回调及小幅波动。可以说中长线投资者是在一个相对时间较长的跨度内来把握投资策略。

二、基本下跌趋势

基本下跌趋势是指，虽然基本趋势在向下运动过程中穿插着与其方向相反的次等趋势，但只要每一个后续价位都下跌到比前一个价位更低的水平，将价格逐渐压低，即在一个价格总体向下的运动中，如果其包含的波峰和波谷都低于前一个波峰和波谷，这一基本趋势就是下降趋势，并被称之为熊市。基本下跌趋势通常分为三个阶段：

第一阶段是出货阶段，实际开始时间是一轮牛市后期，在这一阶段后期，有远见的投资者感到交易的利润已达至一个反常的高度，因而在涨势中抛出所持股票。尽管弹升逐渐减弱，交易量仍居高不下，公众仍很活跃。但由于预期利润的逐渐消失，行情开始显弱。

第二阶段可以称之为恐慌阶段，随着前期股价的缓跌没有吸引更多的买家入场，卖家开始坐不住了，担心利润的消失，因而急于抛出筹码，价格跌势陡然加速，当交易量达到最高值时，价格也几乎是直线落至最低点。在这一阶段之后，可能存在一个相当长的次等回调或一个整理运动，然后开始第三阶段。

当第三阶段开始时，那些在大恐慌阶段坚持过来的投资者此时因信心不足而抛出所持股票，此时跌势还不很快，但却一直持续着。看到反转的迹象，由于某些投资者因其他需要，不得不筹集现金而越来越多地抛出其所持股票。垃圾股可能在前两个阶段就失去了其在前一轮牛市的上涨幅度，稍好些的股票跌得稍慢些，这是因为其持股者一直坚持到最后一刻，结果是在熊市最后的阶段，这样的股票又往往成为主角。当坏消息被证实，而且预计行情还会继续看跌，这一轮熊市就结束了，而且常常是在所有的坏消息“出来”之前就已经结束了。

上面所介绍的基本上升趋势和基本下跌趋势的三个阶段，在具体的市场中可能会因情况的不同在时间长短、幅度大小上有所不同，但是总体来说，其准确性还是相当地高。读者可以从图 2-1 上证指数 2009 年 7 月前走势图来理解这两种趋势的各个阶段。

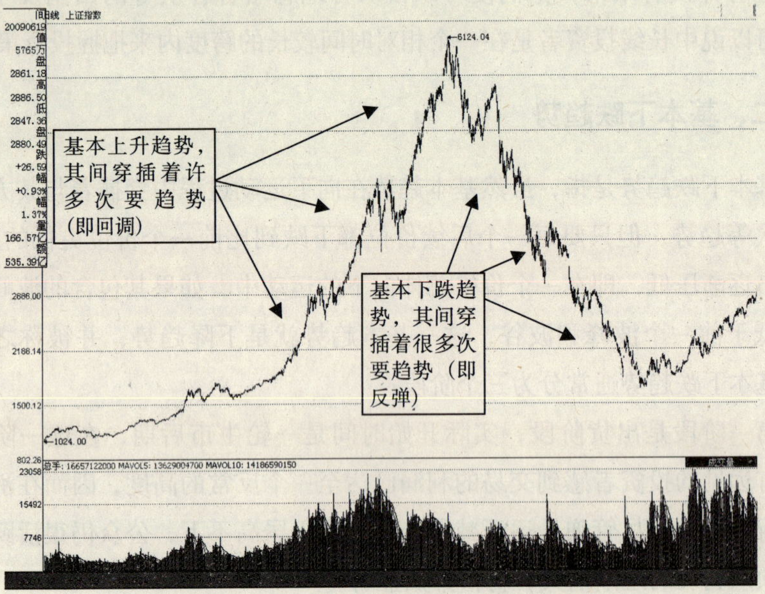

图 2-1 上证指数 2009 年 7 月前走势图

三、横盘震荡趋势

横盘震荡趋势是指在个股或大盘走势中，波峰与波峰之间的价位相近，而波谷与波谷之间的价位也相近，一种股价或指数在一段时间在一个幅度很小的范围内上下徘徊浮动，既不涨上去，也不跌下来的一种局面。一般来说，根据横盘震荡幅度可以将横盘趋势分为两种，一种是横盘整理——波动幅度较小，多在 20%以内；另一种是横盘震荡——波动幅度较大，多在 30%左右；横盘走势一般多意味着行情处于小幅波动而方向不明，这种情况一般会出现在底部或者是主力洗盘吸筹阶段，投资者此时不应轻易参与操作，应注意观察，等形态走好，再介入搭顺风车。

第二节 利用周 K 线分析大趋势

一、分析大趋势，周 K 线优于日 K 线

第一章中我们讲到了要“关注周 K 线与月 K 线组合形态”，我们知道，由于周 K 线的时间跨度要远远大于日 K 线，在出现同样的 K 线组合的情况下，周 K 线所预示的买卖信号的可信度要远远高于日 K 线。此外，如果能把对周 K 线的分析和其间的股价形态分析结合起来，分析的效果会更佳。同样，在对于市场大趋势的研判上，我们仍然离不开对周 K 线、月 K 线的分析，特别是对周 K 线的分析。

不少投资者都比较重视对日 K 线方面的分析，但对周 K 线，在实盘操作中却常常并不十分留意。一般而言，日 K 线时间太短，有太多的变化和容易产生太多杂乱的信息，并且一般的操盘资金可在一定时期内操纵股价走势，使骗线出现，误导投资者。而月 K 线总体来说反应太慢，它所反映的是特别长的、有时是几年的走势，因此很难反映出我们需要的一年中的一到二波的大波段的走势。但是周 K 线就完全不同了，周 K 线反映的是一周的交易状况，短期 K 线上出现的较大波动在周 K 线上一般都会被过滤或熨平，因为股市的走势是讲趋势的，一个趋势一旦形成，短时间内无法一下子改变，就中长期来看，大的趋势是一般资金难以控制的，有的个股走势在日 K 线难以判断的时候，用周 K 线和月 K 线则一目了然。所以在判断趋势的时候，对于 K 线形态而言，周 K 线是中线大波段的真正代表，从周 K 线形态出发最佳，它是我们特别需要关注的技术指标，也是最需要认真掌握的技术指标。

二、实战中，结合运用日 K 线与周 K 线

从表面看，周 K 线与日 K 线的形态有时是相同的，但由于两者所覆盖的交易周期上的差异，所透露出的操作方向有时会完全不同，甚至会给出相

反的买卖信号。

在实际操作中，对于买卖时机的把握，我们除了要以每一个交易日为单位来分析日K线形态、量价关系、技术指标等数据，还要以每一个交易周为单位来分析其对应的周K线形态、量价关系、技术指标等数据。一般而言，将两者结合起来分析，操作上可以避免很多失误。如果仅仅依靠日K线的组合来判断短线的操作方向，难免会面临较多的不确定性风险，同时也容易形成追涨杀跌的习惯，在强势的行情中往往会过早抛掉手中的获利筹码，在弱市行情中又由于反弹力度时强时弱难以掌握，很容易被套。

周K线与日K线的关系一般有三种，一是二者都发出买入信号，我们称这种情况为共振；二是两者发出了相反的信号，即一个发出买入信号，而另一个发出卖出信号，我们称这种关系为相悖；三是其中一个发出了买进或卖出信号，而另一个并无明确的信号，我们称这种情况为不同步。对于这三种情况来说，我们更关注的是第一种和第二种，当共振出现时，成功的概率会明显提高，因为日K线反映了短期的变化行为，而周K线则是反映了一种稍长时间的趋势，当两者发出相同的信号，可以某种程度上相互验证市场趋势；当相悖出现时，既有可能是短期的市场波动过快，导致日K线出现了与周K线所反映的大趋势不一致，也有可能是由于周K线反应相对缓慢，导致周K线无法及时反映市场已出现的趋势反转。在我们无法确定究竟是谁对谁错的时候，最好的策略就是静观其变，因为股市是不乏机会的，手中持有现金就会占有主动。

三、运用周K线要注意以下几点

其实我们很多投资者都知道周K线的重要性，也知道看周K线对于理解行情的趋势的重要性，但即便是这样，在实盘操作中，真正使用周K线的投资者并不多。就笔者的经验来说，多年前介入股市后，虽然已对周K线的理论知识掌握很多，但在实战中却基本没有使用，有很多次的失败操作本完全可以通过对于周K线形态分析加以避免。直到后来逐渐转变思路，在意识中真正认识到了周K线的实战性与可靠性后，才把周K线的趋势当成了自觉的行为方式，当成了一种行为习惯，慢慢地，对周K线的无意识察看、对周K线的分析已经成了自己身体的一部分，成为操盘成功必不可少的一个重要环节。

我们除了在意识上要充分认识到周K线的重要性，在运用周K线时还要注意以下几点：

1. 趋势何时反转，周K线最能说明问题

本书在随后的章节中，将要介绍很多趋势反转形态，比如常见的顶部形态、底部形态，以及像红三兵、黑三兵这样可以预测趋势的多日组合形态。在讲解的时候，我们主要以日K线为例，但这些日K线形态的含义我们同样可以应用到周K线形态之上。虽然周K线形态所发出的信号相对来说要迟缓一步，但其准确度却明显高于日K线形态。

比如：周K线在连续出现阳线而超涨时，此时出现两根以上的周K线组合表明有反转向下的迹象，表明其后可能会有力度较大的下跌行情出现；反之，当周K线在连续出现阴线而超跌时，此时出现两根以上的周K线组合表明有止跌向上的迹象，表明其后可能会有力度较大的上涨行情出现。

2. 运用周K线，要结合成交量

在分析K线形态时，成交量的作用不可或缺（我们将在讲解成交量方面知识时详细讲解），在用日K线分析个股走势时，投资者往往会同时分析其对应时间段的成交量，同样，在用周K线分析个股走势时，我们一样要重视其对应时间段的成交量情况。一般来说，在上涨行情中，如果周K线呈现出量价齐增的态势，下周应该还会有新的高点出现。通过对周成交量的研判，我们可以更加准确地分析出个股未来的走势。

3. 单周K线形态的准确性强于单日K线

我们在第一章中的“单日K线形态及其市场含义”一节中，讲解了单日K线形态所包含的普遍的市场含义，如大阳线反映了市场或个股的上涨，往往体现多头行情的意味，大阴线反映了市场或个股的下跌，往往体现了空头行情的意味。但是，如果我们察看一个指数或个股的日K线走势图，就会发现，在此上升趋势中有很多大阴线，而在下跌趋势中却有很多大阳线，这就是日K线所具有的偶然性特点。日K线形态的偶然性导致了其单日形态所包含的普遍市场含义不能准确地解释个股的走势，也难以预测其未来的走势。

但这种偶然性的特点在周K线中却极少出现。在上升趋势中我们极少看到单周的大阴线，有的只是小阴线，同样，在下跌趋势中我们也极少看到大阳线，有的多是一些小阳线。

4. 注意周K线的不足之处

用周K线判断趋势有优势也有不足，那就是，在介入个股的时候难以买到最低价，而在介入强势个股后也难以卖到最高价格。因此，运用周K线来决定买卖时机，我们是不能要求最低价位买入和最高价格卖出的。但是，运用周K线却可以让我们把一轮大行情全部握在手里，并且能够比较好地规避大风险，保住胜利果实，这种方法可以减少操作频率，降低操作风险，不失为一种“低风险，高收益”的最佳策略。

四、运用周K线，在牛市、熊市的操作策略

运用周K线在牛市中进行操作，就是要做到可以持股到牛市趋势的结束，牛市中上涨趋势不结束我们就不出来。

由于主力也无法违背趋势，因而日K线所产生的与大趋势不和谐的杂音被周K线吸收了，只要周K线不转向下行，那么我们就应该坚定地持股不动，因此我们会在盘中做得非常轻松、非常有信心。有些短线投资者可能会问：如果行情见顶了使用周K线不是反应太慢了些吗？其实只要我们理解了以下两点，就可以打消这方面的疑虑。一是无论是顶部还是底部，在其形成前都存在着一定的量价背离关系。在牛市里，如果周K线形态在上涨过程中出现了量价背离关系，那么每次上涨遇到阻力位就减仓，而且以后也不再加仓进场，这样就能从上涨趋势中慢慢地减仓出来，既减小了风险，又保护了利润不被流失。二是大行情一般出现顶部构造时，无论是M顶、圆弧顶、头肩顶，还是V形反转、岛形反转等顶部形态，都不可能两三日就构筑完毕，因而，使用周K线卖出并不会出多大的滞后效果。

运用周K线在熊市中进行操作，就是要做到可以持币到熊市结束，或者是在下跌途中仅以少量仓位参与反弹行情，只要熊市不结束，我们就不能重仓甚至全仓布局个股。在熊市一路的下跌中，很多投资者通过日K线来做反弹，经常出现短期被深套的尴尬局面。如果我们明确了趋势是由周K线来确定的，那么通过周K线上的超跌来做反弹自然就可靠多了。

周K线是分析趋势的一把利剑，就实战的盈利角度来看，只有那些看对大的趋势并且按照这种趋势操作的投资者，才有望获得真正的大利润。我们

在牛市行情中应该很好地利用周 K 线的趋势方向，不为小幅回调而动，耐心持有可使利润获取最大化。而在熊市下跌行情中，我们也要把握好周 K 线上的下跌趋势，此时轻仓甚至空仓则是最好的风险规避策略，不能为了根本没有取胜把握的小行情而出手。

图 2–2 为上证指数 2006 年 9 月至 2008 年 12 月期间的周 K 线走势图，从图中我们可以看周 K 线极好地反映了这段时间出现的上升趋势（牛市）与下跌趋势（熊市）行情。

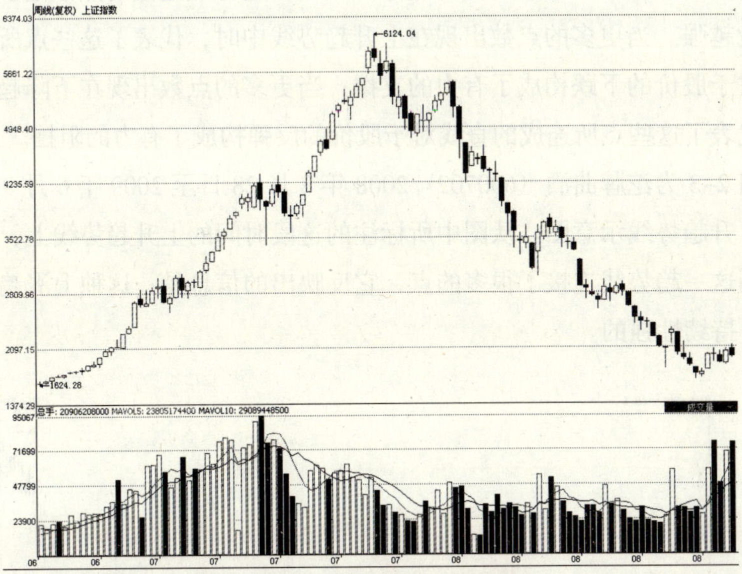

图 2–2　上证指数周 K 线走势图

第三节　趋势线

一、什么是趋势线

趋势线分为上升趋势线与下降趋势线，上升趋势线又称为支撑线，是上涨行情中两个以上的低点的连线，其功能在于能够显示出股价上升的支撑位，一旦股价在波动过程中跌破此线，就意味着行情可能出现反转，由涨转跌；下降趋势线又称阻力线，是下跌行情中两个以上的高点的连线，其功能在于能够显示出股价下跌过程中回升的阻力，一旦股价在波动中向上突破此线，就意味着股价可能会止跌回涨。

二、如何应用趋势线

1. 关注趋势线所连接的点的数量

笔者认为，趋势线的真正意义是能指示出行情的发展方向，一条好的趋势线应该能覆盖80%以上的行情走势，因而，趋势线连接的点数越多，其可靠性就越强。当更多的点数出现在上升趋势线中时，代表了这些点所连成的直线对于股价的下跌构成了有力的支撑；当更多的点数出现在下降趋势线中时，代表了这些点所连成的直线对于股价的反弹构成了有力的阻挡。

图2–3为沱牌曲酒（600702）2008年8月28日至2009年6月9日走势图、上升趋势线示意图。从图中所标注的这段时间的上升趋势线上，我们可以看到这一趋势线连接了很多的点，它反映出的信息是：这种上涨趋势是可靠的、持续性强的。

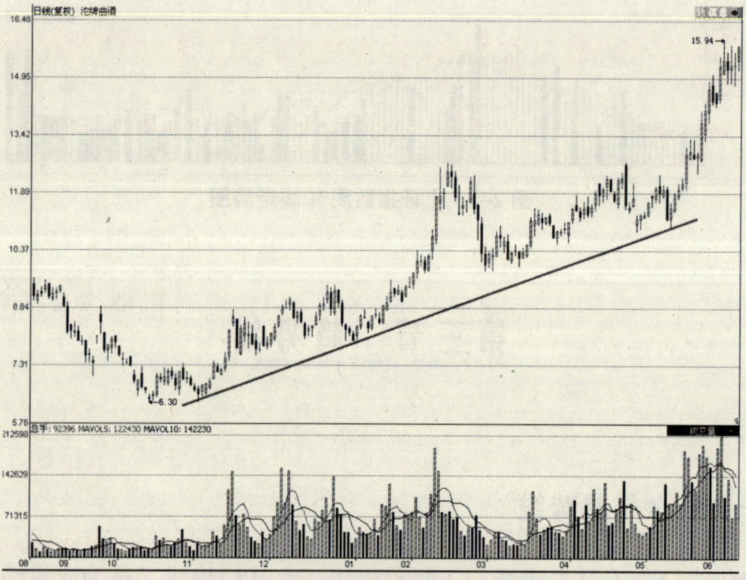

图2–3 沱牌曲酒上升趋势线示意图

2. 关注趋势线的时间长短

趋势线，顾名思义是反映一种市场趋势的，由于趋势的持续时间较长，因而在长期趋势线和中期趋势线中，第一点和第二点的距离不应太近，如距离过近，所形成的趋势线的重要性将降低。我们可以把这一点简称为：趋势线的长短与其重要性成正比。在趋势分析中，投资者要按照长期、中期、短期的时间顺序来分析行情。在确定了中长期趋势以后再分析短期行情，准确率会更高一些。

图 2-4 为新钢股份（600782）2008 年 9 月 25 日至 2009 年 3 月 25 日期间走势图，图标所绘出的直线连接了股价波动中的几个低点，但由于间隔时间太短，因而这条直线无法真正地反映市场趋势。

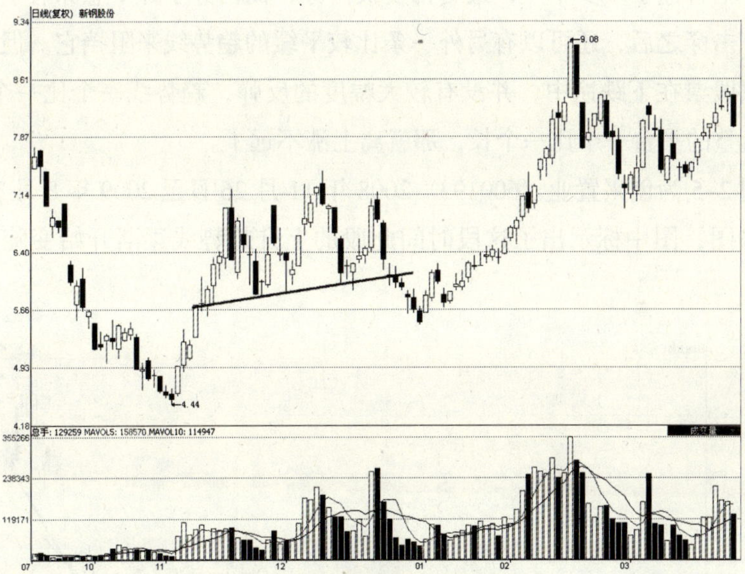

图 2-4 新钢股份走势图

3. 关注趋势线的角度

在应用趋势线时，趋势线的角度是最重要的一点。著名角度线大师江恩认为：45°角的趋势线最可靠。角度过于陡峭的趋势线则不能持久，往往容易很快转变趋势；而角度过于平缓的趋势线显示出力度不够，也就是大家常说的“肉股”，不容易马上产生大行情。

当个股处于上升通道时，无论周期多大，多呈现出一种从缓升到急升的过程，是一个加速过程，作为一个强势股，必然是加速上涨，所以它的支撑线必然是一个比一个陡，这样才可能出现大涨。但由于股价的长期走势是由业绩决定的，所以，比较陡的趋势线，不管连了多少个点，最终都要被击穿，而击穿了并不意味着上涨行情结束。击穿之后，还可以有另外一条比较平缓的趋势线来撑住它。但是，如果一只股票在上升途中，并没有较大幅度的调整，趋势线一个比一个平缓，个股盘整的平台一个比一个长，那就离下跌不远了。

同样，当个股处于下跌通道时，无论周期多大，多呈现出一种从缓跌到急跌的过程，是一个加速过程，所以它的阻力线必然是一个比一个陡，这样才可能出现大跌。由于股价的长期走势是由业绩决定的，所以，比较陡的趋势线，不管连了多少个点，最终都要被击穿，而击穿了并不意味着下跌行情结束。击穿之后，还可以有另外一条比较平缓的趋势线来阻挡它。但是，如果一只股票在下跌途中，并没有较大幅度的反弹，趋势线一个比一个平缓，个股盘整的平台一个比一个长，那就离上涨不远了。

图 2–5 为创兴置业（600193）2008 年 11 月 26 日至 2009 年 8 月 24 日期间走势图，图中标示出了这段时间此股的上升趋势线逐渐开始变陡的转变过程。

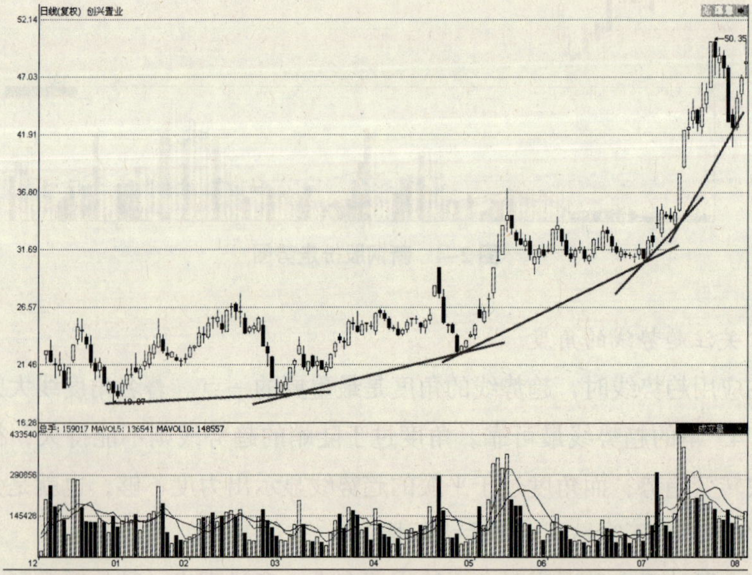

图 2–5　创兴置业趋势线角度变化示意图

4. 关注趋势线之间的相互转化

趋势线中的压力线和支撑线不是一成不变的，在股价向下跌破了支撑线以后，支撑线就有可能演变成未来反弹时的压力线，在股价向上突破了压力线以后，压力线就有可能演变成未来回调时的支撑线。投资者在应用趋势线时应该注意压力线和支撑线之间的灵活应用。关于趋势线之间的相互转化，我们可以用下面的两个图来加深理解。

图 2-6 为支撑线转化为阻力线示意图，从图中可以清晰地看到股价在每一次跌破支撑线后，这条支撑线便转化成为了其股价后续上涨时的阻力线；图 2-7 为阻力线转化为支撑线示意图，其过程刚好与支撑线转化为阻力线的过程相反。

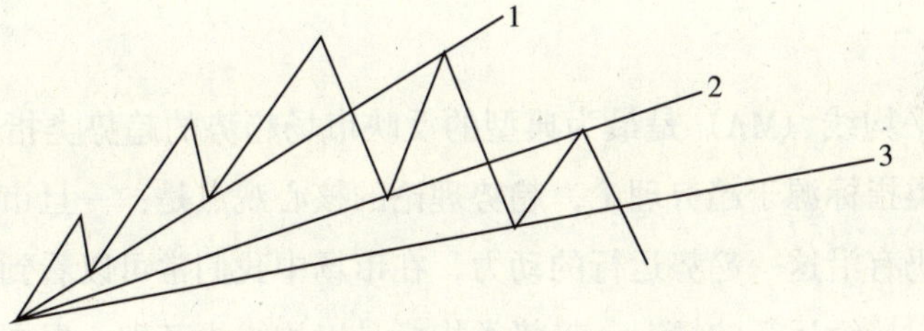

图 2-6 支撑线转化为阻力线示意图

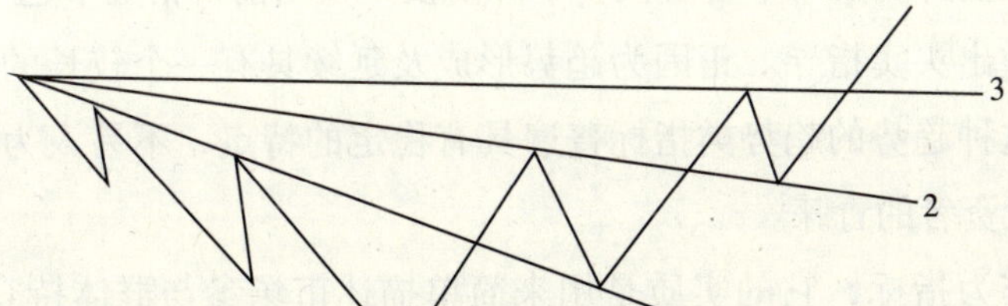

图 2-7 阻力线转化为支撑线示意图

5. 关注趋势线突破时的可靠性

趋势线是否已被有效突破，无疑是分析趋势线时的重点，在实际运用中，我们可以从以下几点来进行判断。

（1）若收盘价并没有超出趋势线的外侧，即使在当天的交易时间里所出现的最高价或最低位突破了趋势线，也不能认为是有效的突破。一般来说，如果收盘价突破了趋势线，必须要超越 2%才可信赖，而且最好能在随后的几日内保持住。

（2）突破趋势线时，成交量的配合不可或缺。当股价上升冲破阻力线时需要有放大的量能来进行配合才可靠；但在向下跌破支撑线时则不必如此，允许出现缩量跌破的形态，这就是通常所说的上涨要有量，而下跌则可以缩量。

（3）在判断当前的突破是否有效突破时，时间是最好的检验工具，投资者可以观察一段时间再说，看看这一波上涨后的下跌是否会再跌破原来的阻力线，或者是这一波下跌后的上涨是否会再向上冲破原来的支撑线。

第四节　K线舞动的平台——均线

移动平均线（MA）是最为典型的反映市场趋势的趋势类指标，简称均线。趋势类指标源于趋势理论，趋势理论的核心观点是：一旦市场的趋势形成，价格仍有沿这一趋势运行的动力，在市场中我们常可以看到这种价格沿一个主方向持续运行的情况。趋势类指标是以均线为基础，根据目前趋势所处的阶段（上升阶段、平台阶段、下降阶段）及当前价格处于趋势线的不同位置，来做出买卖指导。正因为趋势形成及延续具有一个较长的时间跨度，所以反映这种趋势的趋势类指标普遍具有稳定的特点，不易人为操作骗线，受到很多投资者的青睐。

均线作为指标，它的实质是用来简单描述市场参与群体持仓成本状态的。所以研究市场成本状况对于研究市场价格的未来走势非常关键。而均线就是反映市场成本状况的一个非常好的指标。所以要想用好均线这个指标，一定要清楚市场成本对于市场未来走势的影响。一般来说，市场的成本状态对于市场未来走势有50%的影响力，另外50%由场外陆续进场交易的多空双方决定。价格是市场运动的表象，成本运行状态才是市场运动的本质。当成本呈现出下降趋势，而价格快速向上运动的时候，这就是市场的非理性运动，不会持久，价格很快还会回来的。

移动平均线（MA）是道氏理论的形象化表述，它是以道·琼斯的“均成本概念”论为基础，采用统计学中“移动平均”原理，将若干天的指数或个股股价加以平均，然后连接成一条曲线，用以观察市场及个股走势的趋势性，进而反映指数或个股未来发展趋势的技术分析方法。在实际计算中，一般以每一日的收盘价为计算依据。下面以 Cn 来代表第 n 日的收盘价，以时间长度为 5 日的均线 MA5 为例说明计算方法：第 n 日的 5 日均线 MA5 在当日的数值为：

MA5(n)=(Cn+Cn-1+Cn-2+Cn-3+Cn-4)÷5

将每一日这些数值连成曲线，便得到了我们经常见到的移动平均线。

移动平均线通常有 5 日、10 日、20 日、40 日、60 日、120 日、240 日等，不一而足，其目的在取得某一段期间的平均成本，而以此平均成本的移动曲线配合每日收盘价的线路变化分析某一期间多空的优劣形势，以研判价格的可能变化。一般来说，现行价格在平均价之上，意味着市场买力（需求）较大，行情看好；反之，行情价在平均价之下，则意味着供过于求，卖压较重，行情看淡。

移动平均线 MA 能很好地给出趋势发生逆转的信号，而移动平均线 MA 的灵敏度取决于移动平均线 MA 的时间跨度，时间跨度小，则灵敏度高；时间跨度大，则灵敏度低。

在用移动平均线分析市场或个股趋势时，我们主要关注两种均线排列，一个是多头排列，另一个是空头排列。多头排列是指周期较短的均线运行于周期较长的均线之上，并且它们呈现出向上发散的状态，这代表了上涨趋势；空头排列是指周期较短的均线运行于周期较长的均线之下，并且它们呈现出向下发散的状态，这代表了下跌趋势。本节中，我们只对多头排列与空头排列进行简单介绍，关于均线的具体用法，我们会在后面的章节中结合实例进行讲解。

图 2-8 为龙元建设（600491）2009 年 6 月 25 日至 9 月 18 日期间走势图，图中由细到粗的均线分别为 MA5、MA20、MA40、MA60，从图中我们可以看到周期较短的均线运行于相对周期较长的均线之上，且呈现向上发散的多头排列形态。

图 2-9 为中珠控股（600568）2009 年 3 月 25 日至 11 月 15 日期间走势图，图中由细到粗的均线分别为 MA5、MA20、MA40、MA60，从图中我们可以看到周期较短的均线运行于相对周期较长的均线之下，且呈现向下发散

的空头排列形态。

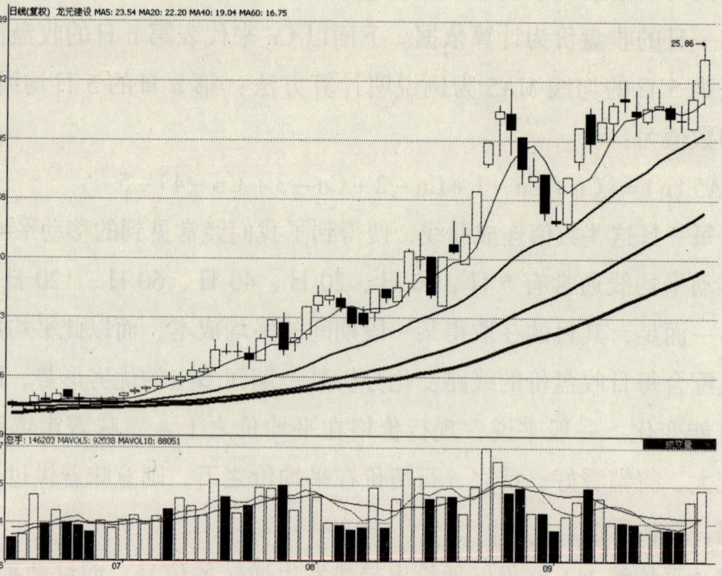

图 2-8　龙元建设均线多头排列示意图

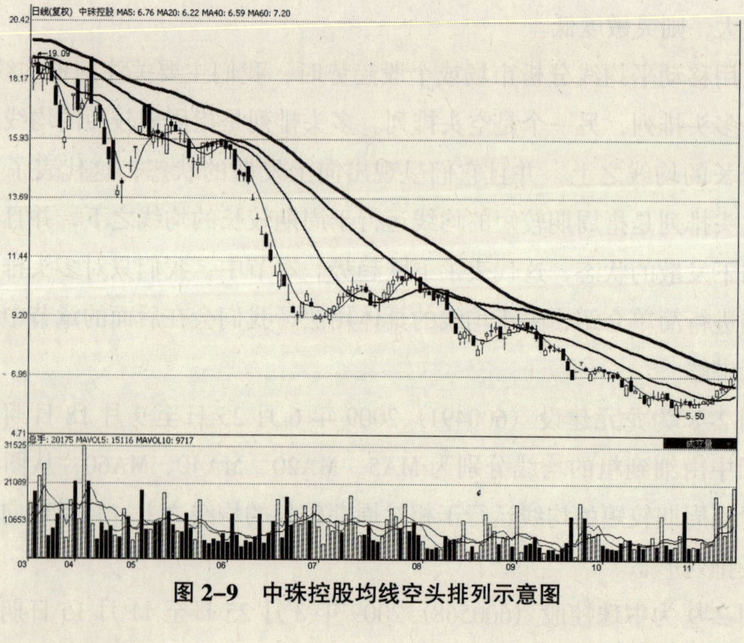

图 2-9　中珠控股均线空头排列示意图

第三章 看K线，不要忘了成交量

第一节 透析成交量

一、什么是成交量

在股市中，价格、成交量、时间和空间是进行技术分析的最重要的因素，价格、时间、空间这三个要素我们可以通过K线形态、K线走势来观察，那么成交量又是什么呢？

股市中的成交量（VOL）通俗地讲就是某只股票在一段时间内，买方买进了多少股（或者说是卖方卖出了多少股），以单边的交易来计算。例如，某只股票当日成交量显示为500股＝5手（其中1手＝100股），这是表示买卖双方达成协议共交易了500股，即买方买进了500股，同时卖方卖出了500股。

与成交量相关的一个概念是成交额，成交额是指某只股票每笔成交股数乘以成交价格的金额总和，同样的成交量，如果股价越高，那操作这只股票所需要的资金便越多。成交额这一参数常用于大盘分析，它排除了大盘中各种股票因为价格高低不同所形成的干扰，也直接地反映出了市场中参与的资金量多少。

对成交量种类的划分一般都是按时间来进行的，可分为每分钟量、5分钟量、30分钟量、60分钟量、日量、周量、月量等，由于本书讲解K线形态时，主要是从日K线、周K线的角度出发，因而我们平常讨论的成交量都是相应时间周期的K线所对应的成交量。

二、成交量代表了什么

美国著名的投资专家葛兰维尔曾经说过，“成交量是股票的元气，而股价是成交量的反映罢了，成交量的变化，是股价变化的前兆”。

1. 成交量是市场供求情况的直接体现

成交量所反映的最直接的信息就是：市场交投情况。当个股在某一段时间内运行于某一个价格区间时，这只股票的成交量直接地反映出买卖双方的交易数量。这种交易数量的多少，既反映有多少买盘认可这个价位，同时也反映了有多少卖盘认可这个价位。而此时股价的涨跌，则说明了买盘主动拉升股价从而让卖盘涌出，此时我们可以理解为求大于供；或是卖盘主动打压股价从而让买盘接手，此时我们可以理解为供大于求。当由于某些原因股票出现严重的供求失衡发生时，体现在股价上便产生了涨停板或跌停板。

作为一种供求关系的数字化体现，成交量表示了市场中实际供求过程中买盘与卖盘的介入程度，这种介入程度会随着各种因素（如市场人气、政策导向、经济情况、重大事项等等）而转变，这就解释了为什么一只股票在很高的价格区间内会有那么多人进行买卖（交投极为活跃），在很低的价位却是交投清淡，这是因股价上涨带动了买卖盘积极参与交易，供求双方都会呈现出数量大增的情况，而股价下跌则会引起买卖盘委靡不振，供求双方会呈现出数量大减的情况。

2. 成交量推动趋势，预示反转

量价分析，实质是动力与方向的分析。成交量是推动趋势发展动力，在成交量的推动下，价格才能沿某一方向持续发展下去。当趋势向上时，成交量放大是一种“众人拾柴火焰高”的局面，表示上涨势头仍在延续；如价格在上升，但成交量却在缩小，这意味升势已到了“曲高和寡”地步，是大市反转向下的征兆；反过来，当趋势向下时，成交量大增，则是一种“墙倒众人推”的局面，显示跌势风云初起；价位继续跌，但成交量越缩越小，反映跌势已差不多无人敢跟了，这是大市反转向上的信号。

人们对于成交量与股价涨跌的因果关系尚有不同的看法，然而股价大幅度波动时往往会伴随着成交量的大幅增加，这种量价配合的现象是不容争辩的事实。

一般来说，在牛市中，股价的上升常常伴随成交量的放大，股价回调时成交量随即减小。在熊市中，股价下跌时会出现恐慌性抛售，成交量显著放大，股价反弹时，投资者对后市仍有疑虑，成交量并不增加。

3. 成交量反映了大众参与程度

参与股市的投资者毕竟是有限的，一部分投资者作为空方，一部分投资者作为多方，而成交量无疑是反映双方聚集程度的最好的信息。当多方阵营中已无法聚集更多的投资者时，在空方持续进场的情况下，空方将渐渐主导行情的发展；反之，当空方阵营中无法聚集更多的投资者时，多方将渐渐主导行情的发展。

若成交量快速放大，则是由于某种原因促使许多人在同一时刻做出买进或者卖出的决定所导致的，这样会产生两种效果：第一，由于买卖人数的突然增多，而市场上的参与者毕竟是有限的，此时我们可以透过成交量的具体放大情况，进一步推断这种持续的买进或者卖出还能延续多久。因而，透过成交量我们获得了关于趋势是能够继续还是将要发生反转的重要信息。第二，无论是买进或是卖出，总有一方显示出强势，所以会造成价格的巨幅波动。

若成交量温和放大，持续增加，它意味着多空双方中的某一方群众力量在逐渐加强，价格将按当前的走势继续前行；一旦群众的力量逐渐衰弱，则成交量就很难再放大，股价连创新高，成交量却不见放大甚至减少。量价背离是市场逆转的信号，无法放大或缩小的成交量对现有价格走势的影响也会渐渐衰退，这种量价背离的现象说明价格的变动得不到成交量的配合，价格的变动趋势不能持久，常常是市场趋势逆转的征兆。若成交量持续委靡不振，则意味着市场交投清淡，此时我们可以结合股价所处的具体位置来判断导致成交量委靡不振的原因究竟是什么，是潜在的卖盘没有抛出来，还是潜在的买盘没有入场，相同的成交量萎缩情况出现在个股运行的不同阶段将得到完全不同的结论。

4. 成交量揭示主力行为

主力手握大量筹码，对股价的走势能够产生一部分，甚至是决定性的影响，常常是证券市场中的最大赢家。能够准确揣测主力意图、捕捉主力动向就意味着我们找到了股市中获利的“金饭碗”，而成交量无疑是向我们提供这方面信息的最好工具。

当主力处于建仓、拉升、洗盘、出货的控盘阶段时，往往会在盘面上留下一些控盘痕迹，而成交量形态无疑就是一种最重要的“痕迹”。例如：在建仓阶段，由于其建仓时间往往可能有限制，即使主力有意隐藏踪迹，但由于主力所需要的大量筹码也不是原有的成交量所能提供的，因此在主力大力建仓的过程中势必会改变原有的股票供求情况从而促使股价上涨，势必会产生成交量放大的效果，根据主力计划建仓时间的长短，股价上涨程度不同、成交量放大情况也会不同；在拉升阶段，股价或呈缩量上涨的形态，或呈放量上涨的形态，如果仅凭“经典量价理论”的观点来看，缩量上涨自然是不健康的，而不健康的上涨又能涨多少呢？其实主力完全可以在控盘的情况下实现缩量拉升，因而，透过成交量，我们可以发现主力的行为。

三、如何使用成交量

“工欲善其事，必先利其器”。成交量是一个好的工具，但我们也要学会如何使用它。单日的成交量固然重要，但是如果只是从某一日的单日成交量来分析，而不考察其前后数日，甚至前后数十日的成交量情况，那么我们是很难发现什么信息的。这就如同我们在前面讲到过的单日K线形态情况相同，单日大阳线是上涨的信号，但是却一样可以出现在下跌途中，也可以出现在顶部区间。在研究K线形态时，我们要研究周K线情况、K线组合形态，并结合个股趋势运行的特征来进行综合分析，同样，在对于成交量的分析中，我们也要观察周成交量、成交量组合形态，一样要结合股价运行趋势的特征来分析。成交量所蕴涵的信息多是通过不同的成交量组合形态显示出来的，不同的成交量组合隐藏了不同的市场信息、主力信息。但我们也应注意到，为什么许多相同的成交量组合却演绎出完全不同的后期股价走势呢？这里面涉及了一个最重要的辅助因素“价格”，结合股价的走势、股价所处位置来研读成交量信息就更能准确地把握未来的走势。

第二节 放量的含义及常见的三种形态

一、放量下的市场含义

放量，即是指股票在某一段时间内的成交量相对于前一段时间的平均成交量出现了放大的态势，而缩量则情况刚好相反。成交量既可以反映群众活动，也可以反映主力的意图，而放量则明确地提示投资者——此股的交投情况正在发生转变。

在市场行情趋于稳定的时候，正是由于多数人对后市的相同预期使他们做出相同的买空或卖空的决定，这时市场沿着某个较为明朗的方向运行，体现出来的股价走势较为和缓、成交量也较为温和，那些对行情把握准确的投资者都能够按计划采取行动。这时市场的供求双方的力量对比情况较为稳定，这时的市场趋势能持续多久，在大众开始快速聚集之前很难预料。

可是当大众一旦在短时间内聚集起来，更多的人加入到了买卖双方的阵营中，情绪稳定的大众转化为情绪激进的大众，原有的较为稳定的供求双方力量对比就会被打破，体现在成交量上就是连续的递增和价格在原来趋势上的快速推进，当双方力量对比情况再次趋于稳定，价格才会以稳定的态势推进。一般来讲，出现这种成交量递增的情况后，我们只要留意其后成交量是否能继续再放大就可以对以后价格的走势明了。一旦成交量不能再增加，这就意味着大众的规模和力度都已达到了顶端，价格也即将进入顶部或底部区间。我们可以把股票市场比做水池，水池有一个进水口和一个出水口，池外的水资源是有限的，当进水口的流量突然增多，而出水口流量变化不大时，这时我们要思考的是池外是否仍然还拥有足够的水源用以维持不断上涨的池水？当池外水源不断枯竭时，水池的水位还能持续在高位吗？

二、常见的三种放量形态简介

一般来说，我们可以把各式各样的放量形态归入以下三类：一是“递增放量”，即成交量在几日内出现缓和的持续放大的情况，一般来说有一个缓和的递增效果，与递增放量相对应的股价走势多是呈现出缓慢发展的势头，而不是剧烈的变动；二是“连续放量”又可称为“堆量”，即成交量的大幅放出，并且放出效果在多日内能连续维持，其中多蕴藏了主力的参与，与连续放量相对应的股价走势多是呈现了暴涨或暴跌的特性；三是“脉冲式放量”，即成交量在单日或双日内突然放大，放大的效果极为明显，但随后又突然到恢复放量前的水平或者在第二日就恢复到原来水平，与脉冲式放量相对应的情况多是重大利好或利好消息的发布，或者是主力的对倒造成的。

三、递增放量

递增放量出现，说明市场交投已经开始活跃，是一个群众规模逐渐变大的过程。对于递增放量的形成过程，我们做如下的理解：一开始，可能是由于某种外界原因，比如政策传导利好消息、券商报告、股评推荐等，股票开始被市场关注，买盘数量开始略有增加，因而成交量也略有增加，在买盘的带动下，股价出现一定的上涨；紧接着，股价与成交量的异动开始吸引了技术分析派及一些持币观望者的注意力，“放量要涨”是他们的共识，而且目前市场交投情况已经活跃，他们顺势而为加入了买方，随着买方力量扩大、增强，股价再次携量上行；由于股票在涨，赚钱效应在增加，这只股票吸引了越来越多人的注意，未买进的投资者在看着股价飙升的同时，内心浮躁不安，这就是我们常说的“追涨”情绪，这些人随时都有入场买入的冲动，成交量再一次放大；随后，在惯性上行的作用下，股价又创出新高，但是因为大众的活动规模已经很难再加强了，买盘力度减弱，趋势出现反转的苗头，当后续的买盘力量减弱无法抵挡获利盘的抛出时，股价便进入阶段性的顶部区域。可以说，成交量的递增是一个大众活动规模递增的过程，也是一个大众情绪逐渐狂热化的一个过程。

成交量递增形态既可以出现在个股或指数局部运行阶段，也可以出现在个股或指数运行的大趋势当中。递增形态出现在局部时，反映了个股或指数的局部运行情况，递增形态出现在总体运行趋势当中时，则反映了个股或指数运行的大趋势。

在分析递增成交量的时候，我们应注意分析以下几点：一是股价上涨得越明显，持股者的获利了结的愿望也越为强烈，这对股价后期上涨起到阻碍作用。二是大众规模的聚集程度和买卖行动是否已到了白热化阶段。三是当递增放量出现在相对的高价区时，后续买盘是否还能够持续跟上，谁还会愿意为这么高的股价买单呢？四是当大众买进愿望都被满足后，这时预示着买盘的枯竭，股价丧失了上涨的动力。

图 3–1 为上证指数 2006 年 8 月至 2007 年 5 月走势图，从图中走势可以看出，在此期间，大盘处于上升趋势当中，随着指数的步步走高，成交量保持了持续递增放大的形态。图 3–2 为上证指数 2006 年 8 月至 2007 年 5 月周 K 线走势图，从这张周 K 线图中我们可以对上升趋势看得更为清晰，随着 5 日均量线的持续上行，周 K 线连续收出阳线，在这么长的时间里，仅有三周的周 K 线收阴，上升趋势极为明确。

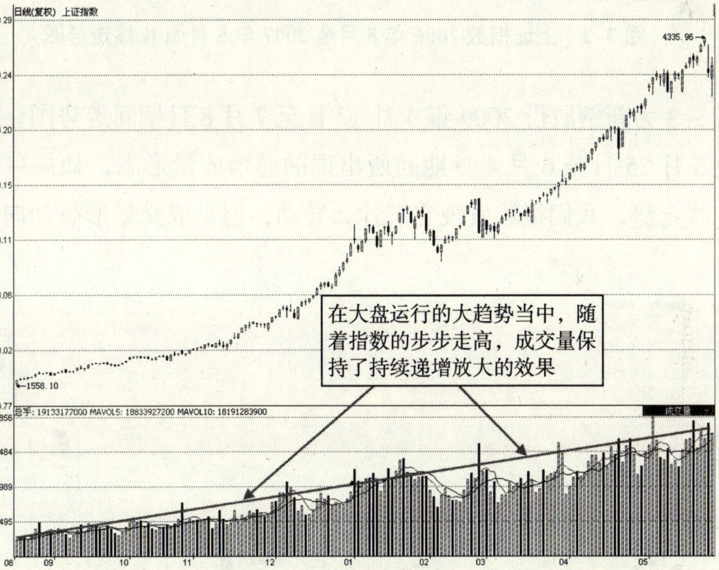

图 3–1 上证指数 2006 年 8 月至 2007 年 5 月走势图

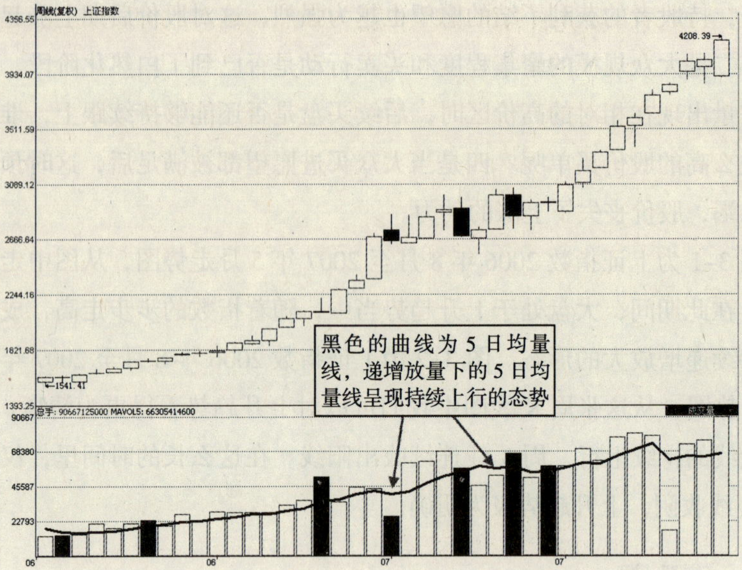

图 3-2　上证指数 2006 年 8 月至 2007 年 5 月周 K 线走势图

图 3-3 为新钢股份 2009 年 4 月 17 日至 7 月 8 日期间走势图，图中标注了此股 5 月 25 日至 6 月 4 日期间所出现的递增放量形态，如果单看这段时间的 K 线走势，我们很难发现它有什么异动，但是成交量形态却向我们提供

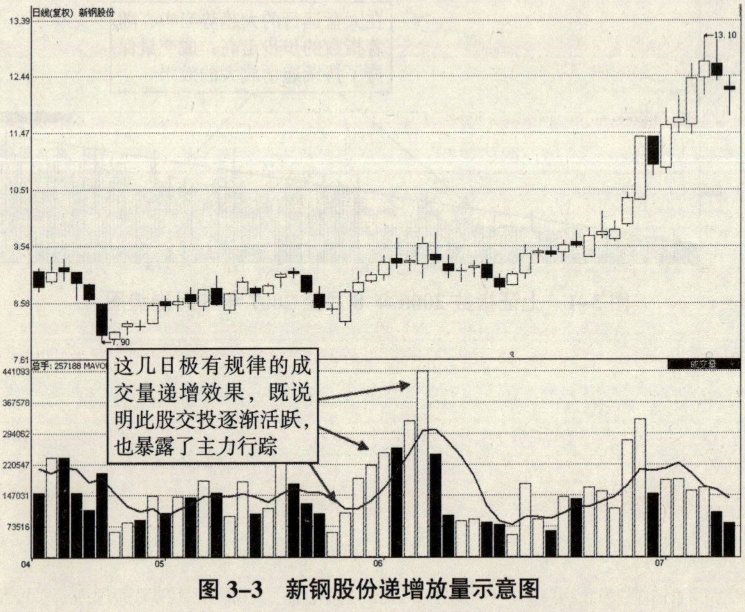

图 3-3　新钢股份递增放量示意图

了丰富的信息。这几日极有规律的成交量递增效果，既说明此股交投逐渐活跃，也暴露了主力行踪，因为若无主力的运作，这种极有规律的成交量形态是不可想象的。如果这时我们结合此股的最近走势特点，就可以发现这很可能是主力拉升前的信号，至此，递增放量形态给了我们极好的提前买入提示信号。

图 3–4 为国电电力（600795）2008 年 12 月 11 日至 2009 年 8 月 5 日期间股价走势图，图中标注在此期间出现的一次递增放量过程，可以看到，在这次递增放量后，股价经过短期回调以及随后横盘震荡，再度走出了一波不错的行情。可以说，递增形态向我们提前传导了股价后期的走势。

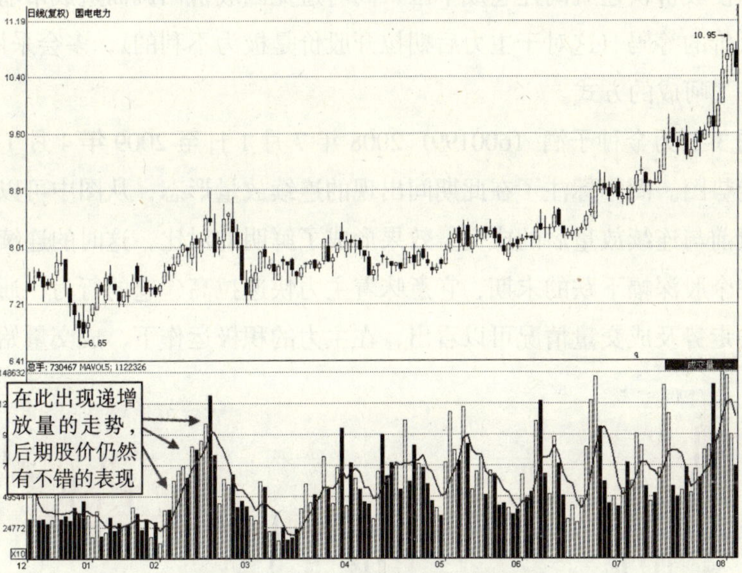

图 3–4　国电电力递增放量示意图

四、连续放量

连续放量与递增放量不同，递增放量有一个成交量由小到大持续转变的过程，而连续放量往往具有突然性。个股在某一天内突然出现大量、且成交量明显要高于前一段时期内的平均成交量，而且这种放量效果能够在很长一段时间内得以维持住，给人一种股票交投极为活跃的感觉。这种情况可能是由于短线主力大力度地拉高建仓，或是主力对倒以及短线客增多，也可能是主力大量出货造成的。不同原因下的连续放量对股价后期的走势会产生截然不同的影响。

首先，我们来看一下连续放量出现在个股深幅下跌后的上涨过程中，是一种什么样的情况。这时出现的连续放量很明显是有主力在进行参与，多是伴随着股价短期内的大幅上涨而出现，这往往是有实力的大资金在通过急拉股价进行快速建仓所导致的。主力的这种激进做法一般都源于此股有重大题材可供短期炒作，由于题材只能在短期内成为热点，因而时间不容许主力采取缓慢建仓的方式。主力很可能在大幅放量后的前几个交易日内完成建仓，随后的大幅放量更多地来自于主力的对倒拉升、散户资金的跟风参与等。由于主力使用了短期内拉高股价建仓的激进方式，因而建仓成本相对较高，主力为了使股价快速脱离建仓成本区，同时避免因股价回调而造成市场有机会持有低价的筹码（这对于主力后期拉开股价是极为不利的），多会采用建仓、拉升一气呵成的方式。

图 3-5 为金种子酒（600199）2008 年 7 月 1 日至 2009 年 4 月 1 日期间股价走势图。图中标注了在此期间出现的连续放量形态，从图中可以看到连续放量前与连续放量后的成交量效果形成了鲜明的对比，这时的连续放量是出现在个股深幅下跌的末期，它意味着主力快速拉高建仓的行为，通过此股后期的走势及成交量情况可以看出，在主力的积极运作下，成交量始终处于

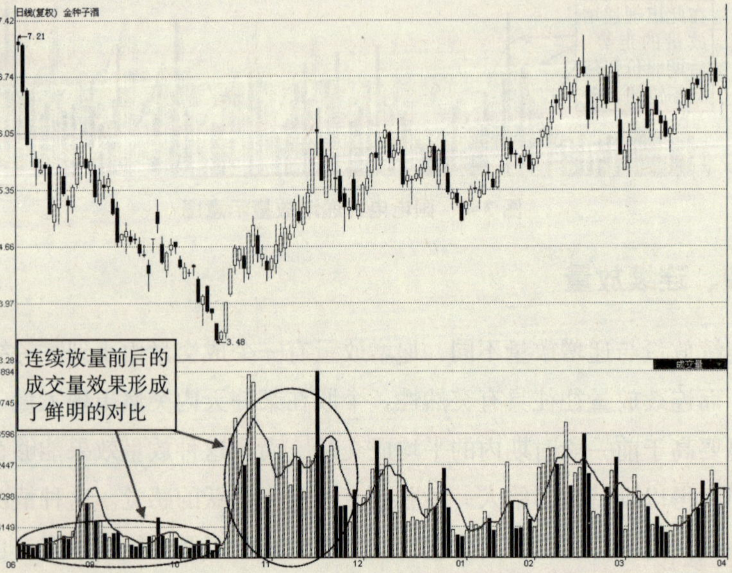

图 3-5 金种子酒连续放量示意图

较为明显的放大形态，股价在成交量的支撑下也得以逐步上行。下面我们再来看一下，连续放量形态下的周 K 线走势又是怎样的？

图 3-6 为金种子酒 2008 年 6 月至 2009 年 7 月期间的周 K 线走势图，对应图 3-5 中所标注的连续放量的那些天，在图 3-6 中我们可以看到同期出现的周 K 线形态是：下跌途中的单周 K 线出现了放量大阳线的形态，随后第二周成交量效果得以保持且股价止跌，而这正是趋势反转的信号。

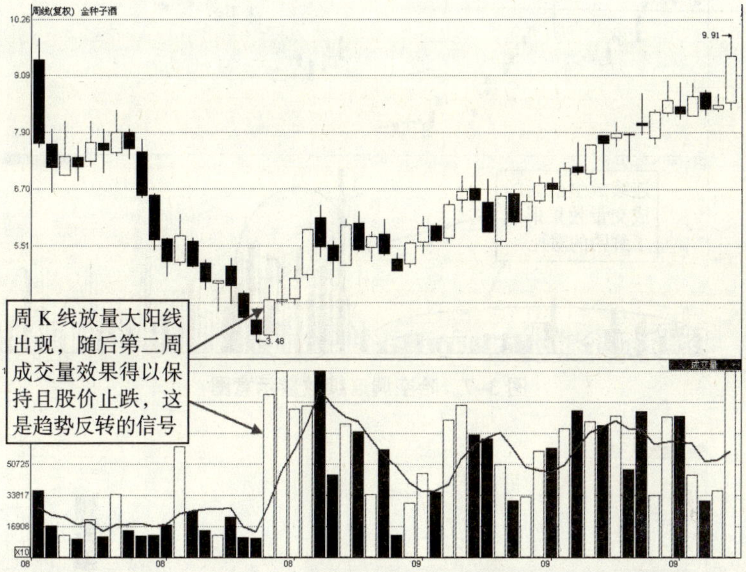

图 3-6　金种子酒周 K 线走势图

图 3-7 为哈空调（600202）2008 年 8 月 15 日至 2009 年 2 月 13 日期间股价走势图，图中标注了在此期间出现的连续放量形态，从图中可以看到连续放量前与连续放量后的成交量效果形成了鲜明的对比，这时的连续放量是出现在个股深幅下跌的末期，它意味着主力快速拉高建仓的行为。通过此股后期的走势及成交量情况可以看出，在主力的积极运作下，成交量始终处于较为明显的放大形态，股价在成交量的支撑下也得以逐步上行。连续放量出现在下跌末期意味着趋势的反转。下面我们再来看一下，连续放量形态下的周 K 线走势是否也给出了相同的信息。

图 3-8 为哈空调 2008 年 8 月至 2009 年 3 月期间的周 K 线走势，对应图 3-7 中所标注的连续放量的那些天，在图 3-6 中我们可以看到同期出现的周

K 线形态是：下跌途中的单周 K 线出现了放量大阳线的形态，随后第二周成交量效果得以保持且股价止跌，而这正是趋势反转的信号。

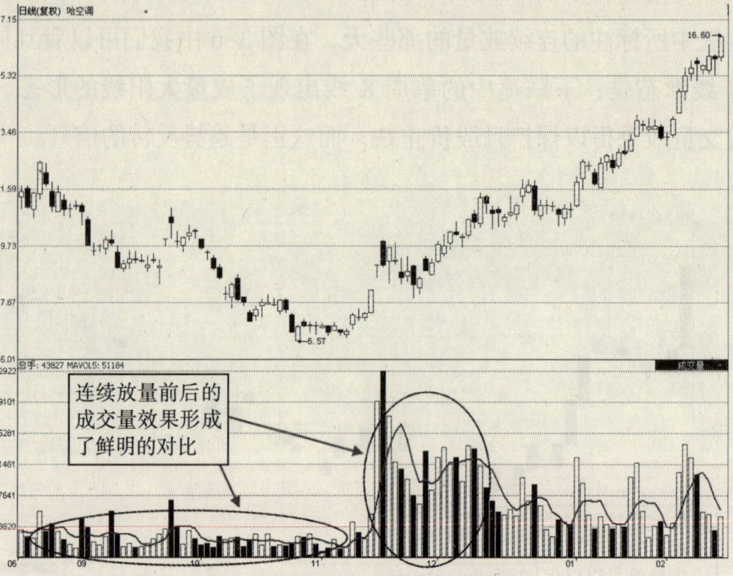

图 3–7 哈空调连续放量示意图

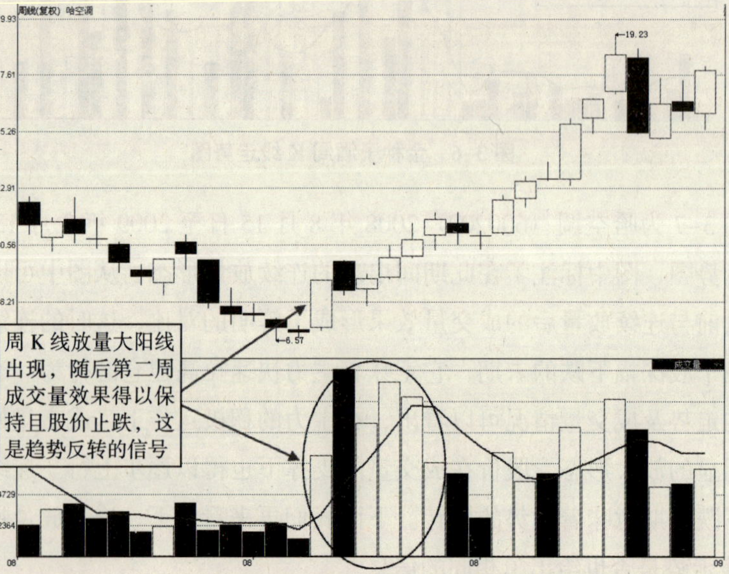

图 3–8 哈空调周 K 线走势图

其次，我们再来看一下连续放量出现在高位横盘的末期，并且在连续放量时股价出现快速上升的这种情况。主力会在低位区进行拉高建仓，但没有哪个主力会愚蠢到在高位区进行拉高建仓的，这时出现的连续放量上冲多是老主力为吸引市场注意力而蓄意谋划的对倒拉升假象，即主力自己卖出，同时自己再买入，以制造一种股价上涨、人气旺盛的假象，以此来吸引场外跟风盘介入，从而方便主力出货。主力使用这种手法的原因很简单：那就是针对投资者常有的追涨情绪而实施的，股票这东西不同于其他商品，是越涨越有人买，而越跌却越无人介入。

图3-9为钱江生化（600796）2007年9月3日至2008年6月17日期间股价走势图，从图中标注可以看到，在高位横盘的末期，股价突然出现连续放量拉升的走势，考虑到这时股价所处位置区间，我们绝不能将其理解为这是主力拉高建仓所致，而只能把它看作是主力对倒拉升以图出货的手段。从此股的后期走势中我们也可以看到，在主力逐渐放弃对倒后，成交量又逐步恢复到了原先的水平，连续放量所持续的时间长度明显不如前面我们讲到的两个例子，而此时股价也是跌去了一大半，若投资者在等到成交量恢复如初时再卖出的话，恐怕是非但没有获利，反而有可能是损失惨重，因而，对于这种情况下的连续放量拉升走势，我们的策略是，一旦其出现滞涨情况就应该尽快卖出。

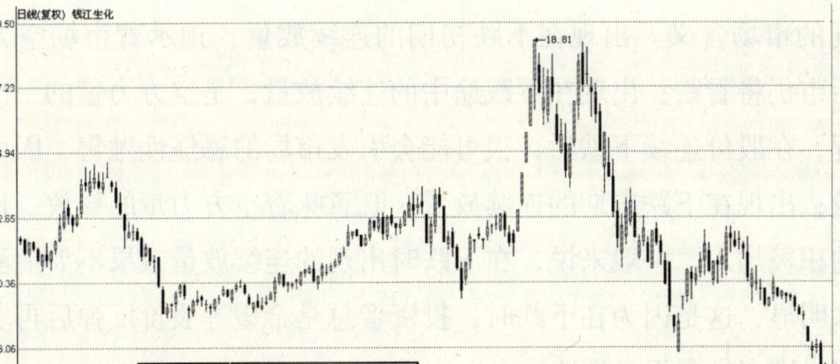

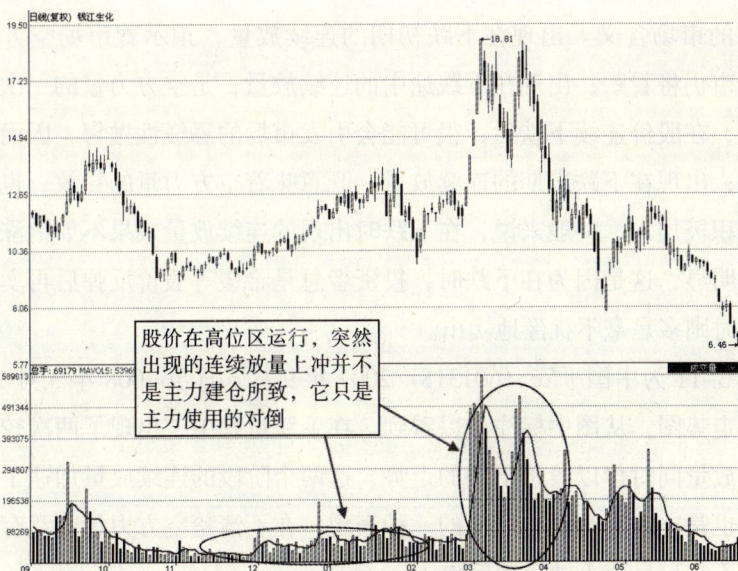

图3-9　钱江生化连续放量示意图

图3–10是此股的同期周K线走势图，从图中标注可以看出，如果依据周K线形态及所给出的提示信号，我们依然可以准确操作。

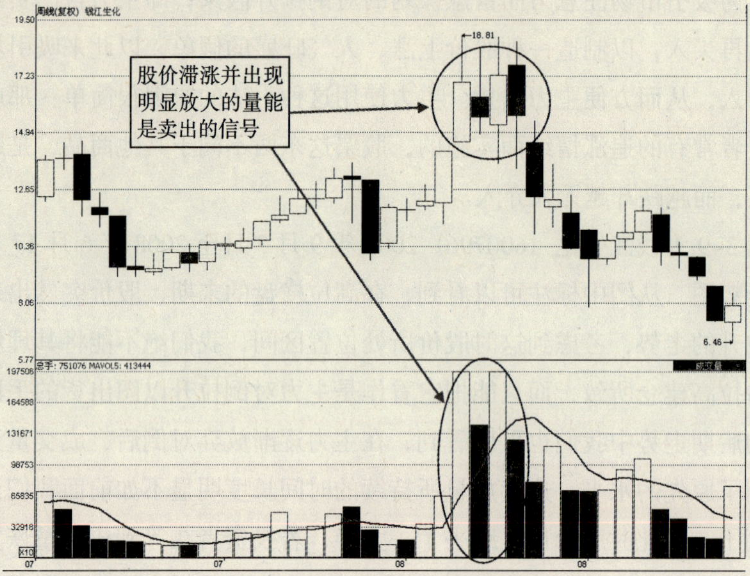

图3–10 钱江生化周K线走势图

最后，我们再来看一下连续放量出现在下跌途中的情况。由于下跌趋势也是一个相对漫长的过程，因此，出现在不同下跌阶段中的连续放量也蕴涵了不同的市场含义。出现在下跌初期的连续放量，预示着市场空方力量强大，后市仍将看跌；出现在下跌途中的连续放量，是空方力量的一次集中释放过程，在股价连续下跌后，很可能会引发市场的恐慌性抛售，因而形成连续放量；出现在下跌末期的连续放量，既意味着空方力量的释放，也意味着多方的积极加入。一般来说，在下跌时出现的连续放量效果不如上涨时出现的那么明显，这是因为在下跌时，投资者总是希望等股价反弹后再卖出，而在上涨时则多是毫不犹豫地卖出。

图3–11为中国平安（601318）2007年9月6日至2008年3月28日期间股价走势图，从图中标注可以看到，在下跌过程中，出现了两次较为显著的连续放量同时伴以股价下跌的走势，这两个阶段的连续放量加速了此股的下跌，也是空方力量集中释放的一种表现，在不清楚空方力量究竟有多强大时我们不宜盲目介入抄底博反弹。

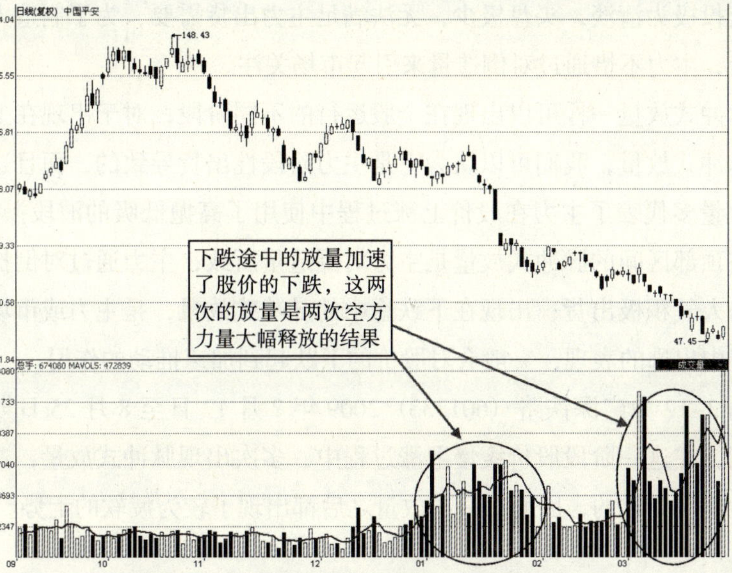
日线(复权) 中国平安
148.43
下跌途中的放量加速了股价的下跌，这两次的放量是两次空方力量大幅释放的结果
47.45
成交量

图 3-11　中国平安下跌途中连续放量示意图

五、脉冲式放量

我们常会看到个股在无重大事项的条件下突然出现令人莫名其妙的脉冲式放量，随后在第二日或第三日成交量又恢复到原来的水平。脉冲式放量打破了市场交投的连续性，是突出的成交量异动。伴随着脉冲式放量的同时，股价往往也出现大幅度的变动，一般来说，脉冲式放量可达到正常水平的4倍以上，而且在脉冲式放量的同时，股价往往是上涨而非下跌。

对于脉冲式放量这种无征兆的单日或几日内的异常放量，我们能作出的解释就是：这是由于主力大量对倒所致。主力为何要对倒？其目的无非是为了制造人气，吸引更多的市场目光。一个主力在介入某只个股后的一段时间内，无非是以建仓、拉升、洗盘、出货为当前的主导因素，如果是建仓，主力为了拿到低价筹码要想方设法地隐藏自身踪迹，不可能如此大张旗鼓地暴露行踪？如果是拉升，由于这种脉冲式放量效果的不连续性，是很难达到拉升的目的的，也不符合逻辑；洗盘倒是一种可能，但由于出现脉冲式放量的交易日内股价多是上涨的，而且散户有一种"股价放量会涨"的思维方式，所以，使用这种方法洗盘不仅增加主力成本，也达不到洗盘的效果。通过以上分析，我们能得出的唯一结论是：主力有出货的意图，而且很可能此股最近的交投极为清淡，买盘极少，无法满足主力出货需要，为了制造人气、吸引买盘，主力不惜通过对倒造量来引起市场关注。

脉冲式放量一样可以出现在个股运行的不同阶段，对于出现在上升趋势中的脉冲式放量，我们可以认为它是主力阶段性出货导致的，而且这时的脉冲式放量多代表了主力在股价上涨过程中使用了高抛低吸的波段操作手法；出现在顶部区间的脉冲式放量是主力对倒造量所致，主力通过对倒拉高后所聚集的人气积极出货；出现在下跌途中的脉冲式放量，是主力或市场恐慌性抛盘集中出逃的表现，一般会对股价的下跌起到加速推动的作用。

图 3-12 为广深铁路（601333）2009 年 2 月 12 日至 8 月 25 日期间股价走势图，在这一阶段股价缓慢上涨过程中，多次出现脉冲式放量，这是主力阶段性出货导致的，因而每一次放量之后都出现了较为疲软的走势。

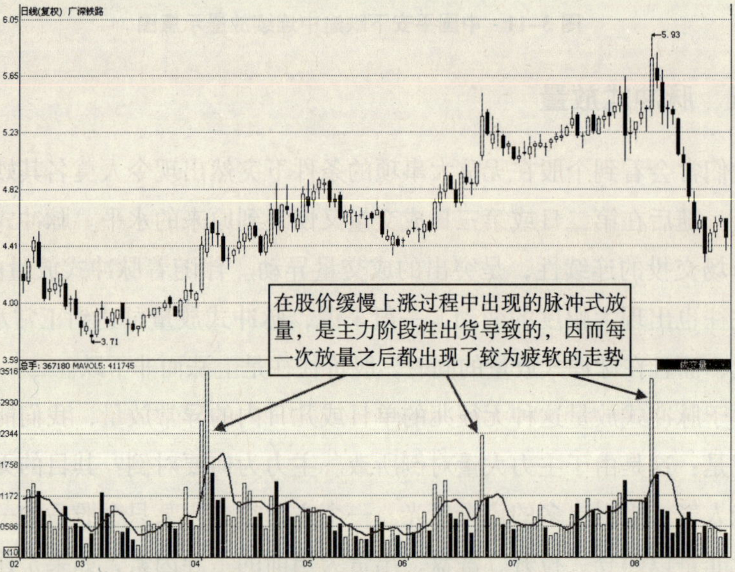

图 3-12　广深铁路脉冲式放量示意图

图 3-13 为豫园商城（600655）2008 年 1 月 15 日至 9 月 18 日期间股价走势图，从图中标注可以看出，由于前期连续的跌停板，空方力量无法得到释放，当这一日打开跌停板后，卖盘疯狂涌出造成这种下跌途中的脉冲式放量，这对股价继续下跌起到了推动作用。

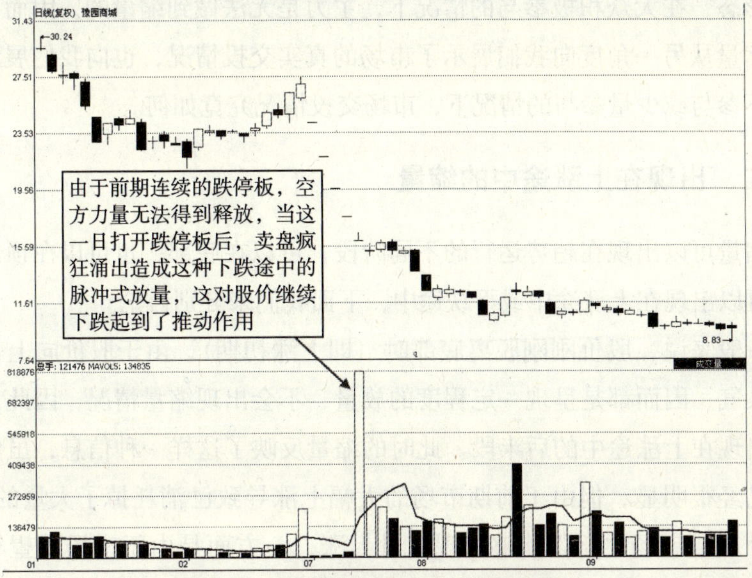

图 3-13 豫园商城脉冲式放量示意图

第三节 缩量下的市场含义

一、什么是缩量

放大的成交量是市场交投持续活跃的表现，量能的放大也意味着多空双方中有一方处于主导地位，因而，放量会加速现有价格趋势的发展速度。与此相应的是缩小成交量，通常来讲缩量是市场交投清淡的结果，它带来的是盘整或对原有趋势的修正，如果原有的趋势已经确立，缩小的成交量是很难改变原有价格趋势的。

前面我们讲解放量时，经常要提到主力，的确，主力在放量过程中往往扮演了不可或缺的角色，在连续放量时，没有主力的参与是难以想象的，在脉冲式放量中，主力操纵成交量也是一目了然的。然而，对于缩量而言，它却向我们反映出了一种更为“真实”的市场交投情况。因为主力可以通过“左手倒右手”（即自买自卖）的对倒手法进行放量，但却无法刻意做出一个缩量形态，在大众积极参与的情况下，主力是无法做到缩量的，因而，我们可说缩量从另一角度向我们展示了市场的真实交投情况，也向我们展示了在主力不参与或少量参与的情况下，市场交投情况究竟如何。

二、出现在上涨途中的缩量

缩量可以出现在趋势运行的不同阶段，可以在底部，也可以在顶部，同样也可以出现在上涨途中或下跌途中，下面我们来分别讨论。

一般来说，股价刚刚脱离底部时（即上涨初期），由于股价向上带动了市场人气，因而都是呈现一定程度的放量，不会出现缩量情况，因此，缩量多是出现在上涨途中的后半段。此时的缩量反映了这样一种信息，虽然上升势头已经很明显，但由于前期市场的大幅上涨导致已消耗掉了大量的买盘，此时个股或市场之所以能够实现缩量上涨，一方面是由于市场观望气氛较重，市场只需少量的后续买盘就可以继续推高股价；另一方面也说明了空方还没有形成规模，市场中的那些多头做多信心很坚决，因为在股价的缩量回调中并无恐慌盘涌出，有的只是一些不坚定分子的获利抛出。这时的缩量上涨反映出了上涨趋势的可持续性已经不强了，后期随时有可能出现趋势反转。

缩量上涨的另一种情况是主力完全控盘并在上升途中积极锁仓所致，这种情况更多地出现在个股走势之中。主力在底部大量吸筹，导致市场上的浮筹已经很少，主力只用少量的资金买入就可以实现大幅的拉升，此时的上涨呈现出缩量上涨形态，非但不是股价走势反转的信号，而且往往是捕捉翻倍大黑马的一种手段。

图3-14为上证指数2007年2月至2008年3月走势图，如图标注，在2007年下半年大盘出现缩量上涨的走势，这是趋势反转的信号。

三、出现在顶部区的缩量

当市场或个股在进入顶部区后，由于此时已出现了幅度巨大的上涨，因而，愿意追涨买进的投资者越来越少，成交量萎缩预示着买方已经入场完毕，这时参与市场交投的大众已经很难能再一次进行聚集而促使股价上升了，而没有大卖盘涌出，也说明了市场在高位处于焦灼状态，这时的卖盘主要来自少数聪明的投资者，他们懂得见好就收，懂得如何克服自己的“贪

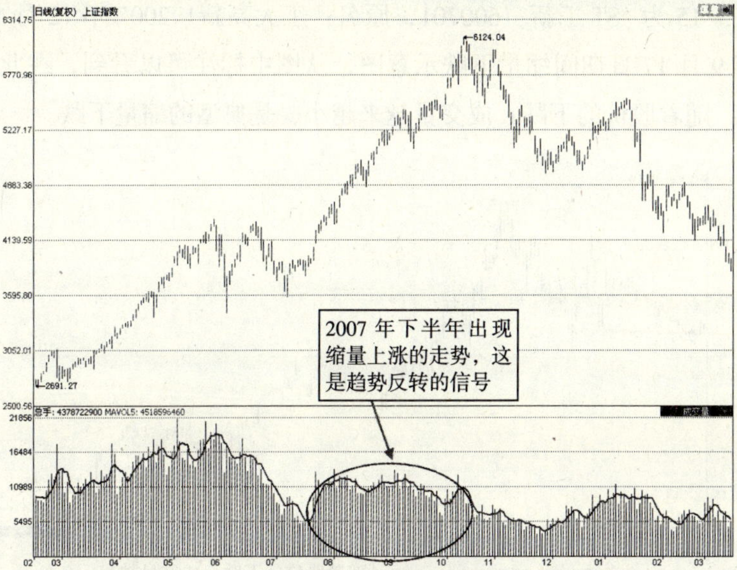

图 3–14　上证指数 2007 年 2 月至 2008 年 3 月走势图

婪”；这时的买盘，主要来自少数自以为是的短线投机者的加入和那些不甘寂寞的空头进行回补。某些外界的利空因素会适时地打破这种高位的“平衡”状态，随之而来的就是趋势的反转。

四、出现在下跌途中的缩量

“缩量下跌”就如同“放量上涨”一样，是最为常见的走势。股价上涨时由于获利盘的持续抛出多需要放大的成交量来不断推动，但是当股价下跌时却不需要成交量来推动。下跌途中的缩量，说明了市场都在观望、介入者少、只要少量的抛盘就可以促使股价重心下移、市场套牢盘在增加等信息。

在股价下跌趋势发生后，成交量却没有放出，而是持续萎缩，这主要是因为没有主力资金或大买盘介入而处于被套的散户又不希望割肉出局或者在等反弹出现再择机出局。一种趋势能持续多久，我们可以从这个趋势所聚集的大众规模和大众规模是否达到极致来分析判断。但是在下跌走势的末期，成交量萎缩，股价在一个箱体里持续震荡，这往往是行情已见底的信号，这时若出现经济好转、政策利好等因素的刺激，则股价有可能出现一次较为强劲的反弹。

图 3-15 为 *ST 工新（600701，原名：工大高新）2007 年 12 月 12 日至 2008 年 9 月 17 日期间缩量下跌示意图，从图中标注可以看到，在此股的下跌途中，随着股价的下跌，成交量越来越小，是典型的缩量下跌。

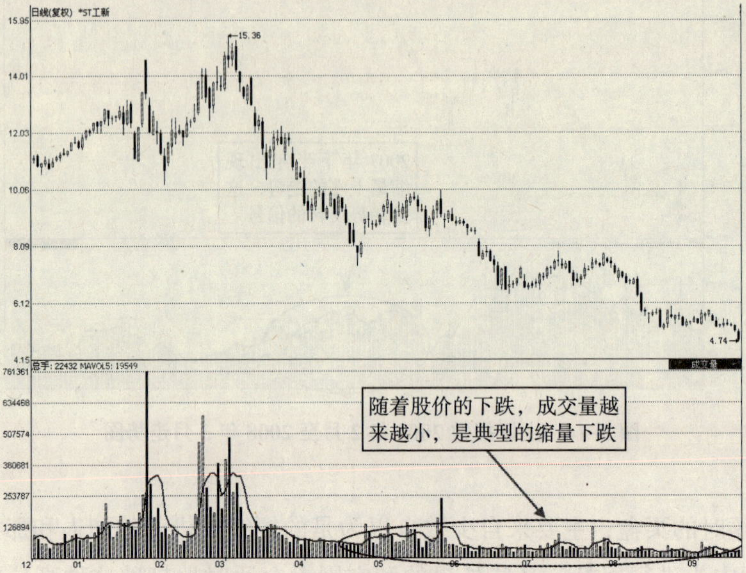

图 3-15 *ST 工新缩量下跌示意图

第四节　不可不知的八种量价关系

关于量价关系的系统性论述最早见于葛兰维尔所著的《股票市场指标》，葛兰维尔所总结出的八种量价关系由于实用性、广泛性极强，近百年来它已成为一种极为重要的股市技术理论，我们可将其称为“经典量价理论”。

葛兰维尔认为成交量是股市的元气与动力，成交量的变动，直接表现股市交易是否活跃，人气是否旺盛，而且体现了市场运作过程中供给与需求间的动态实况，没有成交量的发生，市场价格就不可能变动，也就无价格趋势可言，成交量的增加或萎缩都表现出一定的价格趋势。以下我们就对葛兰维尔所总结的八种量价关系进行逐一解读。

（1）价涨量增，是上升趋势持续的信号。这种关系我们也可以将其称为

"有价有市"，是指在上涨过程中，成交量的不断放大推动了股价的上涨，不断放大量能显示出买盘力量充足，即使有不少获利盘抛出，但是强劲的买盘仍足以维持股价的上涨。这一关系我们在前面已进行详细的说明。

（2）上涨途中，后一上升浪的量能小于前一上升浪的量能，这是上涨趋势即将反转的信号，这种情况可称之为"上涨时的量价背离"。这种量价背离的出现是因为市场做多情绪明显不够，股价之所以能再创新高，是因为卖盘并没有大量涌出，股价上涨的原动力"后续的大量买盘"在减弱，当卖盘醒悟过来，一旦引发大量抛售，趋势就会反转。这一情况实例见前面的"出现在上涨途中的缩量"所做的讲解，图 3–16 为简化形式的上涨时量价背离示意图。

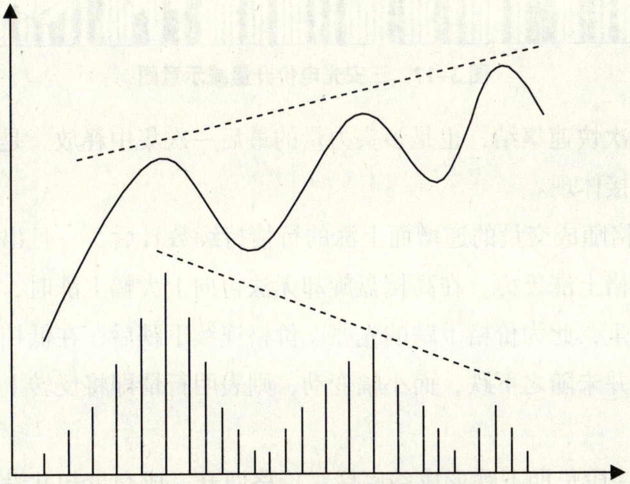

图 3–16　上涨时的量价背离示意图

（3）价格上升，但成交量却持续减少，显示出价格上涨原动力不足，价格趋势存在反转信号。这一情况较为少见，但原理是相同的，也是由于买盘的不足从而造成后期的趋势反转。图 3–17 中标示出了这种价升量减的关系。

（4）先是价量均呈现温和上涨势头，然后成交量剧增、股价井喷行情，随后成交量大幅萎缩，价格急速下跌，这表明涨势已到末期，上升乏力，趋势即将反转。反转的幅度将视前一轮价格上涨的幅度大小及成交量的变化程度而定。成交量剧增、股价井喷行情多发生在上升趋势反转前，这是多头力

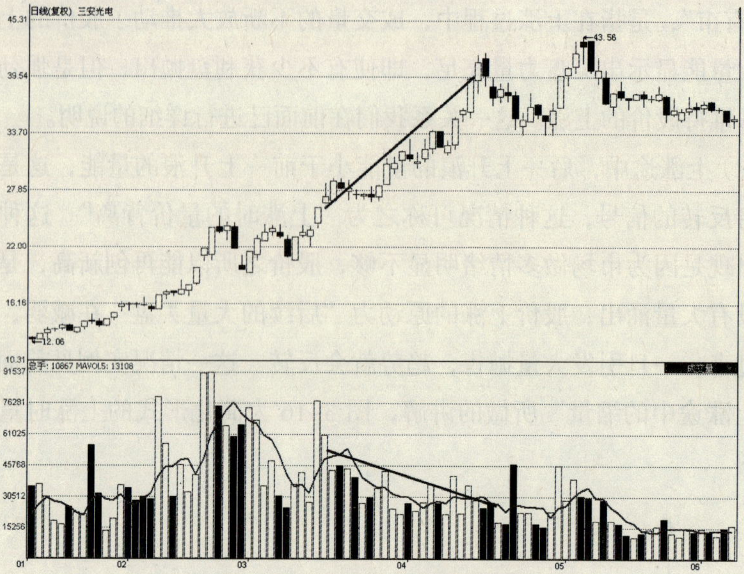

图 3-17　三安光电价升量减示意图

量的最后一次快速集结，也是多头力量的最后一次集中释放，是多方力量由盛转衰的直接体现。

（5）价格随成交量的递增而上涨的行情持续数日后，一旦出现成交量急剧增加而价格上涨乏力，在高档盘旋却无法再向上大幅上涨时，表明价格在高档卖压沉重，此为价格下跌的先兆。价格连续下跌后，在低档出现大成交量，价格却并未随之下跌，而小幅变动，则表明行情即将反转上涨，是买进的机会。

（6）在一段长期下跌形成谷底后，价格回升，成交量却并没因价格上升而递增，价格上涨行情欲振无力，然后再度跌落至先前谷底附近（或高于谷底）时，如第二谷底的成交量低于第一谷底，则表明价格即将上涨。当价格再次跌回谷底附近时，成交量减少说明了市场的抛盘在减少，做空的力量在减弱，一旦有一些利好因素，就能成为点燃股票上涨的导火索。

（7）价格下跌相当长的一段时间后，会出现恐慌性抛盘。随着日益增加的成交量，价格大幅度下跌。继恐慌性卖出后，预期价格可能上涨，同时因恐慌性卖出后所创的低价不可能在极短时间内突破，故恐慌性抛盘后，往往标志着空头市场的结束。这种情况与（4）中的情况刚好相反，一个是上涨末期多方力量的集中释放，预示下跌行情的开始；一个是下跌末期空方力量的集中释放，预示上涨行情的开始。

（8）价格向下跌破价格形态趋势线或移动平均线，同时出现大成交量，是价格下跌的信号。原有趋势被打破，且引来恐慌盘的抛售，这只是一个开始，这种恐慌盘后续还有多少我们不得而知，越多则股价跌幅越深。

第四章　缺口——K 线运行中的跳跃现象

第一节　什么是缺口

缺口理论和移动平均线理论、趋势线理论一样，是 K 线理论中的一个重要组成部分，对股价的运行有着重要的指导作用，是我们理解 K 线走势、市场运行趋势不可或缺的一个环节。我们时常从股评中看到“跳空上升”或“跳空下跌”，也常听到股民们议论缺口会不会补掉，对于缺口的分析，在日常交易当中有着非常重要的地位和作用，及时地发现缺口，理解缺口形成的原因，可以让你在交易当中发现投资机会，赚取更多的利润，也可以让你在变化无常的股市中防范风险，以免受到更大的损失。缺口理论在使用时，不可拘泥于条条框框之中，而应根据具体情况加以灵活运用。因为缺口是 K 线运行中的特殊现象，因此，对缺口的认识及应用也是非常关键的。本章中，我们将专门讲解有关缺口理论方方面面的知识。

通常情况下，K 线的运行是连贯的（即相邻两个交易日内的单根 K 线在以时间为横轴、以价格为纵轴的坐标系中出现部分相交），但是在 K 线的运行过程中也往往看到这样一种常见而又特殊的现象，那就是 K 线运行中出现的中断、不连贯现象，这种 K 线之间的中断就是缺口，也可称之为跳空缺口或跳空。缺口是一段当时没有发生交易的价格区域，在 K 线图上表现为相邻两条线高低价位之间的空白，如果当天的最高价低于前一天的最低价，这样就形成了一个下跌缺口，如果当天的最低价高于前一天的最高价，这样就形成了一个上涨缺口。当股价出现缺口后，若在随后的一段时间内，股价反转过来，回到原来缺口的价位时，称为缺口的封闭，又称补空。图 4-1 为福建高速上涨缺口示意图，图 4-2 为济南钢铁下跌缺口示意图。

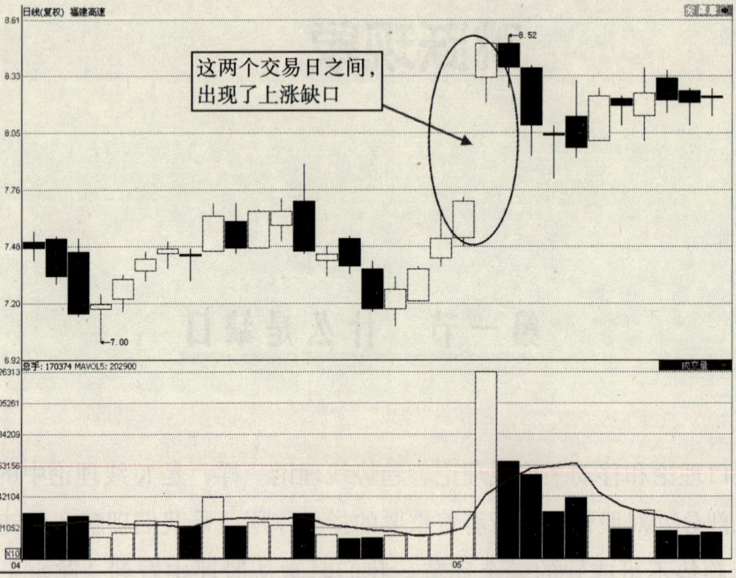

图 4-1 福建高速上涨缺口示意图

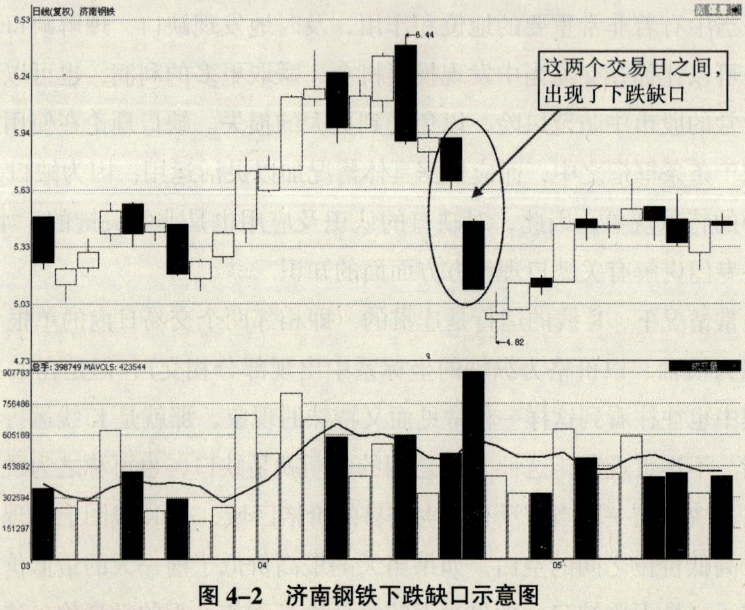

图 4-2 济南钢铁下跌缺口示意图

由于缺口是趋势行进过程中经常出现的一种技术图形，缺口的出现，往往是由于突发消息的影响，或者是投资者比较看好或看空所产生的，是一种反映多空实力的信号，因而，它会加速行情朝着某个方向发展，该缺口也成为日后较强的支撑或阻力区域。可以说，缺口理论是研判大势走向的一种重要手段。

第二节 缺口种类及其市场含义

一般来说，缺口出现时往往是市场分歧加剧的结果，或是由于在前一交易日收盘至次一交易日开盘这段时间内，出现利好或利空消息所致，或者是由于主力资金的控盘所致，因而出现了当日的开盘的价格比上一个交易日的最低价低开许多，或者是比上一个交易日的最高价高出许多的情况，从而使 K 线出现中断。

下面我们结合市场的三种趋势来看一看出现在不同阶段的缺口都有什么样的市场含义。在详细讨论缺口的市场含义前，我们先来对缺口进行一下分类，这样有助于我们随后的讨论。

一、缺口的种类

依据不同的标准，可以得出关于各种缺口不同的分类。

(1) 以跳空的方向为依据：可以把缺口分为两种，即上涨缺口和下跌缺口。上涨缺口表示次日的最低价高于前一交易日的最高价，即股价出现了向上跳跃的现象；下跌缺口表示次日的最高价低于前一交易日的最低价，即股价出现了向下跳跃的现象。

(2) 以跳空方向和整体运行趋势是否相同为依据：仅以缺口的跳空方向为依据，容易让我们得出片面的结论，一般来说，在考虑缺口的跳空方向时，还要考虑市场或个股的整体运行趋势。如果跳空的方向与市场或个股的整体趋势相同的就是正向缺口；如果跳空的方向与市场或个股的整体趋势相反的就是反向缺口。正向缺口多会加强原来的运行趋势，而反向缺口则有可能意味趋势的反转。

(3) 以K线周期为依据：依据不同的K线周期我们可以得到不同时间段的缺口，日K线缺口即我们平常讨论最多的缺口，由于更加贴近市场主力资金的运作意图，而被格外看重，它的短线实战意义最大，所以，我们平时以日K线缺口为主要研判依据；周K线中的缺口对中长期走势有较好的指导作用，往往能准确地反映出市场或个股的中长期走势；月K线对大趋势指导意义却非常强，出现月K线缺口后，多会延续原来的走势，但由于月K线缺口的时间跨度太大且出现次数极少，在平常讨论中我们一般较少提到。

(4) 以市场或个股整体运行趋势为依据：前面我们讲过，市场或个股整体运行趋势（即所谓的大趋势）可分为三种，它们是上升趋势、下跌趋势、横盘震荡趋势。出现在趋势运行不同阶段中的缺口也具有不同的意义，出现在横盘震荡中的缺口可以称之为普通缺口，它对趋势的运行并无多大的阻碍或推动作用；出现上升趋势之初或下跌趋势之初的缺口可以称为突破缺口，是一轮趋势形成的信号；出现在上升趋势或下跌趋势之中的缺口称为持续缺口，它们对趋势的发展起到了加速作用；出现在上升趋势或下跌趋势末尾的缺口称为衰竭缺口，它反映了一轮趋势的即将结束。普通缺口、突破缺口、持续缺口和衰竭缺口由于直接趋势的运行接轨，因而能够较为准确地反映市场或个股的运行情况，对我们预测后期走势有重要的实战意义，因而是我们最为常用的缺口分类方法。下面我们就对普通缺口、突破缺口、持续缺口和衰竭缺口这几个缺口的形成原因逐一解读。

二、普通缺口

普通缺口就是指出现向上或向下跳空的缺口，而且缺口很快就会被回补，它可以出现在任何走势形态之中，但在更多的情况下出现在盘整区（即股价变化不大的成交密集区）。普通缺口的出现其主要原因是市场参与者毫无兴趣，市场清淡，相对较小的买单或卖单便足以导致价格跳空，普通缺口的出现可以帮助投资者确认当前处于何种盘势。

图 4-3 为铜峰电子（600237）2009 年 5 月 13 日至 7 月 30 日期间走势图，在此期间该股处于盘整走势，从图中标注可以看到，当一个上升方向的普通缺口出现后，它对盘整走势没有产生多大影响，且在短时间内就出现

了回补。

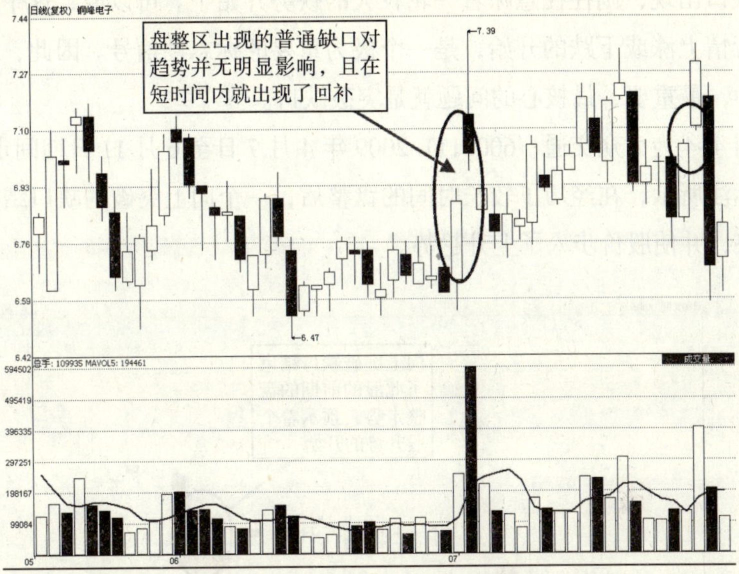

图 4-3 铜峰电子普通缺口示意图

三、突破缺口

突破缺口，顾名思义，是出现在股价打破盘局的初期且具有突破盘整走势的缺口，一般来说，行情刚刚开始时，出现的第一个跳空缺口我们可以称之为突破缺口。当突破缺口出现后，股价会迅速脱离整理状态或当时的成交密集区，一般情况下，突破缺口在 3 个交易日内甚至在较长时间内都不会被轻易回补。

当突破缺口出现在底部横盘的末期时，往往是主力资金为了迅速脱离底部而做出跳空缺口，使前几日割肉出局的投资者无法买回；当突破缺口出现在顶部横盘的末期时，往往是主力资金使股价快速打压，远离头部区域，使高位接盘的投资者深度被套而不忍割肉；另外，在上升或下跌趋势中的盘整区（即上升趋势的中继平台或下跌趋势的中继平台）突破缺口往往会在重要的阻力位或支撑位附近出现，有时做向上的跳空缺口可以迅速摆脱前期的阻力位，使抛压减轻，或迅速向下做突破缺口，打穿支撑位，使认为有支撑的投资者措手不及而来不及做出正确的判断和操作。

因为突破缺口是由大规模资金集中做多或做空所造成的，因此，一旦一个向上的突破缺口出现，往往意味着一轮较大的行情开始了；而一个向下的突破缺口出现，则往往意味着一轮较大的跌势开始了。可以说，这个缺口是一轮行情上涨或下跌的开始，是一个极为重要的标志性信号。因此，在缺口理论中，最重要、最核心的问题就是突破缺口。

图 4-4 为大众交通（600611）2009 年 4 月 7 日至 6 月 11 日期间走势图，如图标注所示，在经历了较长时间的盘整后，一个向上突破的缺口结束了盘整走势，并使股价步入了上升趋势。

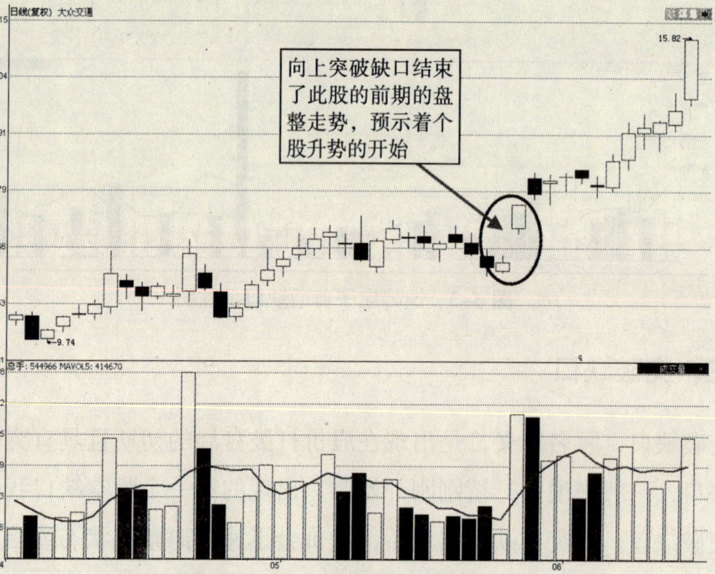

图 4-4 大众交通突破缺口示意图

四、持续缺口

持续缺口出现在突破缺口之后，是指在股价上涨或者下跌趋势中，股价加速上升或者下跌所形成的缺口，其跳空方向与股价总体走势一致，它表示了股价维持原先的趋势运动。在技术分析时，出现持续缺口，可以大约估计股价未来可能移动的距离。

关于持续缺口有一点应注意，那就是在一轮行情中，持续缺口可以没有，也可以有许多个，所以比较难以把握。通常情况下，除了强势逼空行情和单边下挫行情这两种情况之下，一轮行情一般只有三个左右的持续缺口。而当三个持续跳空缺口出现后，一般个股的走势也往往出现即将见顶或见底的情况，这似乎与《曹刿论战》中所讲的“一鼓作气，再而衰，三而竭”的思想如出一辙，缺口理论中有句名言“三跳空，气数尽”，其所指的就是持续缺口。多数情况下，的确如此，无论是大盘还是个股，三个跳空缺口之后，都会有一个修正原来趋势的过程。即向上趋势的行情中出现三个缺口，通常会见顶或出现调整；向下趋势的行情中出现三个缺口，通常会见底或出现反弹。了解这一点，我们会更容易理解后面要讲的竭尽缺口。

持续缺口有一个独特作用，那就是量度作用，因此，有时持续缺口也叫量度缺口。对于持续缺口的量度作用，通常也是建立在这个基础之上的。其量度的方式是：持续缺口与突破缺口之间的距离翻一倍上去就是高点，至于具体的高点在何处，一般来说，强势行情中会超过一倍的距离，而弱势行情中会不到一倍的距离，对于持续缺口量度作用的使用应当灵活运用，不能死搬硬套，其重要的意义是提醒我们要在那个区域附近注意可能的调整，因此，笔者建议投资者应根据不同的市况做出决定。较为实用的方法是在获利已较丰厚的情况下，逐步减仓出局。

图 4-5 为时代出版（600551）2008 年 11 月 18 日至 2009 年 2 月 13 日期间走势图。此股在此期间正处于上升趋势中，如图标注，在上升趋势中，一个向上跳空的持续缺口的出现对于行情的发展起到了加速推动的作用。

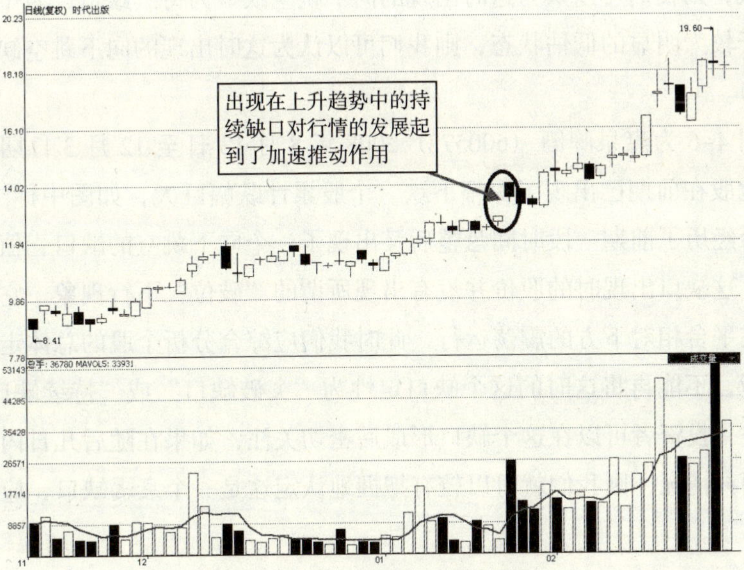

图 4-5 时代出版持续缺口示意图

五、衰竭缺口

当个股在走势中出现了突破缺口，又再出现持续缺口，最后的冲刺，又再出现缺口则很可能意味着行情的反转，而这个预示行情反转的缺口，我们可以将其称为衰竭缺口，也可称之为终止缺口。

由于衰竭缺口往往出现在个股累计涨幅巨大或跌幅巨大的情况下，当个股在累计涨幅巨大的情况下再一次出现向上跳空的缺口，或当个股在累计跌幅巨大的情况下再一次出现向下跳空的缺口，则很大程度上意味着这是多方或空方最后一次的大力进攻，随之而来的就是趋势的见顶或见底，可以说，衰竭缺口最大的实战意义是给我们发出警示信号。

在上升趋势中，持续缺口与衰竭缺口的区别在于：当一轮上涨行情越走越高，又出现跳空缺口之时，往往此时会使做多能量耗尽，我们应该有所警觉，若发生缺口的当天成交量放大，且短期无法再放出大量的话，则为衰竭缺口，通常衰竭缺口会在较短时间被予以回补；而出现在上升途中且累计涨幅不大情况之下的缺口多为持续缺口。上涨多是在成交量的推动下完成的，而下跌则不需要，因而在下跌趋势中，我们只能依据个股的累计跌幅来判断缺口的类型，当个股虽然经历了深幅的下跌，但股价仍处于历史上的相对高估区域，则我们可以认为这时出现的向下跳空缺口为持续缺口，若个股此时已处于较为明显的低估状态，则我们可以认为这时出现的向下跳空缺口为衰竭缺口。

图4-6为惠泉啤酒（600573）2008年8月13日至12月3日期间走势图，此股在前期已出现了深幅下跌，个股累计跌幅巨大，如图中标注所示，在股价经历了前期一段时间盘整后又出现了一个向下跳空的缺口，值得注意的是，这缺口出现时的股价并没有出现所谓的“破位”下行现象，它仅仅是一次在平台相对下方的震荡运行，此时我们应综合分析个股的总体走势及市场环境，不能再将这时的这个缺口定性为“突破缺口”或“持续缺口”。在操作时，投资者可以在这个缺口形成后密切关注，如果在随后几日内缺口出现了回补情况，则我们就可以较有把握地认定这是一个衰竭缺口，应做好抄底准备了。

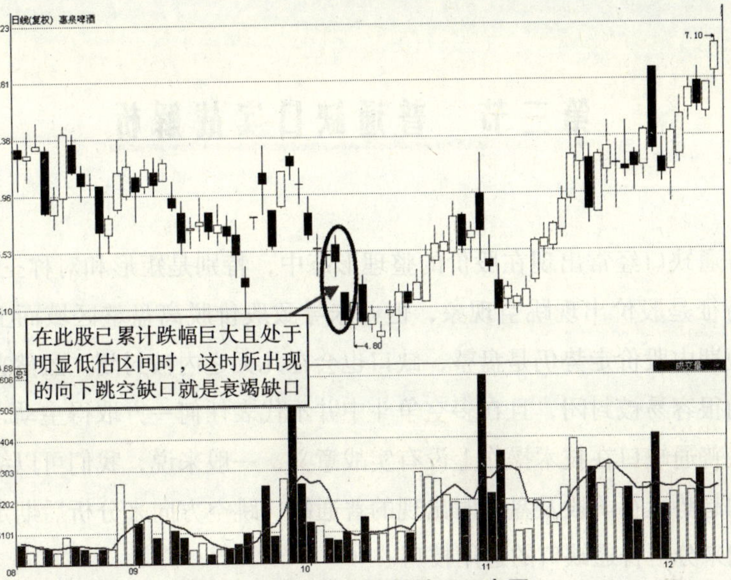

图 4-6　惠泉啤酒衰竭缺口示意图

关于四种缺口在一轮行情中的具体位置，投资者可以参看图 4-7 缺口的四种类型示意图。

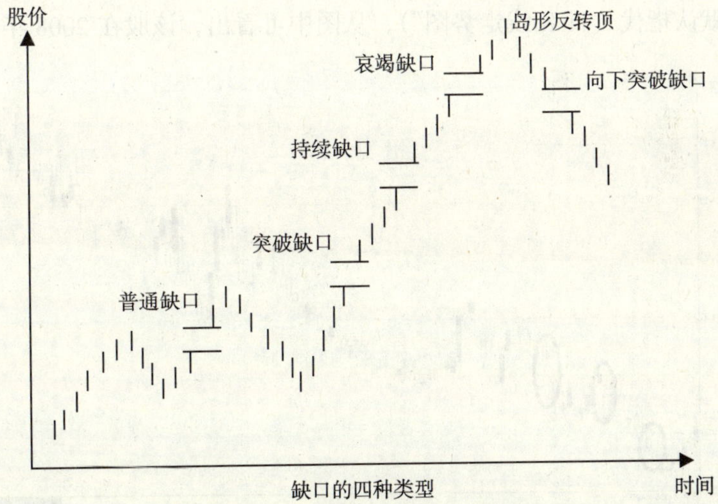

图 4-7　缺口的四种类型示意图

第三节　普通缺口实战解析

普通缺口经常出现在股价的整理形态中，特别是矩形和对称三角形中。它的特征是股价出现跳空现象，但并未导致股价脱离盘整区域而上升或下降，短期内股价走势仍是盘整，缺口也会在几天之内被封闭。虽然普通缺口短期内很容易被封闭，且在多空争斗中并不代表任何一方取得主动，但这并不代表普通缺口在技术操作上没有实战意义，一般来说，我们可以结合盘整所处的趋势运行阶段及盘整时出现的普通缺口跳空方向来分析后期走势。下面我们来分析普通缺口的运用技巧。

一、普通缺口实例解析

图 4-8 为三房巷（600370）2008 年 10 月 29 日至 2009 年 4 月 22 日期间 K 线走势图（在后面的实例讲解中，如无特别说明，我们所说的“K 线走势图”均默认指代“日 K 线走势图”），从图中可看出，该股在 2008 年 11 月下

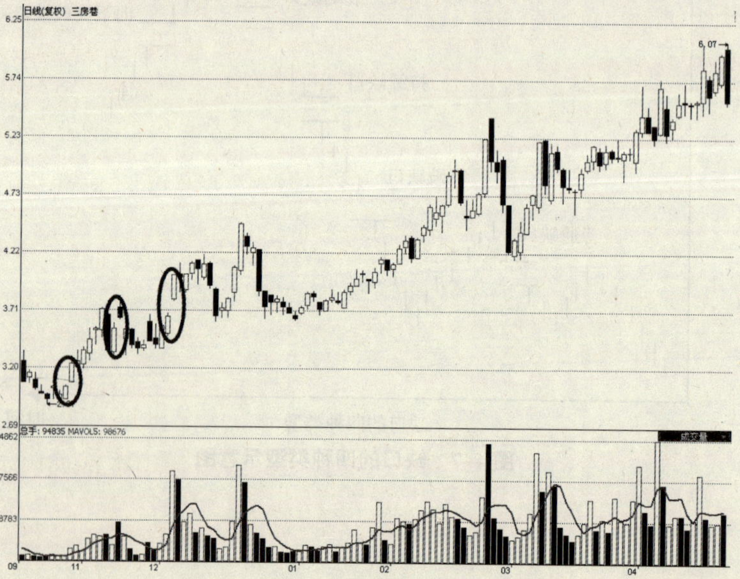

图 4-8　三房巷普通缺口形态示意图

旬至 12 月上旬的这段底部蓄势行情中，走出了多个清晰可见的底部向上缺口形态（如图标注所示）。在此股出现三个底部跳空缺口后，股价也有了一定的升幅，但由于市场长期处于下跌趋势中，受熊市思想的影响，行情有点起色，投资者则逢高卖出，这就造成了向上跳空缺口出现后的强劲回档，盘面显示缺口被快速回补现象。这一走势是投资者的躁动情绪所形成的，场内主力则在回档中暗中吸纳，所以股价回调的力度不是很大，下跌的幅度也很有限。股价在随后交易日内出现两次类似向上跳空缺口，但缺口仍被封闭，底部蓄势迹象明显。

普通缺口的出现是较为明确的底部走强信号，该形态出现后，可分批建仓，后市的收益相当可靠。该股后市的实际走势验证了普通缺口是较为明确的建仓信号，此阶段应逢低坚决进场吸纳。

图 4-9 为山东黄金（600547）2008 年 10 月 22 日至 2009 年 2 月 9 日期间走势图，此股在此期间正处于盘整状态，且普通缺口频繁出现，盘整区的普通缺口虽然会在短期间内被补上，但这并不代表它没有任何意义。此时我们可以根据普通缺口的跳空方向来判断此股盘整后的运行方向。

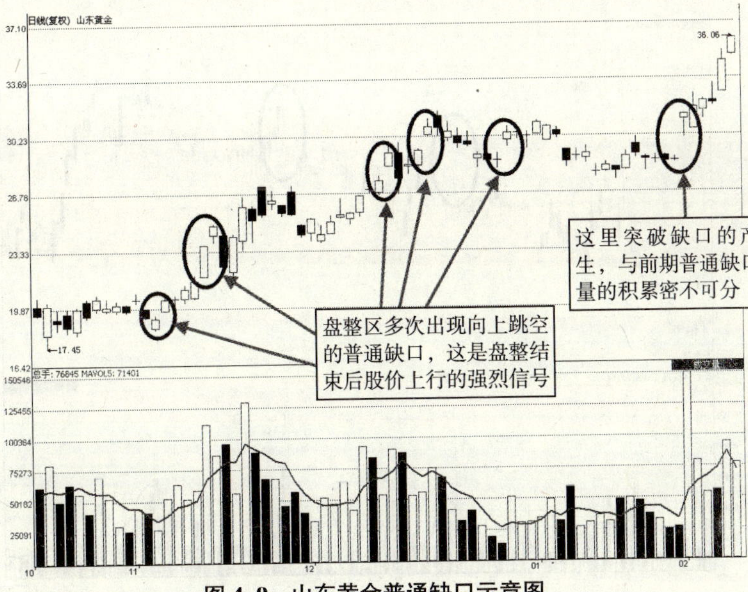

图 4-9 山东黄金普通缺口示意图

山东黄金在此期间出现的普通缺口的跳空方向几乎都是向上的，这意味着多方有意发动攻击，但由于此股前期的大幅下跌，致使空方力量仍有残余，随着向上跳空的普通缺口持续出现，多方的力量在慢慢增强，而空方力量则在不断衰竭。如图 4–9 标注所示，在大量向上跳空普通缺口之后，此股出现了一个大幅跳空的突破缺口，从此打开了上升通道。在这里，前期频繁出现的向上跳空普通缺口扮演趋势预警的角色。

但是向上跳空的普通缺口也并非都意味着盘整后的股价运行方向，当盘整处于底部区时，这种向上跳空的普通缺口多是主力吸筹、多方力量增强的表现，但是当盘整出现在个股高位区时，则大幅向上跳空的普通缺口往往是主力拉高出货的表现。图 4–10 为黑化股份（600179）2009 年 1 月 14 日至 9 月 13 日期间走势图，此股前期出现了较大涨幅，此时正运行于高位区的盘整之中，从图标注所示，我们可以清晰地看到在盘整过程中，出现了两次明显的大幅跳空高开的缺口，每一次缺口出现后都马上被大量的抛盘打下从而出现回补，这里出现的向上大幅跳空的普通缺口是否是盘整后股价上行的预警信号呢？此时我们就应该结合个股走势的特点及跳空的方式来判断。

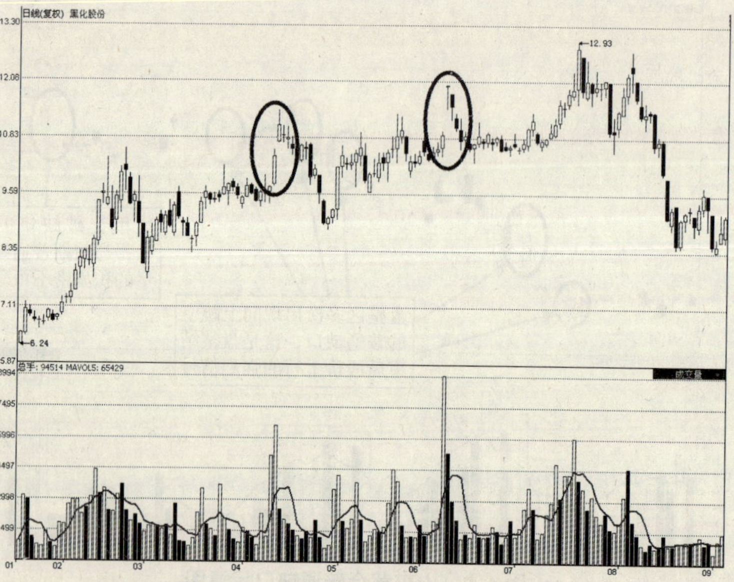

图 4–10　黑化股份普通缺口示意图

当个股出现了较大的累计涨幅后，若这时出现盘整则往往是多方休整的过程，因而出现向上跳空的普通缺口时，其跳空幅度自然不大；若这时出现大幅向上跳空的缺口，最有可能的情况：一是主力结束盘整，继续拉升，缺口不会回补，这时的缺口就成了突破缺口；二是主力大幅向上的跳空缺口迷惑市场，从而在盘整区的相对高位出货，这个缺口会立即被回补，这时的缺口可称为盘整区的普通缺口。

我们再来看看图 4-10 中黑化股份盘整时的普通缺口，黑化股份出现的向上跳空的普通缺口幅度很大，且在缺口出现后，成交量快速放出，显示有资金在借向上缺口出现时所创造的相对高位积极出货。因而，我们不能认为黑化股份的向上跳空的普通缺口与上例中的山东黄金的普通缺口有相同的性质，虽然它们的跳空方向均是向上，但是却给出了不同的预警信息，山东黄金例子中的普通缺口是趋势上行的信号，而黑化股份中的普通缺口则是阶段性下跌的信号。

二、普通缺口战法概述

普通缺口具有一个比较明显的特征，即缺口很快就会被回补，这种特性给投资者的短线操作带来了一个获利的机会：当向下方向的普通缺口出现之后，在缺口下方的相对低点应买入股票，当普通缺口封闭之后再卖出股票；而当向上方向的普通缺口出现之后，在缺口上方的相对高点应抛出股票，当普通缺口封闭之后再买回股票。普通缺口如果把握好的情况下利润是相当可观的。

图 4-11 为腾达建设（600521）2009 年 4 月 2 日至 7 月 28 日期间走势图。如图中标注所示，当一个向上的普通缺口出现时，投资者可以在缺口回补处买入，从而可以实现很好的短期利润，这种在缺口回补处买入的策略是纯粹从技术分析的角度出发，如果投资者在结合这种缺口买卖技术基础上辅以基本面分析，则基本可以达到百分之百的成功率。

在实施这种操作方法时，必须判明缺口是否为普通缺口，这一点是至关重要的。这就要求投资者对于此股目前的总体走势有一个明确的认识，若向上的普通缺口出现在顶部盘整区的末尾或向上的普通缺口出现底部盘整区的末尾，则我们就应改变战术，灵活应变。

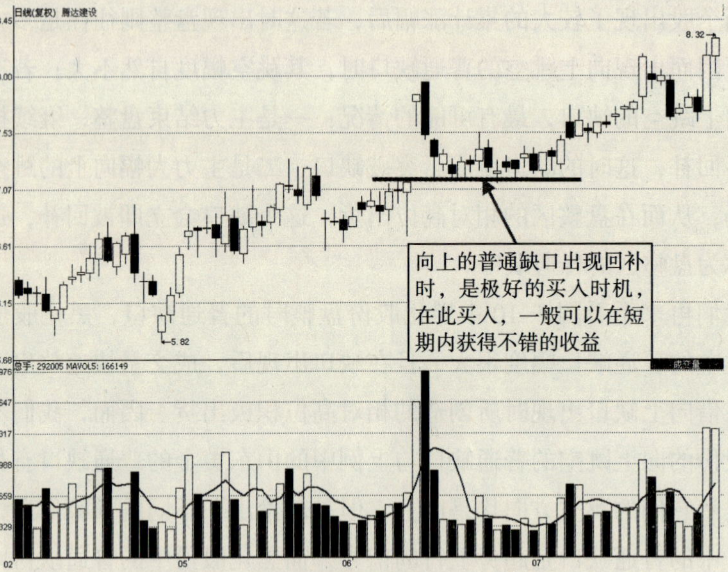

图 4-11 腾达建设普通缺口战法示意图

第四节 突破缺口实战解析

突破缺口是指股价突破了盘整区域的界限，向上或向下跳空所形成的缺口。当股价跳出盘整区域并产生一个缺口，表明股价走势已突破盘整，将以相当的能量向突破方向推进，这是真正意义上的突破。股价一旦突破原来盘整区域的上端，原来的盘整区域就成为支撑区，将有一段上升行情出现；而股价一旦突破原来盘整区域的下端，原来的盘整区域就会成为阻力区，将有一段下跌行情出现。

通常导致突破缺口的 K 线是强有力的长阳线或长阴线，表示多空双方力量对比发生了显著变化，同时跳空缺口亦显示突破的有效性，缺口越大，表示未来行情变动的力度越大。向上突破缺口必须有大成交量配合，随着股价的进一步向上发展，其成交量继续放大，表明股价的上升动能相当大。缺口不会在短期内被封闭，股价突破的有效性更加增强。同突破顶部反转形态一样，下跌突破缺口并不一定出现较大成交量，但仍有效。下面我们来分析突破缺口的运用技巧。

一、突破缺口实例解析

图 4-12 是健康元 2008 年 9 月 12 日至 2009 年 4 月 7 日期间走势图，从图中可看出，该股在 2008 年 11 月下旬至 12 月上旬的这段持续上升行情中，先后两次出现了向上跳空上涨的走势。该股两次突破缺口的走势表明，该形态的确是让人放心的中途追加买入信号，应放心操作，其后，该股步入中长期上升趋势。

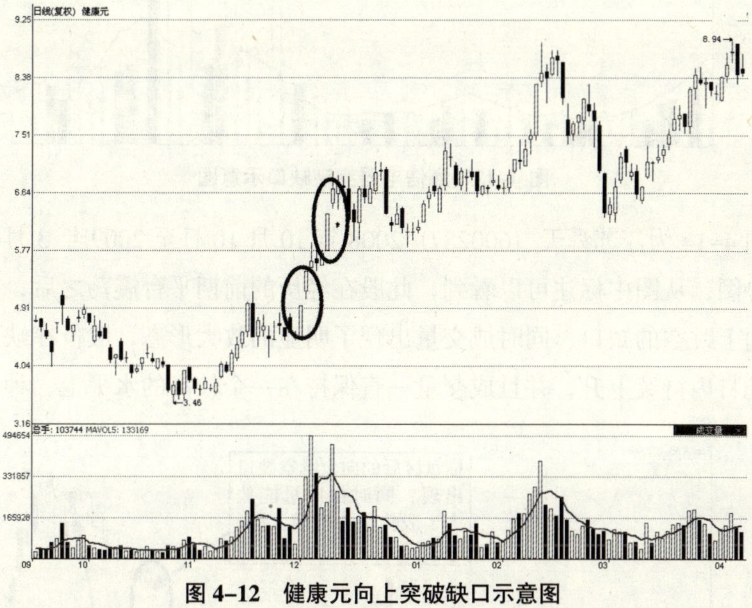

图 4-12　健康元向上突破缺口示意图

图 4-13 为海信电器（600060）2008 年 12 月 8 日至 2009 年 3 月 12 日期间走势图，如图中标注所示，此股在前期处于横盘震荡走势之中，在横盘震荡中个股处于阳线多、阴线少的情况，且股价出现了小幅度的上升，而且此时股价处于相对低位，种种迹象都表明，一旦横盘震荡结束后，股价最有可能突破的方向是向上而非向下。伴随着一个向上缺口的出现，此股结束了盘整开始向上运行，这个缺口就是突破缺口，是个股结束盘整、预示个股未来运行方向的具有突破意义的缺口。

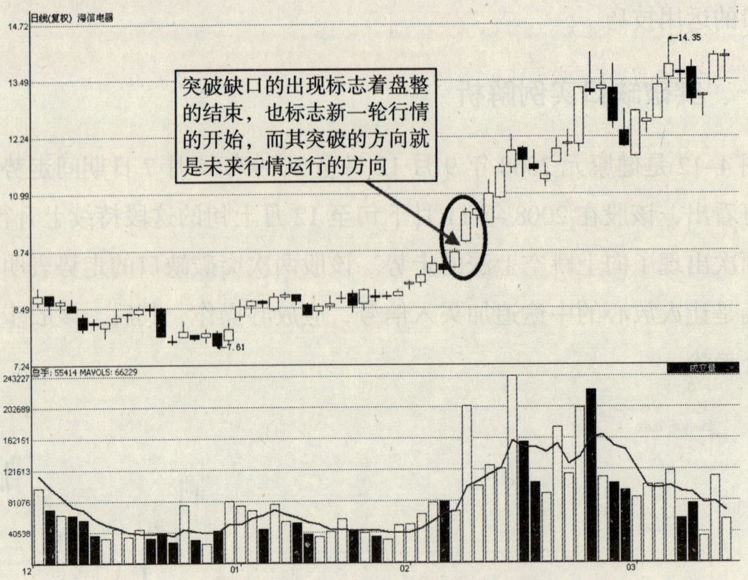

图 4-13　海信电器突破缺口示意图

图 4-14 为江苏舜天（600287）2008 年 10 月 10 日至 2009 年 3 月 2 日期间走势图，从图中标注可以看到，此股在经历的前期平台震荡之后，出现了一个向上跳空的缺口，同时成交量出现了明显的放大形态，股价在缺口出现后的几日内持续上升，并且成交量一直保持在一个较高的水平上，种种迹象

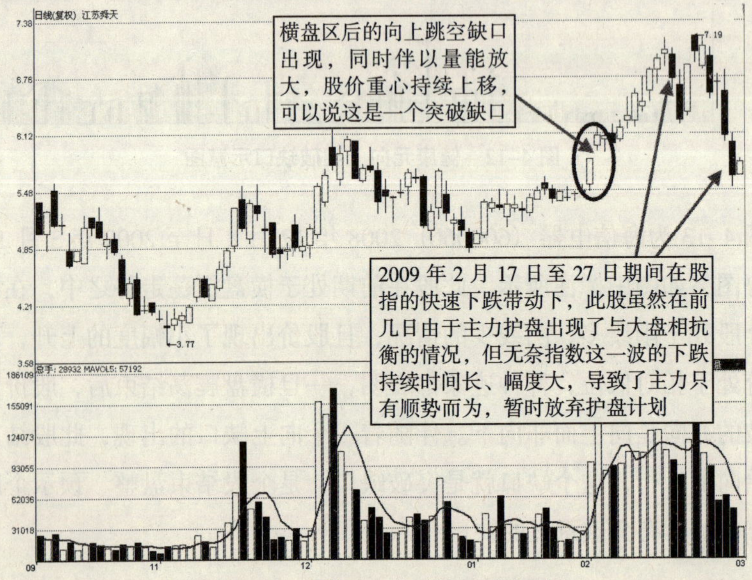

图 4-14　江苏舜天突破缺口示意图

都表明这是一个向上跳空的突破缺口。

但是与其他的突破缺口不同，此股出现这一明显的突破缺口后，股价却没有保住这一突破缺口创造出来的胜利果实。如图 4-14 标注所示，2009 年 2 月 17 日至 27 日期间在股指的快速下跌带动下（如图 4-16 上证指数 2008 年 12 月 25 日至 2009 年 3 月 3 日期间走势图中标注所示），此股虽然在前几日由于主力护盘出现了与大盘相抗衡的情况，但无奈指数这一波的下跌持续时间长、幅度大，导致了主力只有顺势而为，暂时放弃护盘。个股在明确的突破缺口产生后，由于生不逢时，恰巧偶遇大盘的一波快速深幅回调，由此出现的缺口回补实属正常，我们并不能因为这一情况的出现而否认了这一个缺口的性质。相反，在缺口回补后是一个非常好的买入时机，首先，因为此股产生向上突破缺口后，就意味着此股中多方力量明显强于空方力量，是多方发起攻击的信号，并且向上的突破缺口也是主力拉升的信号，一般来说，若非由于重大变故，主力是不会临阵脱逃、放弃拉升计划的；其次，大盘快速的深幅的下跌毕竟只是一种短期现象，在止跌后的横盘震荡或反弹时，就将是此股再次上涨的时候。

图 4-15 江苏舜天在短期回调之后，经过一段时间的横盘休整，主力再次开始拉升，而这种拉升早已在前期的突破缺口明显表露出来。

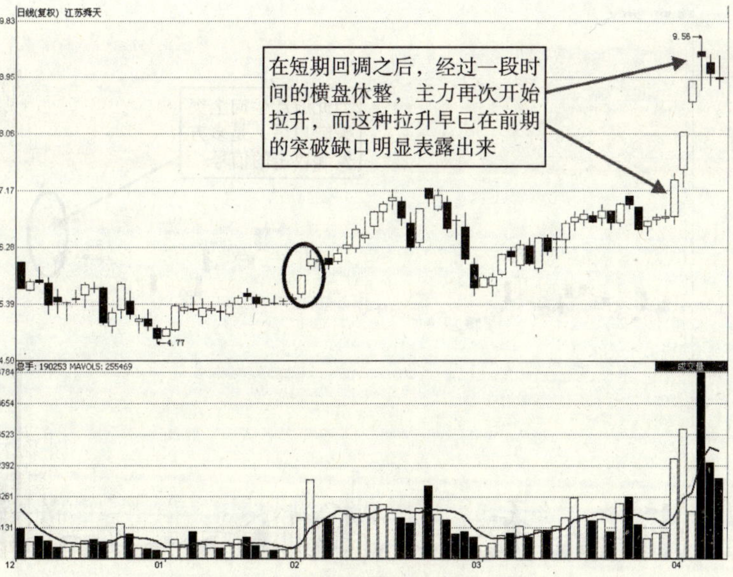

图 4-15 江苏舜天再次拉升示意图

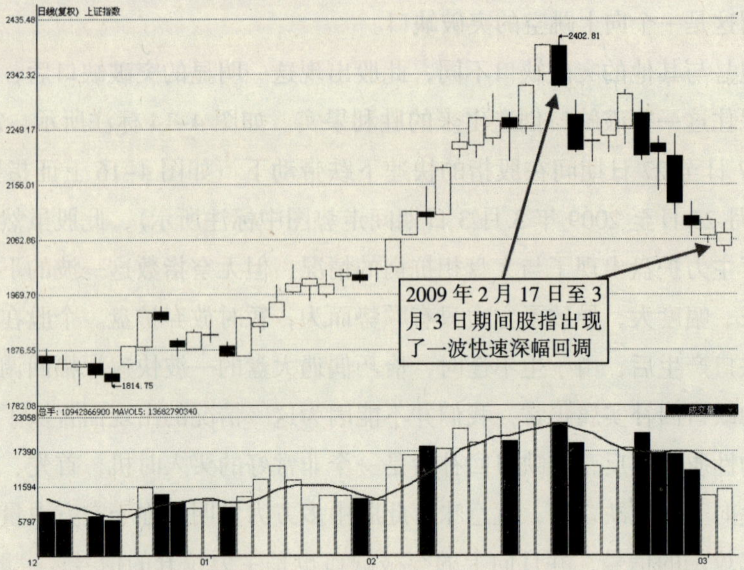

图 4–16　上证指数 2008 年 12 月 25 日至 2009 年 3 月 3 日期间走势图

图 4–17 为三峡新材（600293）2008 年 11 月 19 日至 2009 年 4 月 9 日期间走势图，从图中标注可以看到，此股在经历的前期平台震荡之后，出现了一个向上跳空的缺口，同时成交量出现了明显的放大形态，股价在缺口出现后的几日内持续上升，并且成交量一直保持在一个较高的水平上，种种迹象

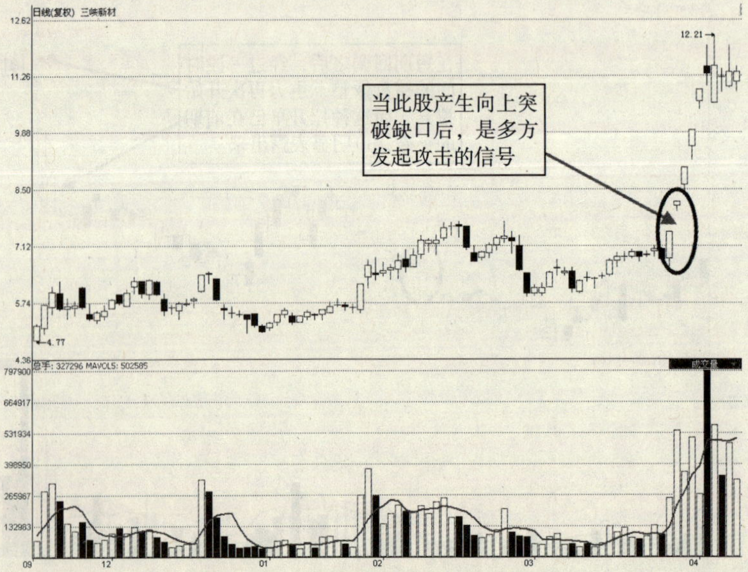

图 4–17　三峡新材突破缺口示意图

都表明这是一个向上跳空的突破缺口。当此股产生向上突破缺口后，就意味着此股中多方力量明显强于空方力量，是多方发起攻击的信号，并且向上的突破缺口也是主力拉升的信号，一般来说，若非由于重大变故，主力是不会临阵脱逃、放弃拉升计划的。因而对于短线投资者来说，可以在向上突破缺口形成时积极买入。

图 4–18 为百大集团（600865）2007 年 9 月 19 日至 2008 年 6 月 20 日期间走势图，从图中标注可以看到，此股在高位区经历了长时间的震荡之后，出现了一个向下跳空的缺口，同时成交量出现了明显的放大形态，股价在缺口出现后的几日内持续下跌，并且成交量一直保持在一个较高的水平上，种种迹象都表明这是一个向下跳空的突破缺口。当此股产生向下突破缺口后，就意味着此股中空方力量明显强于多方力量，是空方发起攻击的信号，并且向下的突破缺口也是主力大量出货的信号，对于短线投资者来说，一旦个股出现了向下的突破缺口就应尽快卖出，从而避免后期个股大幅下跌所带来的损失。

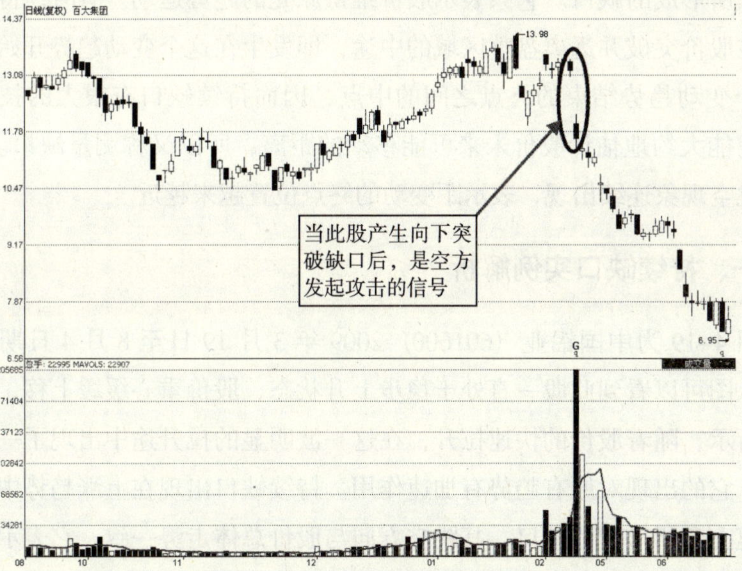

图 4–18 百大集团突破缺口示意图

二、突破性缺口战法概述

突破缺口蕴涵着极强的动能，是指股票价格向某一方向急速运动，远离原有形态所形成的缺口。突破缺口的分析意义极大，它一般预示行情走势将要发生重大的变化，而且这种变化趋势将沿着突破方向发展。对于向上的突破缺口，若缺口出现在个股的相对低位区，且前期累积了较多的做多动能，并且在突破时成交量明显增大，且缺口未被封闭，则这种突破形成的缺口是真突破缺口，此时投资者可大胆买入；对于向下的突破缺口，若缺口出现在个股的相对高位区，且前期累积了较多的做空动能，若突破时成交量明显增大，且缺口未被封闭，则这种突破形成的缺口是真突破缺口，此时投资者应尽早卖出。

第五节　持续缺口实战解析

持续缺口也称继续缺口，是指在股价上涨或下跌趋势中，股价加速上升或下跌所形成的缺口。它只表示股价维持原先的趋势运动。有时，持续缺口发生在股价突破并远离盘整区域的中途，即发生在这个变动趋势开始的突破与这个变动趋势结束的终点之间的中点，因而持续缺口有很大的技术性意义，它能大约地估计股价未来可能移动的距离，所以又称测量缺口。另外，如果跳空现象连续出现，表示距变动的终点位置越来越近。

一、持续缺口实例解析

图4-19为中国铝业（601600）2009年3月19日至8月4日期间走势图，从图可以看到此股一直处于稳步上升状态，股价重心缓缓上移，如图中标注所示，随着股价的快速拉升，在这一波明显的拉升途中出现了一个持续缺口，它的出现对原有趋势有加速作用。持续缺口出现在上涨趋势中，是股价加速上升所形成的缺口，其跳空方向与股价总体走势一致，它表示了股价维持原先的趋势运动。在技术分析时，出现持续缺口，可以大约估计股价未来可能移动的距离。

图4-20为中国银行（601988）2009年1月14日至6月23日期间走势图，从图中可以看到此股在前期一直处于盘整走势之中，如图中标注所示，

盘整末期的一个向上突破缺口的出现宣告了盘整走势的结束和上升趋势的开始，当此股正式步入上升通道后，又再次出现向上跳空的缺口，这时的缺口就是上涨途中的持续缺口了。持续缺口出现在上涨趋势中，是股价加速上升所形成的缺口，其跳空方向与股价总体走势一致，它表示了股价维持原先的

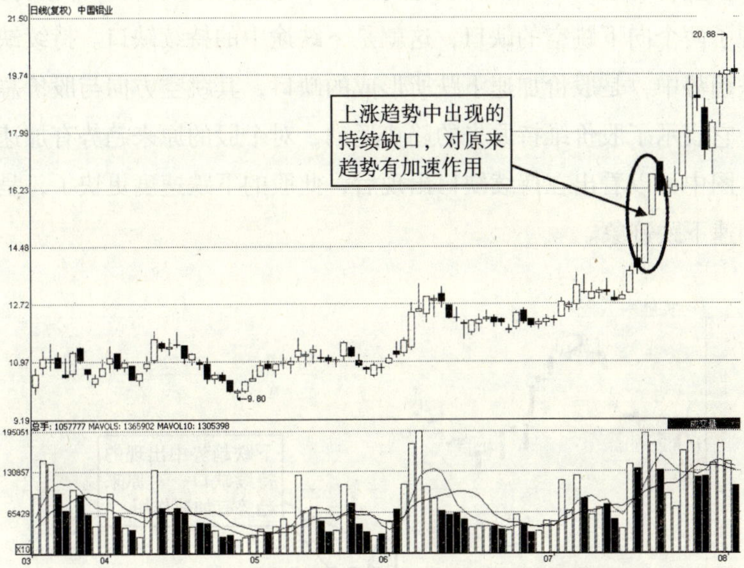

图 4-19　中国铝业上升途中持续缺口示意图

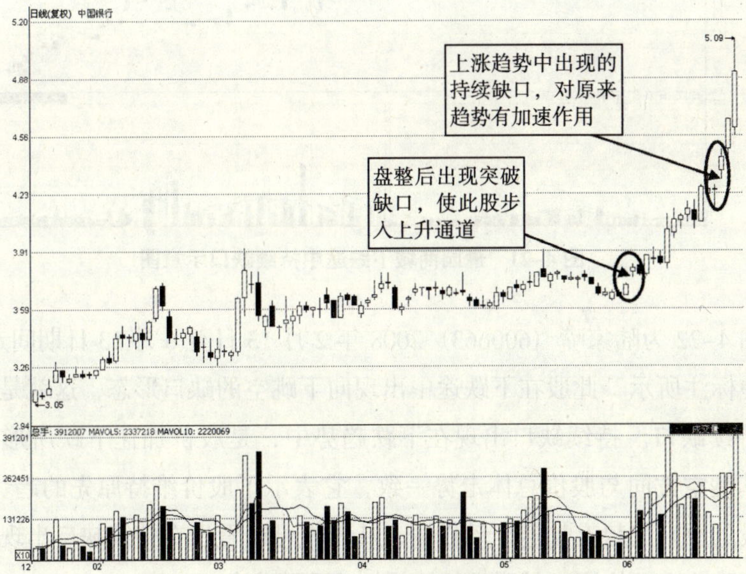

图 4-20　中国银行上升途中持续缺口示意图

趋势运动，对个股的原来趋势有加速推动作用，从图中可以看出在持续缺口出现后，此股的上涨速度更快了，是明显的趋势加速上涨迹象。

图 4-21 为豫园商城（600655）2007 年 12 月 7 日至 2008 年 11 月 7 日期间走势图，从图中可以看到此股在高位区盘整后出现连续跌停的走势，连续的跌停板宣告此股已正式步入跌途（如图中标注所示），在跌停板打开之后，又出现了两个向下跳空的缺口，这就是下跌途中的持续缺口。持续缺口出现在下跌趋势中，是股价加速下跌所形成的缺口，其跳空方向与股价总体走势一致，它表示了股价维持原先的趋势运动，对个股的原来趋势有加速推动作用，从图中可以看出在持续缺口出现后，此股的下跌速度更快了，是明显的趋势加速下跌迹象。

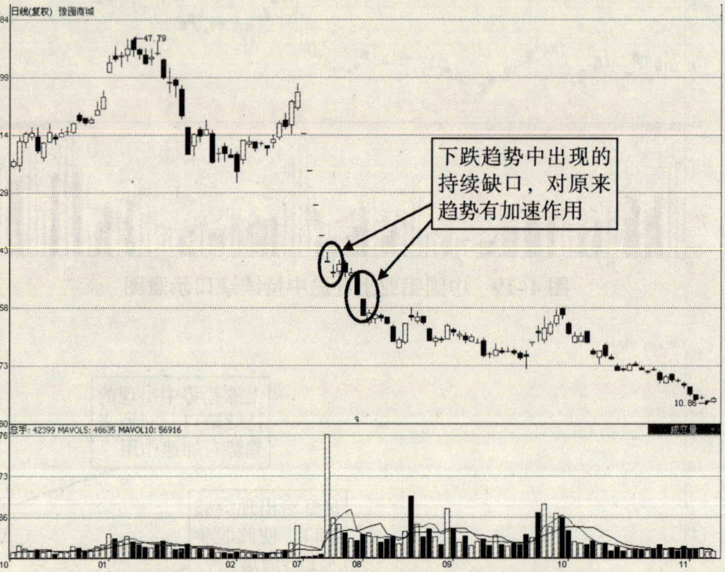

图 4-21　豫园商城下跌途中持续缺口示意图

图 4-22 为陆家嘴（600663）2008 年 2 月 13 日至 6 月 13 日期间走势图，如图中标注所示，此股在下跌途中出现向下跳空的缺口形态，这就是下跌途中的持续缺口。持续缺口出现在下跌趋势中，是股价加速下跌所形成的缺口，其跳空方向与股价总体走势一致，它表示了股价维持原先的趋势运动，对个股的原来趋势有加速推动作用，从图中可以看出在持续缺口出现后，此股的下跌速度更快了，是明显的趋势加速下跌迹象。

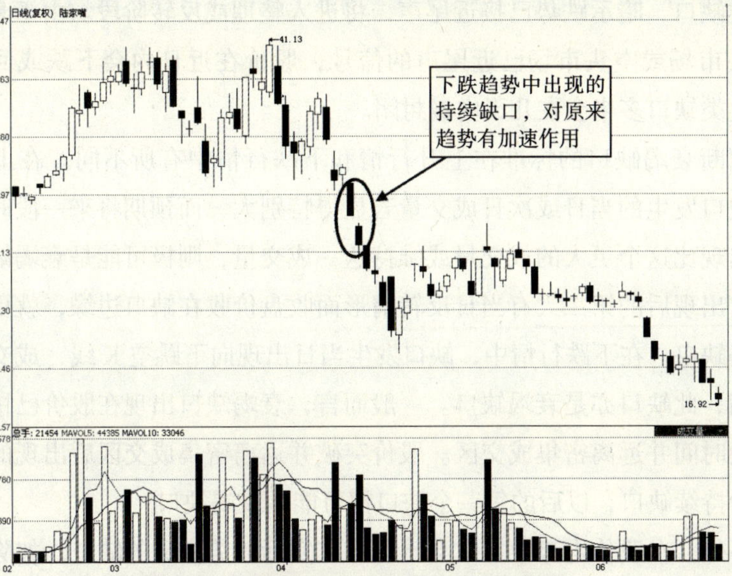

图 4-22　陆家嘴下跌途中持续缺口示意图

二、持续缺口战法概述

持续缺口的出现表明原有的上涨趋势或下跌趋势仍将继续，如果持续缺口出现在上涨途中，意味着上涨趋势很可能加速运行，此股投资者切不可因为已有一定收益而盲目抛出手中筹码，而应继续持股观望，直到上涨趋势发出见顶信号为止；如果持续缺口出现在下跌途中，意味着下跌趋势很可能加速运行，此股投资者切不可因为此股前期已有不小的跌幅而盲目抄底，而应坚持在场外持币观望，直到下跌趋势发出见底信号为止。

第六节　衰竭缺口实战解析

衰竭缺口也叫终止缺口。它表示一段大的上涨或下跌趋势即将结束，股价在此价位最后一跳，已是强弩之末，原来的变动趋势将终止。衰竭缺口是上升或下降行情即将结束的信号，应引起投资者的重视。

在多头市场出现衰竭缺口，为长期上升行情将结束的信号；空头市场出现此类缺口，暗示跌势已接近尾声，将进入整理或反转阶段。由于衰竭缺口是多头市场或空头市场已近尾声的信号，股价在近日内会下跌或回升，因此，此类缺口多半会在几天内被封闭。

判断衰竭缺口的标准在上升行情和下跌行情中有所不同。在上升行情中，缺口发生的当日或次日成交量若显得特别大，而预期将来一段时间内不可能出现比这个更大的成交量或维持这一成交量，则极可能是衰竭缺口。如果缺口出现后的第二天有当日反转情形而收盘价收在缺口边缘，就更加确认是衰竭缺口。在下跌行情中，缺口发生当日出现向下跳空 K 线，成交量则极度萎缩，此缺口亦是衰竭缺口。一般而言，衰竭缺口出现在股价已快速运行了一段时间并远离密集成交区。股价突破并远离密集成交区后出现的第一个缺口为持续缺口，以后的每一个缺口都可能是衰竭缺口。

另外，在股价走势中也常会出现没有实际趋势意义的缺口，如除权缺口和除息缺口。它们并不是由交易行为产生的，而是由法令规定将股票实际交易价格硬性地从某一交易日降低形成的。这些缺口的幅度取决于股利和资本公积金等的分配程度。如果这些缺口被封闭则称为填权或填息。

一、衰竭缺口实例解析

图 4-23 为哈药股份（600664）2006 年 12 月 28 日至 2009 年 5 月 28 日期间走势图，从图中我们可以看到此股在 2009 年 5 月 28 日前出现了巨幅上涨，在这种大幅上涨的后程阶段，此股在上升途中连续出现向上跳空的缺口，而此时的成交量已无法有效放大，种种迹象表明此股的涨势已到末期，这就是出现在个股上升趋势中的衰竭缺口（如图中标注所示）。由于衰竭缺口往往出现在个股累计涨幅巨大或跌幅巨大的情况下，当个股在累计涨幅巨大的情况下再一次出现向上跳空的缺口，或当个股在累计跌幅巨大的情况下再一次出现向下跳空的缺口，则很大程度上意味着这是多方或空方最后一次的大力进攻，随之而来的就是趋势的见顶或见底，可以说，衰竭缺口最大的实战意义是给我们发出警示信号。通过此股衰竭缺口出现后的股价走势，我们发现它出现了高位区横盘滞涨的情况，因而我们可以更有把握地判断这之前出现的向上跳空缺口为衰竭缺口。

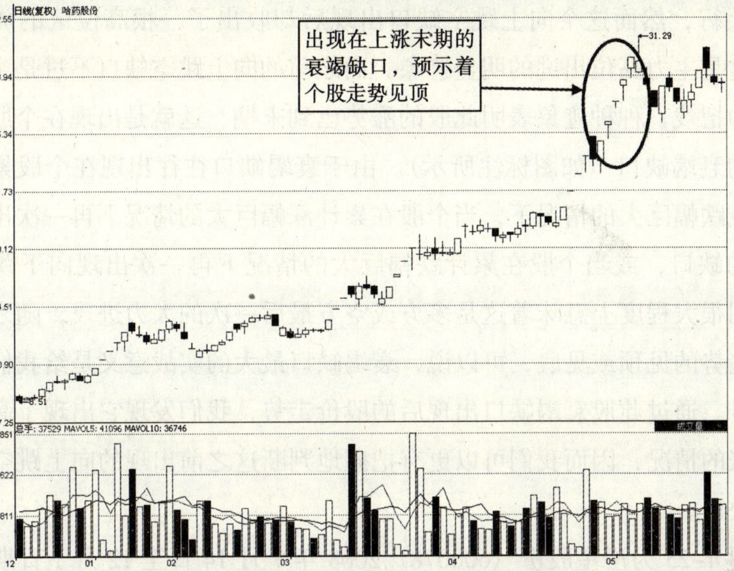

图 4-23　哈药股份上涨末期衰竭缺口示意图

图 4-24 为长力股份（600507）2007 年 2 月 1 日至 7 月 5 日期间走势图，从图中我们可以看到此股在 2007 年 7 月 5 日前出现了巨幅上涨，一个高位盘整后的向上跳空缺口的出现（如图中标注所示），让人感觉此股似乎又要

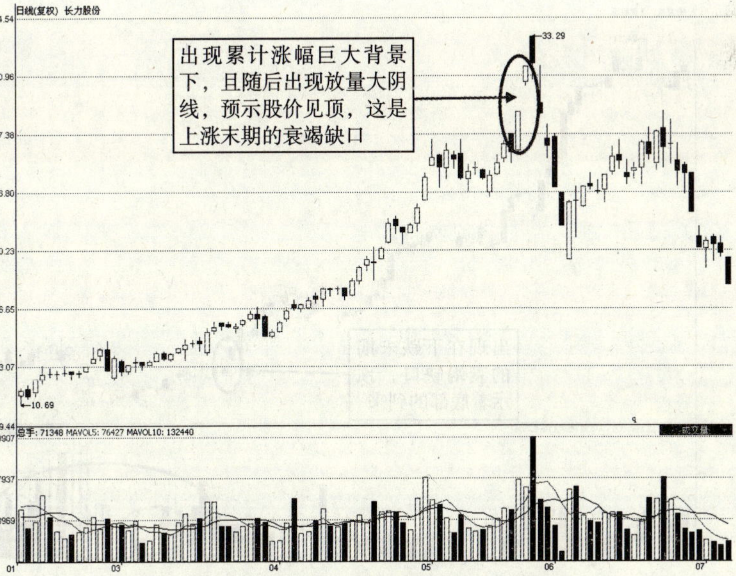

图 4-24　长力股份上涨末期衰竭缺口示意图

突破上行，然而这个向上跳空缺口出现后却收出了一根高位区的放量大阴线，这是主力高位出逃的明显迹象，而之前的向上跳空缺口不过是主力“诱多”的把戏，种种迹象表明此股的涨势已到末期，这就是出现在个股上升趋势中的衰竭缺口（如图标注所示）。由于衰竭缺口往往出现在个股累计涨幅巨大或跌幅巨大的情况下，当个股在累计涨幅巨大的情况下再一次出现向上跳空的缺口，或当个股在累计跌幅巨大的情况下再一次出现向下跳空的缺口，则很大程度上意味着这是多方或空方最后一次的大力进攻，随之而来的就是趋势的见顶或见底，可以说，衰竭缺口最大的实战意义是给我们发出警示信号。通过此股衰竭缺口出现后的股价走势，我们发现它出现了高位区横盘滞涨的情况，因而我们可以更有把握地判断这之前出现的向上跳空缺口为衰竭缺口。

图4-25为澄星股份（600078）2008年7月14日至12月1日期间走势图，从图中我们可以看到此股在2008年出现了深幅下跌，在深幅下跌后出现了一个向下跳空方向的缺口，这一缺口是持续缺口还是衰竭缺口呢？我们可以从两方面入手：一是此股的累计跌幅，若此股累计跌幅巨大，且股价目前处于相对低估区间，那这一缺口是衰竭缺口的可能性就很大，但熊市的恐慌情绪往往会对股价造成严重的错杀，仅凭基本面估值来分析，我们是难以

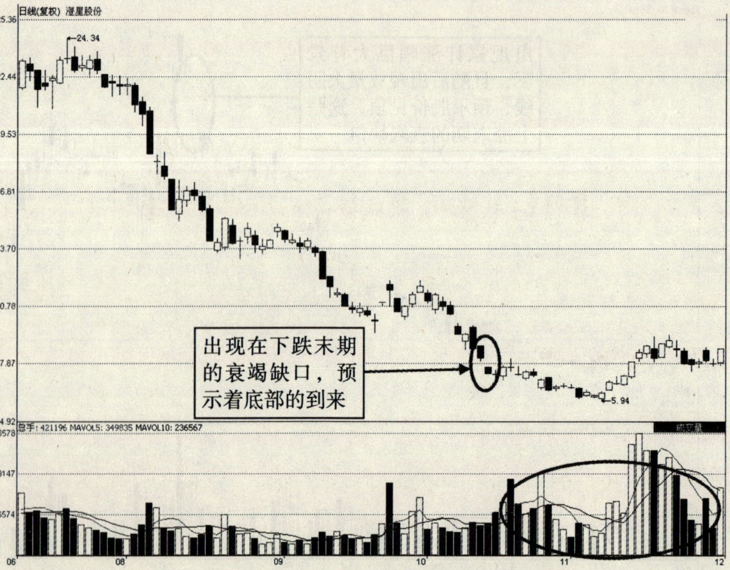

图4-25　澄星股份下跌末期衰竭缺口示意图

把握股价后期走势的；二是要分析缺口出现后，此股是否有止跌企稳的迹象，如果有则说明股价见底的可能性很高，此缺口为衰竭缺口的可能性就越大，反之，则很可能是下跌途中出现的一个持续缺口。

通过对此股这一出现在深幅下跌之后的缺口进行分析，我们发现它应是一个衰竭缺口，首先此股累计跌幅巨大，估值区间较低；此外，这一缺口出现后，股价走势出现了止跌企稳的迹象，并且成交量开始明显放大，这是有资金在底部区积极介入的现象，是股价见底的标志。通过对此股后期走势的跟踪，我们发现这一缺口正是预示着底部到来、出现在下跌末期的衰竭缺口。

图 4-26 为中国船舶（600150）2008 年 6 月 26 日至 11 月 24 日期间走势图。

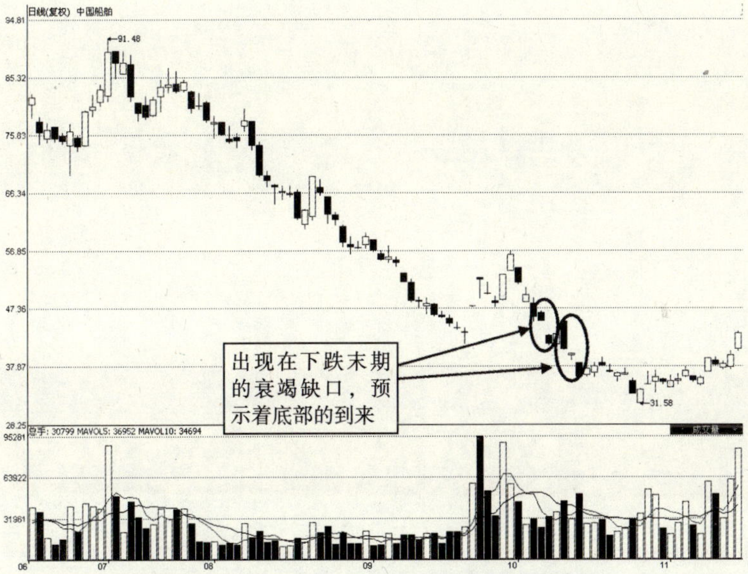

图 4-26　中国船舶下跌末期衰竭缺口示意图

二、衰竭缺口战法概述

在巨幅上涨后或深幅下跌后出现了一个向上或向下跳空方向的缺口，这一缺口的跳空方向与原来趋势的运行方向一致，我们应如何判断它是持续缺口还是衰竭缺口呢？我们可以从两方面入手：一是从此股的累计涨幅或跌幅上进行判断，若此股累计涨幅巨大或累计跌幅巨大，且股价目前处于明显的泡沫高估区或处于相对低估区间，那这一缺口是衰竭缺口的可能性就很大，但牛市的狂热情绪或熊市的恐慌情绪往往会让股价出现明显的估值偏离情况，仅凭基本面估值来分析，我们是难以把握股价后期走势的；二是要分析缺口出现后，此股是否有顶部滞涨迹象或底部止跌企稳迹象，如果有则说明股价见顶或见底的可能性就很高，此缺口为衰竭缺口的可能性就越大，反之，则很可能是上涨途中或下跌途中出现的一个持续缺口。

第五章　大阳线——上涨趋势的助推器

第一节　如何分析单根大阳线

我们在第一章中较为全面地讲解了单日 K 线形态及其市场含义，在此基础之上，我们将在第五章、第六章、第七章中结合实例来加深投资者对于单日（周）K 线的理解。由于大阳线和大阴线在分析趋势的时候具有显著的意义，相比于其他的单根 K 线形态来说，在分析趋势时，它们的实战操作性更强，因而，在这一章和下一章中，我们将首先对这两种单根 K 线形态进行重点讲解。

一般来说，大阳线是指单日涨幅在 5%以上的 K 线。大阳线表示在经过一段时间的多空拼搏后，收盘价明显高于开盘价，表明多头明显占据上风，代表后市仍将继续上涨的含义，阳线实体越大代表其内在上涨动力也越大，其上涨的动力将大于实体小的阳线，就如质量越大与速度越快的物体，其惯性冲力也越大的物理学原理。故阳线往往预示着继续上涨，这一点也极为符合"股价沿趋势波动"技术分析思想，而这种顺势而为也是技术分析的核心思想。

任何单根 K 线形态都可以出现在趋势的任何一个阶段，大阳线虽然代表了上涨的含义，但是它一样可以出现在顶部区间，也可以出现在下跌途中。在运用大阳线来判断趋势的时候，我们首先要结合均线、趋势线等方面来综合判断一下个股或市场目前处于趋势发展中的哪一个阶段，然后，还要关注日K线形态是否出现了大阳线、周K线形态是否出现大阳线、月K线形态是否出现大阳线，只有在结合了这两点之后，运用大阳线判断个股走势的成功率才会显著提高。下面我们就结合市场或个股运行趋势来看看如何在实战中运用大阳线预测后市。

第二节　底部区的大阳线

什么是底部？不同的投资者有不同的看法，有的认为底部就是市场总体处于低估状态区间，也有的认为底部是事后才可以判断出来的，还有的认为底部是在从顶部深幅下跌后形成的。根据笔者的经验，底部是在宏观经济走势、市场环境冷暖、市场前期走势等几方面综合影响下形成的产物。一般而言，在宏观经济情况较为差劲、市场交投情况较为清淡、市场前期走势中出现了较大幅度的下跌这几种情况中一种或几种直接导致了底部的形成。当然，我们还应具体问题具体分析，比如有的底部形成时，市场交投并不清淡，反而是活跃了；也有的底部形成时，宏观经济情况也是不错的，看不见经济衰退的迹象。这时我们就应看市场的前期走势来综合判断底部了。

由于股市中我们要通过低买高卖的方式获利，这就要求底部一定要是相对的低点位才行，在实战中，我们判断现阶段是否底部，只要从两点出发：一是考虑股市或个股的前期走势，是否经历了大幅的下跌，下跌幅度多大，是否有止跌迹象等；二是我们要考虑市场估值是否合理，个股处于底部区，其所对应的应该是低估状态才行，买入处于低估状态的个股可以保证我们资金的安全性。判断个股或市场总体是否低估，我们可以从个股或股市历史走势中纵向比较来判断。

底部区出现大阳线无疑是多头开始大力买入的信号，而且充当多头角色的很可能是主力，由于个股在底部运行时，这时手中持有筹码的投资者多为套牢者，因而他们一般不会因为股价的小幅波动就抛出手中筹码，只有出现大阳线才可能让他们产生“反弹”的错觉，而反弹时减仓无疑是熊市的最好操作策略，主力正是利用了这种心理，在底部突然拉出大阳线，才有可能收集到筹码。因而，底部区出现的大阳线多伴随着放量的现象。可以说，底部区的大阳线往往具有突破向上的含义，是底部震荡即将结束，行情步入上涨的前兆。如果说一根大阳线还是比较偶然的话，那么，如果个股在连续几日内能多次收出大阳线，那么这种趋势向上的信号就比较可靠了。

图 5-1 为厦门钨业（600549）2008 年 11 月 7 日至 2009 年 2 月 20 日期间走势图，图中标注了此股的底部大阳线。此股在 2008 年 11 月之前经历了巨幅下跌，当运行至此区间后，出现了止跌震荡的走势，底部运行特征显著，在 2009 年 1 月 12 日、14 日、15 日三日内，出现了放量大阳线的走势，这种连续的大阳线以及大阳线下的放量，是主力吸筹的特征，而且也暴露了主力有意拉升股价的迫切心理，因而我们可以说，这种连续出现的放量大阳线是股价步入上升趋势的信号。

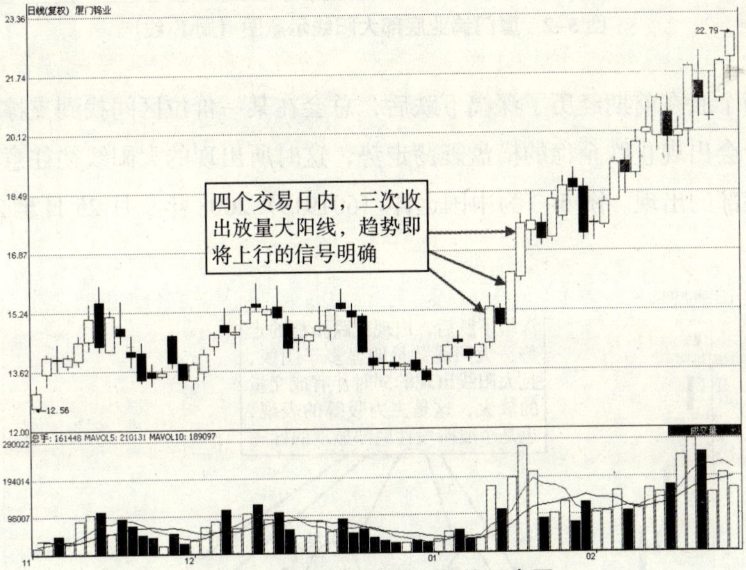

图 5-1　厦门钨业底部大阳线示意图

如果说日 K 线图存在着较大的偶然性的话，下面让我们再来看看此股在此期间内的周 K 线图。图 5-2 是厦门钨业 2008 年 10 月 17 日至 2009 年 5 月 22 日期间的周 K 线走势图，从图中可以看出在 2009 年 1 月 12 日至 16 日这一周交易结束后，出现了一根底部盘整后的放量大阳线（周 K 线）形态，它预示了个股即将步入上涨趋势。

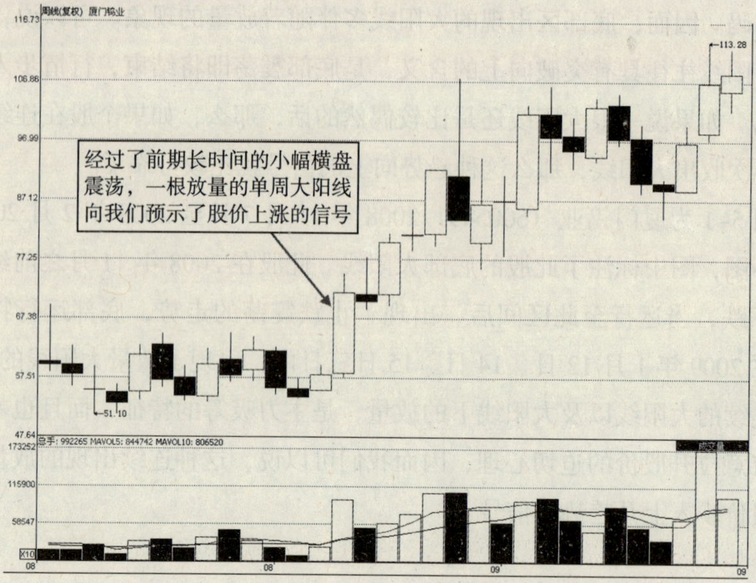

图 5-2 厦门钨业底部大阳线示意图（周 K 线）

当个股在前期经历了深幅下跌后，总会在某一价位区间找到支撑点，随后股价会出现止跌企稳的横盘震荡走势；这时所出现的大阳线往往意味着阶段性底部的出现。图 5-3 为中国远洋（601919）2008 年 9 月 25 日至 2009 年

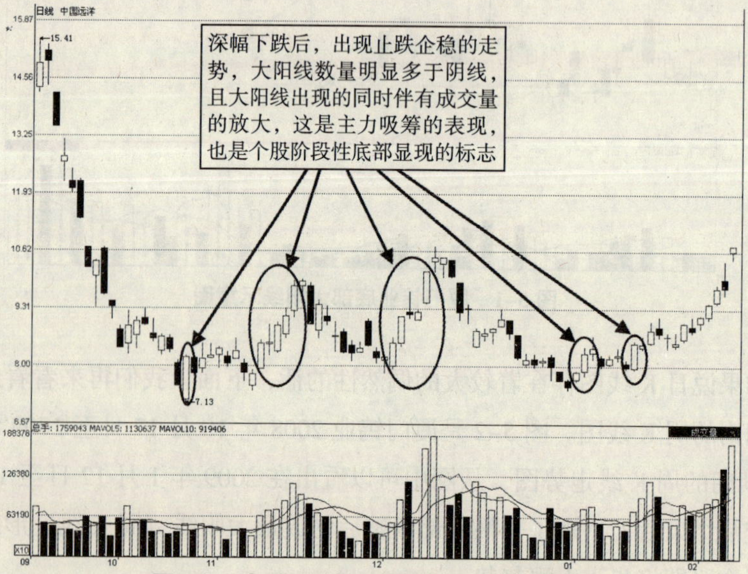

图 5-3 中国远洋低位盘整区大阳线示意图

2 月 5 日期间走势图。如图所示，此股前期出现了深幅下跌，股价在一路下跌途中并没有出现有效的止跌企稳走势，当股价跌至 2008 年 11 月时的 9 元区间时，股价停止了下跌、开始横盘震荡的走势。从中长线的角度来看，这个位置明显是一个低位区，但是低位区并不等于就是底部区。我们要分析个股在这一低位区的走势有什么特点，而大阳线无疑是我们分析此股走势特点的一种重要方法。

从图 5-3 中椭圆的标注可以看到，这一阶段大阳线数量明显多于阴线，而且大阳线往往能够连续数日内出现，伴随着大阳线这一 K 线形态出现的是成交量的放大，而在阴线或大阴线出现时，成交量则明显缩小；股价重心在横向运动中并没有出现向下移动的倾向。通过这段时间出现的大阳线数量，以及涨时放量、跌时缩量的量价关系，且股价处于明显的低位区，我们有理由认为有大资金在积极地吸纳着此股，因此我们可以预测，在未来很长的一段时间里，这一区间即使不是历史性的底部，也必将是阶段性的底部，是投资者买入的时机。随着大资金的吸筹越来越充分，市场浮筹越来越少，股价也必将逐步走出这一低位横盘震荡区，向上运行。图 5-4 为此股后期走势，先是主力对于此股进行了一波急速拉升，随着股价重心的稳步上移，个股脱离前期低位震荡区，步入上升趋势中。

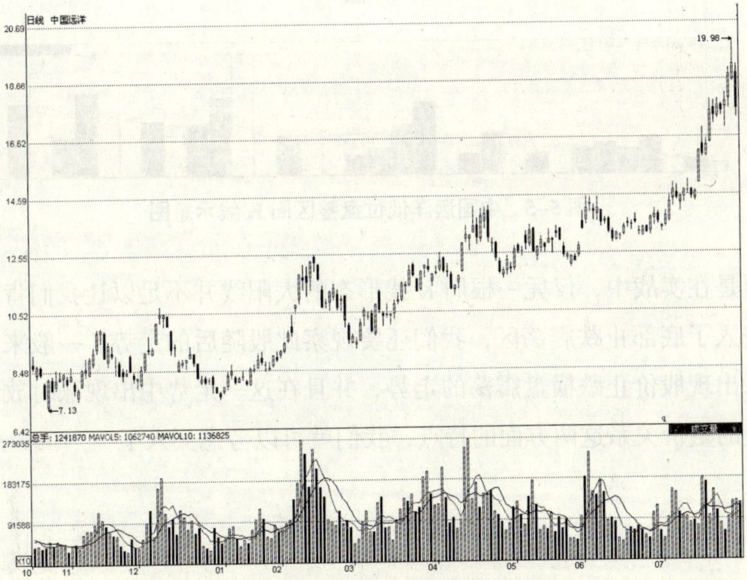

图 5-4　中国远洋低位盘整后的走势图

前面我们一再提到，周K线对于分析趋势具有极高的准确性，下面我们再从周K线的角度出发，看看我们是否可以通过周K线把握此股的底部买入机会。

图5-5为中国远洋2008年9月12日至2009年4月24日期间的周K线走势图。从图中标注可以看到此股在底部震荡时出现了两个明显的大阳线，特别是第一个大阳线的实体极长。在这根大阳线出现后，此股就结束了下跌趋势从而开始横盘震荡，可以说这根周K线形态的大阳线是多方力量开始发起反击的信号。虽然它没有导致趋势的立即反转，但却预示出了空方力量衰竭、下跌趋势已近结束。

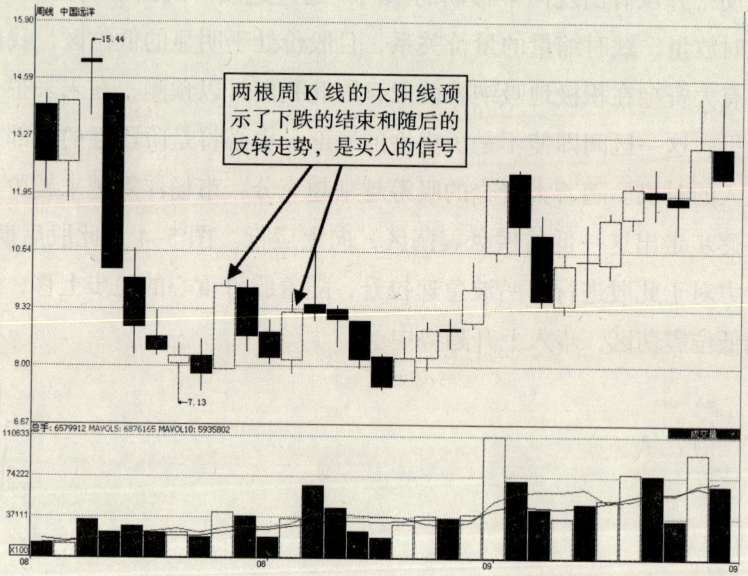

图5-5 中国远洋低位盘整区周K线示意图

但是在实战中，仅凭一根周K线形态的大阳线并不足以让我们肯定个股已经进入了底部止跌震荡区，我们还要观察此股随后的走势。一般来说，如果随后出现股价止跌横盘震荡的走势，并且在这一走势中出现涨时放量、跌时缩量的量价关系这两方面的特点，我们就可以考虑买入了。

第三节 相对低位盘整后的大阳线

与底部区不同，相对低位区是一个明显高于前期底部区间，但是也明显低于前期顶部区间的位置，当个股运行至此区间时，会面临着底部获利盘、中间一部分的解套盘、顶部割肉盘的三重抛压，若无主力继续做多，则很难继续出现大幅上涨。这个相对低位区我们也可以将其称为上涨途中的横盘整理区，虽然叫法不同，但是所表示的含义是相同的，即个股没有出现较大的累计涨幅，从中长线的角度来看，个股仍有上升空间。这时个股往往在此进行较长时间的盘整，至于盘整之后，是继续上涨还是反转下跌，我们可以运用日 K 线及周 K 线走势中是否出现单根的放量突破大阳线来判断。

图 5-6 为老白干酒（600559）2007 年 7 月 4 日至 2009 年 9 月 18 日期间的周 K 线走势图。如图标注所示，我们可以看到股价在脱离底部区后出现一倍的涨幅，并在这一区间开始长时间的横盘震荡。这一区间相对于底部而言是一个高位区间，但相对于前期的顶部来说仍然是一个低位区，因而，我们

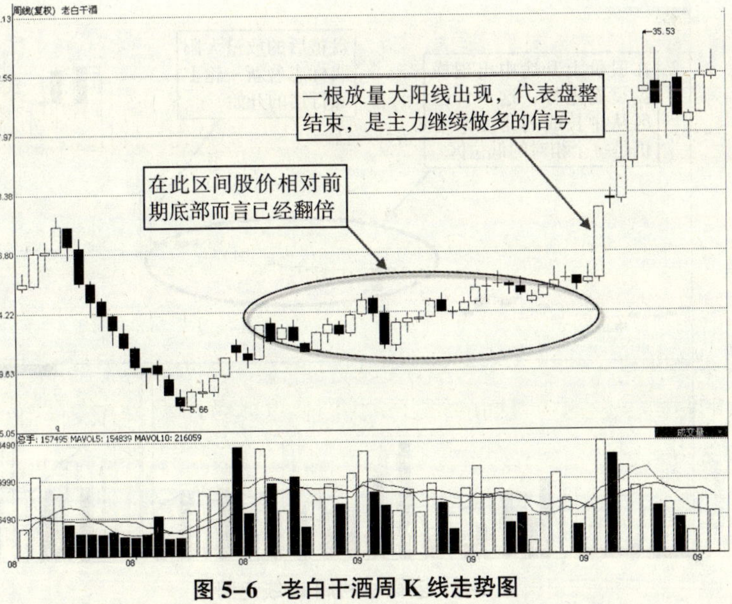

图 5-6 老白干酒周 K 线走势图

不可以把这一区间称之为底部区，只能将其称之为相对低位区。盘整之后是上涨还是下跌，在盘整进行的时候我们难以给出准确判断，投资者这时就要耐心等待，等待主力发出拉升或出货的信号。

2009 年 7 月 3 日至 10 日这一周出现了放量拉升的走势，周 K 线的放量大阳线出现使得个股走势一跃突破了这一盘整区间，这种大阳线的周 K 线形态出现在相对低位区的盘整之后，是典型的主力做多的信号，它提示我们此股再一次步入了上涨趋势之中。

图 5-7 为安徽水利（600502）2008 年 8 月 29 日至 2009 年 9 月 25 日期间周 K 线走势图。与上例老白干酒走势相似，此股在上升途中的一个相对低位区出现横盘走势。当出现这种横盘走势时，股价相对于前期的底部价位已有一倍的涨幅，但是从中长线的角度来看，这里并不能算是顶部区，因而我们可以预测股价在横盘后还是有较强的上涨动力的。如图标注所示，一根周 K 线形态的大阳线打破了盘整格局，拉开了此股一轮上涨的序幕。这根盘整之后的放量大阳线是股价再次上涨的标志性信号，也是我们短线买入的提示性信号，它预示着多方力量充足并已开始发动攻击。一般来说，在实际操盘过程，为避免盲目追高被套，我们可以在这根放量大阳线出现后的一到两周内，看看量能是否能保持住、突破后的股价是否能维持住，再择机介入。

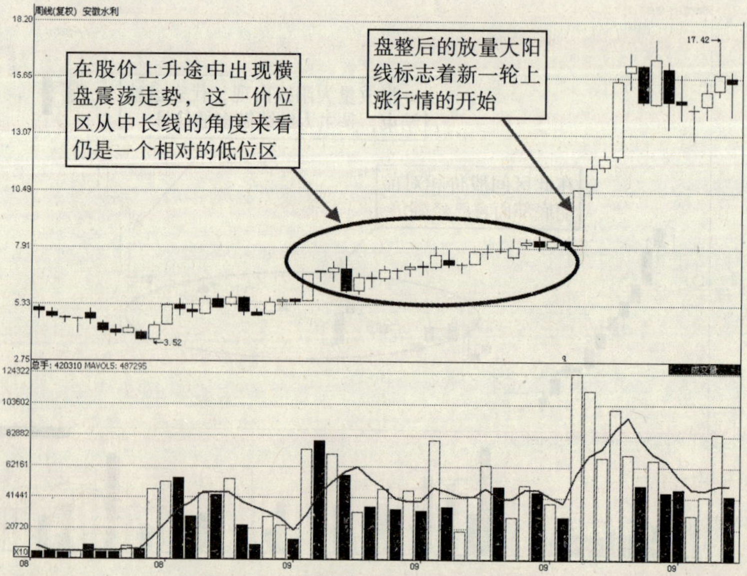

图 5-7 安徽水利周 K 线走势图

一般来说，个股的横盘整理既可能出现在上涨的途中，也可能出现在个股的顶部区，不同的情况会产生截然不同的结局。当大阳线出现在上涨途中的横盘整理之后，很有可能是新一轮升势的开始；而当大阳线出现在顶部横盘整理之后，则往往是主力假拉升、真出货的手法。下面我们再通过日K线形态来看一下出现在上涨途中横盘整理之后的大阳线代表了什么市场含义。

图 5-8 为新兴铸管（000778）2009 年 3 月 2 日至 7 月 15 日期间走势图。如图所示，我们可以看出此股在此期间处于缓慢震荡上升的走势之中，在股价这段横盘震荡期间共出现了三根极富市场含义的大阳线，我们来分别看一下它们反映出了什么信号。

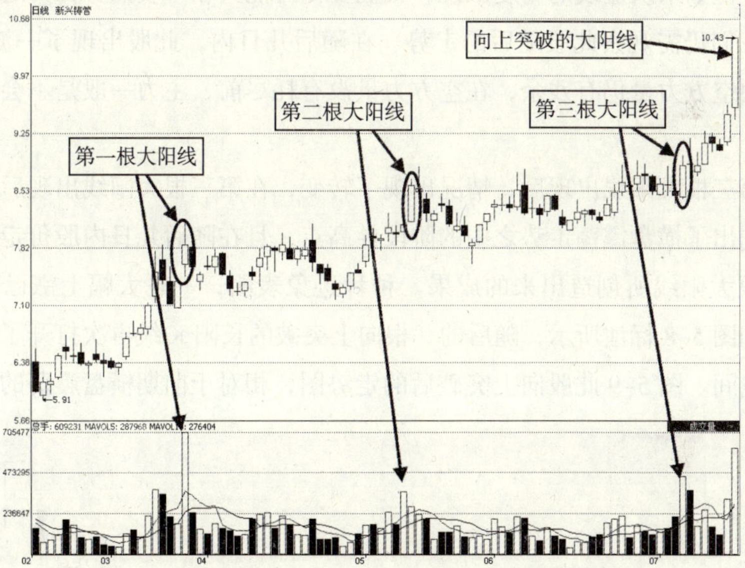

图 5-8 新兴铸管上涨途中横盘整理后大阳线示意图

第一根大阳线出现在股价经历一波小幅上涨而创出阶段性新高之后，如图 5-8 标注，在这根大阳线的带动下股价创出了阶段性的新高，因而可以说这根大阳线是多方力量强劲的表现。但是值得注意的是，与这根大阳线一同出现的还有成交量的单日巨量放出，我们在第三章成交量中曾经讲到过这种“上升途中脉冲式放量”的形态，它既是多方力量的体现，也是空方力量的体现，而且很有可能是主力高抛低吸所造成的，因而它多意味着短期升势的结束。但是有一点可以确定，由于此股目前仍处于价位较低区，这一根明显放量的大阳线让我们看到了多方力量的充足，无论充当多方的是以主力资金为主，还是以散户资金为主，其总体向上的大趋势是不可能逆转的。

第二根大阳线出现在个股的短期横盘之后，股价再次创出阶段性高点，同时出现成交量放大的迹象，但这时的量能放大效果已经明显不如第一根大阳线时的效果了。考虑到这时股价的震荡走势，且股价重心上升极小也很缓慢，我们认为这种放量形态是极为健康的，它既反映出了多方力量的充足，也反映出了空方力量已大不如前（同出现第一根大阳线时的放量相比较而言），因而第二根大阳线仍是多方力量显现，是股价趋势上行的信号。如果从中长线的角度来说，我们完全有理由在这根大阳线出现之后分批买入完成建仓，但如果从短线的角度来说，我们要尽可能买在一波强势拉升之初，因此，我们仍需观察此股随后的走势。在随后几日内，此股出现了一波回调，这证明空方力量仍有残余，在空方力量没有耗尽前，主力一般是不会贸然拉升的。

第三根大阳线出现后，情况出现了转变，在第三根大阳线出现后，股价再次创出了横盘震荡走势之中的阶段性高点，且在随后几日内股价走势保住了这根大阳线所创造出来的成果。种种迹象表明，一轮大幅上涨已迫在眉睫，如图 5-8 标注所示，随后的一根向上突破的长阳 K 线再次打开了此股的上升空间。图 5-9 此股向上突破后的走势图，相对于前期横盘震荡的价位来

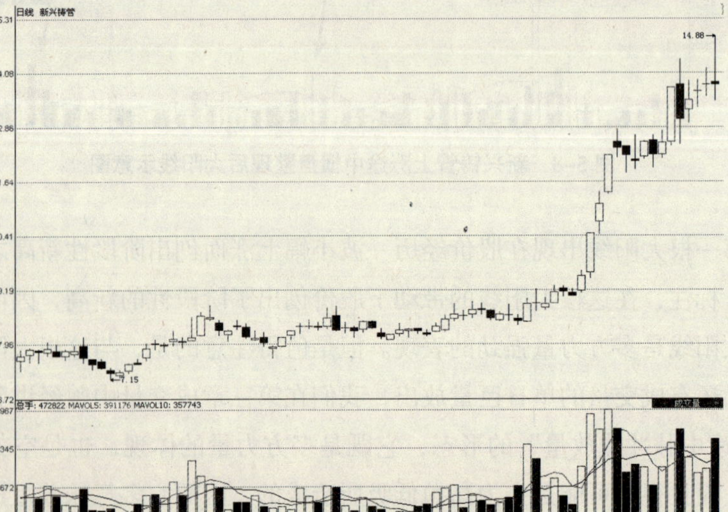

图 5-9 新兴铸管向上突破后走势图

说，这一轮的涨势的幅度达到了 50%以上，而三根具有多头含义的大阳线是此轮上涨的先期预警信号。

第四节 上升途中的大阳线

无论对市场总体，还是对个股，当大趋势形成后，都会持续较长时间，而且会出现较大的累计涨幅（上升趋势中）或跌幅（下跌趋势中）。大阳线是多方力量强大的表现，当它出现在上涨途中时，会对这种趋势起到加速推进的作用。在实战分析中，我们除了要关注市场或个股在上升趋势中出现的日 K 线形态的大阳线，还要关注这期间出现的周 K 线形态大阳线。

如图 5-10 时代出版（600551）2008 年 11 月 11 日至 2009 年 2 月 23 日期间的走势图，从图中所画出的趋势线我们可以看出，此股目前正处于上升趋势之中。如图标注所示，在 2009 年 1 月 23 日出现的这个大阳线一举结束了此股前三日的小回调走势，股价再创上升途中的新高。这种上升途中标志性的大阳线出现，无疑是多方力量仍然十分充足的表现，对于股价的总体上

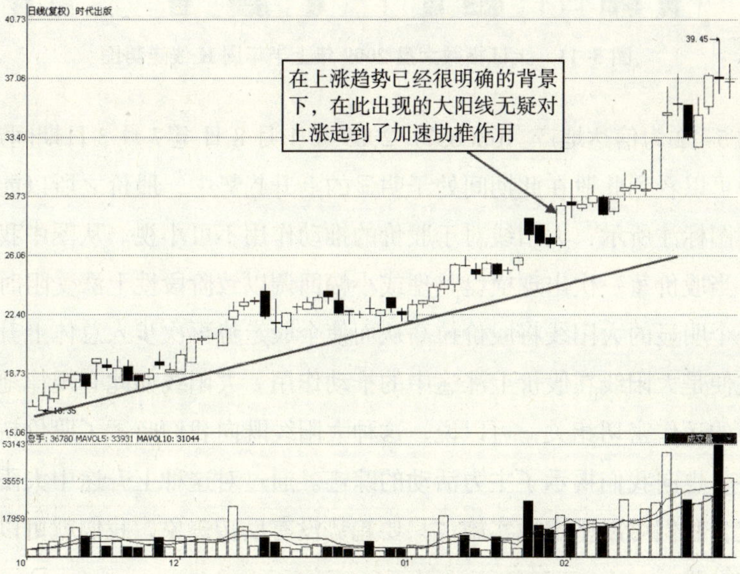

图 5-10 时代出版上升途中的大阳线

升趋势有加速推动作用。

图 5-11 为上证指数 2008 年 12 月 5 日至 2009 年 8 月 7 日期间的 K 线走势图。从图中标注可以看出，当大盘步入上升趋势后，多次出现周 K 线形态的大阳线，而且很少有阴线形态出现，周 K 线形态可以很好地反映趋势的运行，而周 K 线形态的大阳线无疑对趋势的上行起到了极好的加速推动作用，是市场多方力量强劲的表现，也是趋势持续发展的信号。

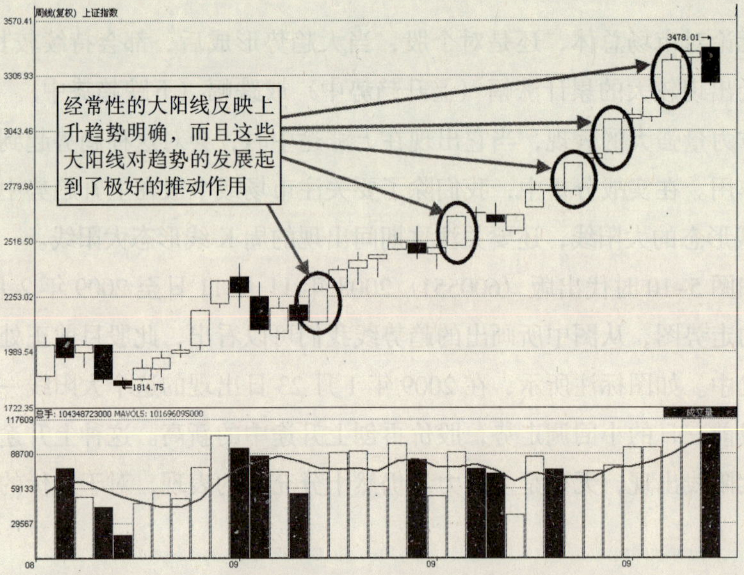

图 5-11 上证指数大盘 2009 年上半年周 K 线走势图

图 5-12 为信达地产（600657）2009 年 1 月 8 日至 7 月 3 日期间走势图，从图中可以看到此股在此期间处于明显的上升趋势中，股价之所以能一路上升，如图标注所示，大阳线对于股价的推动作用不可小视。从图中我们可以看到，当股价每一次出现横盘整理或小幅回调以致阶段性上涨受阻时，都会出现一个明显的大阳线将股价拉高从而使个股走势再次步入总体上升趋势之中，这便是大阳线在股价上涨途中的推动作用。大阳线如此有规律地出现也与主力的运作密切相关，可以说，这种大阳线既向我们昭示了股价持续的上升趋势，也向我们揭示了主力活动的踪迹。通过对这种上升途中大阳线性质的确定，我们可以坚定地实施“只要趋势没有反转迹象，我们就可以持股不动”的策略。

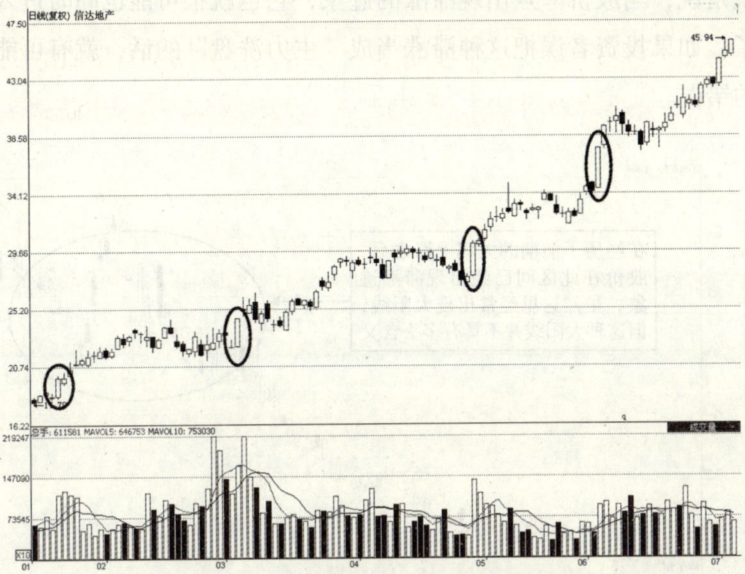

图 5–12　信达地产上升途中大阳线示意图

第五节　顶部区的大阳线

底部是在大幅下跌后形成的，与底部正好相反，顶部则是在大幅上涨后形成的；底部的典型特点是止跌企稳，而顶部的典型特点是滞涨。当个股处于大幅上涨后的顶部区时，如果股价出现滞涨，但是却经常出现大阳线，它并不意味着个股后市仍将上涨，这更多地是一种主力所使用的“诱多”手法，通过大阳线所发出的上涨信息，诱使投资者来接盘，主力则悄悄出货。或者，这种大阳线也很有可能是多方所发动的最后攻击，当多方力量无法跟进时，个股也就会步入下跌通道。

图 5–13 为芜湖港（600575）2009 年 3 月 18 日至 9 月 18 日期间走势图。从图中可以看出此股在此期间经历的大幅上涨，在前期的大幅上涨过程中，股价一直没有出现回调，这与主力的做盘手法有关，有的主力会在拉升途中不断地利用股价的回调来进行洗盘，也有的主力喜欢一拉到底的方式，通过对此股走势的观察，我们有理由认为此股主力很可能采用了一拉到底的方

式，就是说，当股价一旦出现滞涨的迹象，它也就很可能也同时进入到顶部区间了。如果投资者误把这种滞涨当成“主力洗盘”的话，就有可能出现操作上的错误。

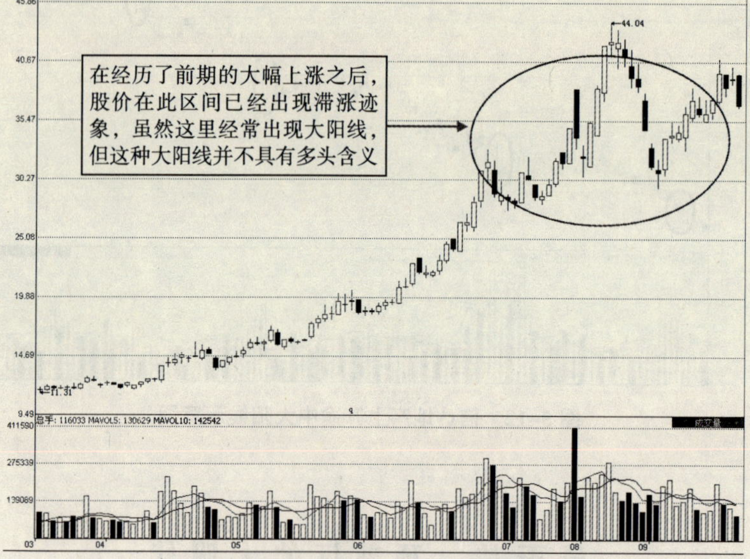

图 5-13　芜湖港顶部区大阳线示意图

如图 5-13 标注所示，此股在 2009 年 6 月至 9 月这段时间内，股价反复震荡，滞涨迹象明显，这期间经常性地出现大阳线，但这种大阳线已不是上涨的信号了，我们更应把它看作是主力的“诱多”手法。

前面我们讲到，日 K 线形态偶然性极强且容易被主力操纵，相对而言，周 K 线形态则稳定得多。在图 5-13 中我们看到芜湖港在 2009 年 6 月至 9 月这段时间内，日 K 线经常性地出现大阳线，但是其周 K 线形态又如何呢？图 5-14 为芜湖港周 K 线走势示意图，从图中标注可以看出，2009 年 6 月至 9 月这段时间内，此股非但没有出现大阳线，反而出现了实体较大的阴线，周 K 线形态抹平主力操纵股价的痕迹，让此股的滞涨情况、处于顶部区间运行情况一目了然。

图 5-15 为中国软件（600536）2009 年 4 月 3 日至 8 月 20 日期间走势图，如图所示此股处于顶部区的横盘整理走势中。之所以说此股处于顶部区，是因为我们从此股这段时间内走势的技术特征及它的前期累计涨幅之中

可以判断出来。图 5-16 为中国软件 2009 年 8 月 20 日之前走势全景图。当此股进入滞涨、横盘的走势时，股价相对于底部而言已有 6 倍涨幅，因此我们有理由推测这一区间为顶部区。此外，通过这段横盘期间内的大阳线的特点我们就可以完全确认这一横盘区为顶部区间。

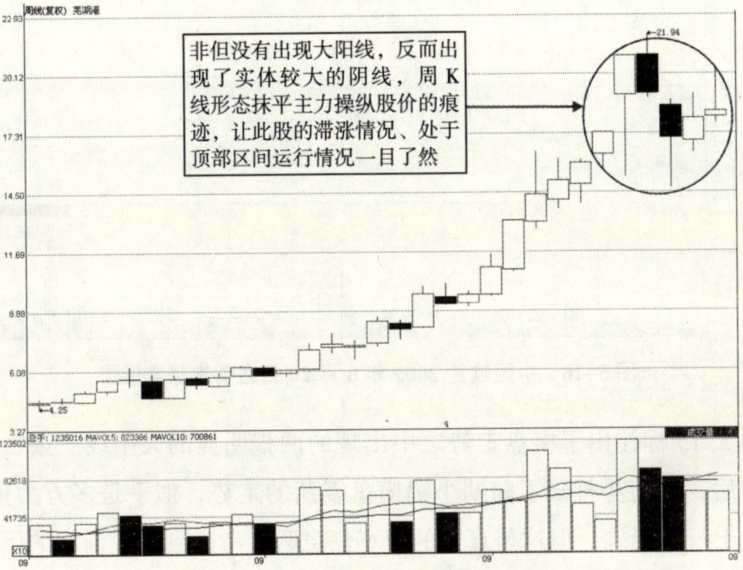

图 5-14 芜湖港周 K 线走势示意图

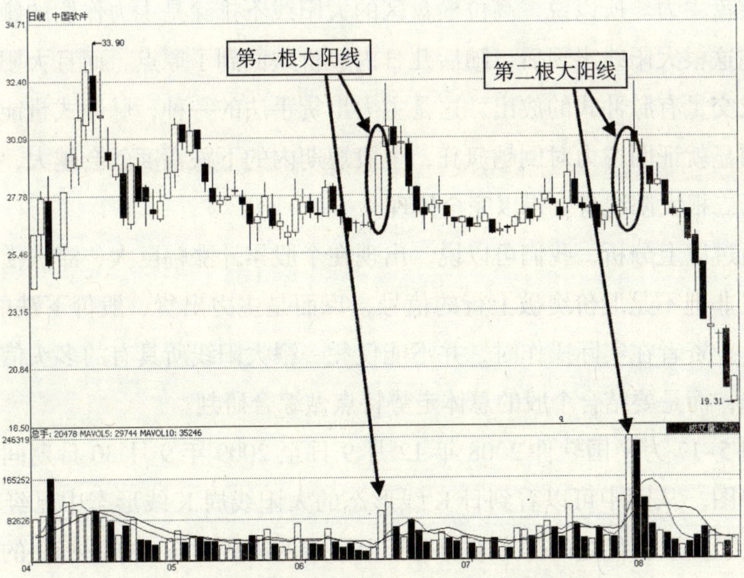

图 5-15 中国软件顶部横盘之后大阳线示意图

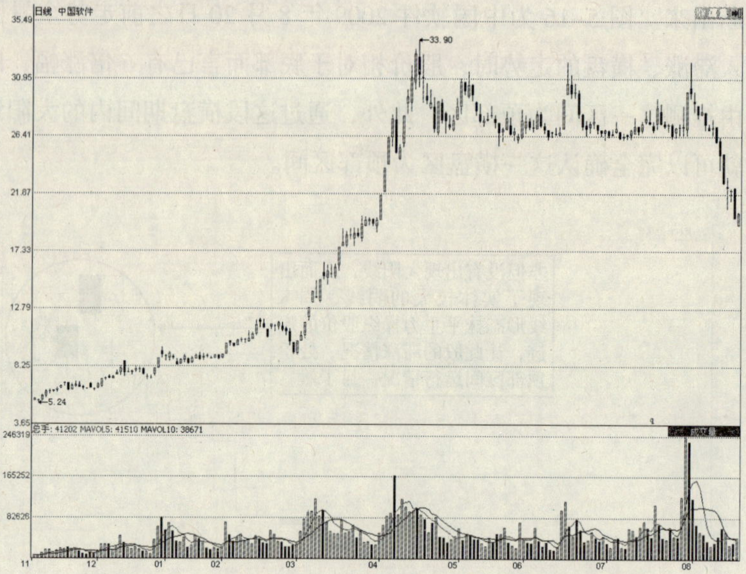

图 5-16　中国软件 2009 年 8 月 20 日之前走势全景图

图 5-15 标注出了横盘走势之中出现的两根明显的大阳线。第一根大阳线出现后，其走势打破了前期小幅横盘震荡的走势，似乎是多方力量充足、股价欲上行的标志，但这是真实的市场信息吗？考虑到此股前期的巨大的累计涨幅以及拉升方式，我们有理由认为此股中存在控盘主力，而且很可能是完全控盘主力。所以说，高位横盘区的大阳线不排除是主力作假的嫌疑。我们发现这根大阳线出现后，随后几日内股价跌回到了原点，而且大阳线出现时，成交量有脉冲式的放出，这是主力出货手法的一种，脉冲式量能放大效果越明显就证明主力对倒越疯狂，个股短期内的下跌幅度就会越大，这种情况在第二根大阳线身上得以完全体现。

通过以上分析，我们可以说，出现在个股累计涨幅巨大、滞涨横盘后的大阳线非但不是股价突破上行的信号，反而是主力出货、股价下跌的先兆，因而，投资者在实际操作时，并不能仅凭一根大阳线所具有的多头信号就盲目出击，而是要结合个股的总体走势特点做综合研判。

图 5-17 为中国软件 2008 年 12 月 9 日至 2009 年 9 月 30 日期间的周 K 线走势图。从图中可以看到日 K 线形态的大阳线周 K 线形态中已经不是那么明显了，取而代之的是带来明显长上影线的阳线形态。如图标注的两根带有上影线的单根周 K 线形态，第一根的上影线非常长，这充分说明了在这一

周内虽然此股出现了一定的拉升，但是空方的抛压非常大，考虑到此股所处位置，我们可以认为这是主力拉高出货的结果；图中标注的第二根单周 K 线形态出现时，我们发现它的单周的成交量非常高，是一个典型的脉冲式放量，这是主力对倒的充分体现，而主力对倒的唯一目的就是出货。由此可见，周 K 线形态对于我们的实战具有重要意义。

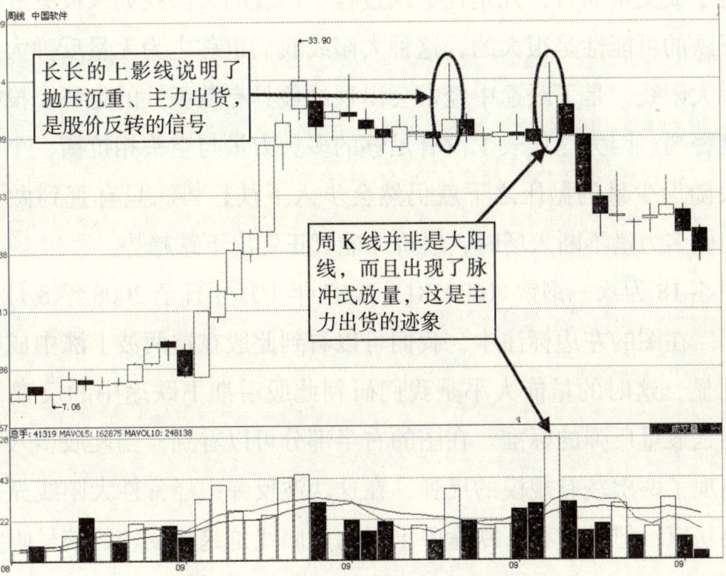

图 5-17 中国软件周 K 线走势图

第六节 下跌途中的大阳线

趋势一旦形成，就有着极强的惯性，若无明显的外力，它将持续运行。当个股或市场处于下跌趋势时，往往都会不时地出现一根或几根大阳线，伴随而来的就是一次反弹的走势。这是真正的底部还是假的底部？一般来说，我们可以通过两点来判断：一是结合底部形成的特点，二是观察成交量情况。

前面我们讲过，底部一般有两个特点，即止跌企稳和累计跌幅较深。对于什么才可能称作是“累计跌幅较大”，笔者的观点是，股价从泡沫区跌到低估区时，就可以称作是累计跌幅较大；如果个股已出现了 30%或 50%的跌幅，但市场整体的平均市盈率、市净率等常用指标相对历史走势来说仍然是较高的，那我们就不能认为这个累计跌幅较深。所谓止跌企稳，就是说，股价能在较长的时间内出现跌不下去的情况，这是空方能力已经不足的体现。结合这两点来判断下跌途中的大阳线出现后是否能形成底部，就要看大阳线出现之后的走势情况是否能做到止跌企稳。

对于成交量而言，凡是在下跌过程中出现的大阳线如果没有放量，后期继续下跌的可能性是很大的，这种大阳线我们也称之为无量反弹大阳线。无量反弹大阳线，是下跌途中经常会出现的最具有欺骗性的走势，投资者一定要高度警惕。因为这代表了没有足够的多头力量与空头相抗衡，个股或指数在空头随后少量的抛压之下就仍然会步入下跌趋势。只有直到做空力量消失，而做多力量不断入场时，股价才能真正走出下跌趋势。

图5-18为八一钢铁（600581）2007年1月4日至2008年8月1日期间走势图。在图的左边标注中，我们可以看到此股在这两波上涨中成交量放大效果明显，这时的量能大小是我们研判此股后期下跌途中的反弹是无量反弹，还是放量反弹的标准。在图的右半部分可以看到，当此股步入下跌趋势后，出现了两次较有规模的反弹，在这两波反弹中经常性大阳线充当了反弹的主要功臣，但是这种下跌途中出现的大阳线是趋势反转的信号吗？通过对

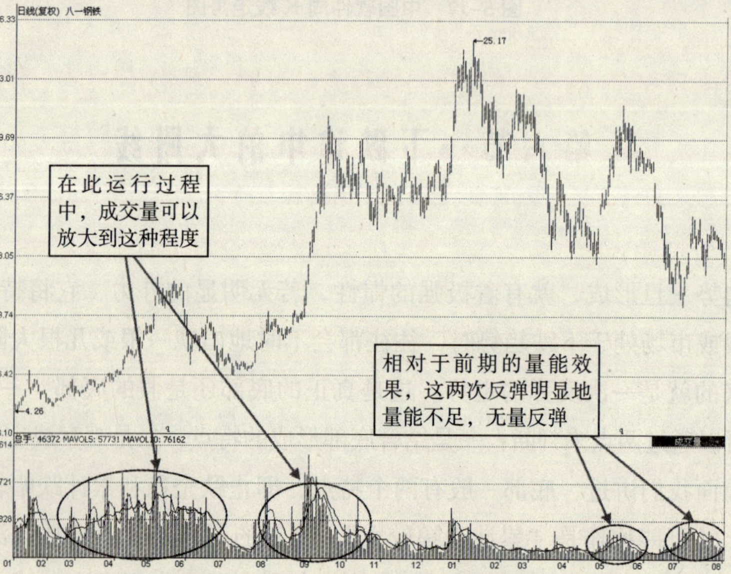

图5-18 八一钢铁无量反弹示意图

此股两次反弹时的走势，我们可以看出，两次反弹时，股价上涨得过快、幅度过大，而且并没有出现明显的止跌企稳状态。比较反弹时的成交量与前期上涨时成交量就会发现，这是极为明显的无量反弹。因而，我们可以认为这种出现在下跌途中的大阳线所促成的上涨仅仅是一时的反弹行情，它并不是趋势反转的信号。

图 5-19 为邯郸钢铁（600001）2007 年 12 月 20 日至 2008 年 7 月 10 日期间走势图，此股在此期间开始了下跌走势。如图标注，在下跌趋势正式形成后，在下跌途中不时有大阳线并伴以股价反弹走势的出现，但这时出现的大阳线只代表了个股的阶段性反弹，它并不是下跌趋势反转的信号。这是因为大阳线出现过后，股价无法有效做到止跌企稳，而且大阳线多出现在一波深幅快速下探之后，这也是最为典型的反弹形态。

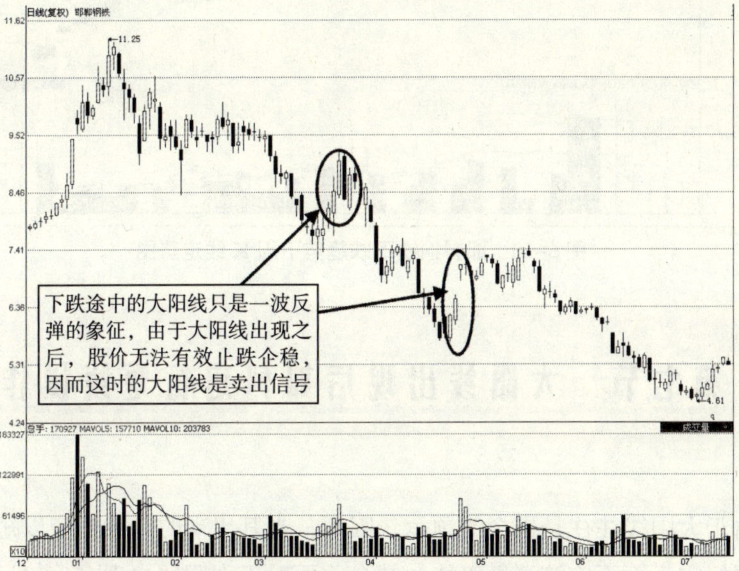

图 5-19　邯郸钢铁下跌途中大阳线示意图

图 5-20 为邯郸钢铁 2007 年 12 月 7 日至 2009 年 1 月 6 日期间的周 K 线形态走势图，从周 K 线走势图中，我们可以对此股的下跌趋势看得更清晰。如图标注所示，我们可以看到在此股下跌途中有两根十分明显的周 K 线形态的大阳线，但这两根具有多头含义的周 K 线大阳线并不是趋势反转的信号，它只体现了多方在一周之内取得了阶段性的胜利，至于这种胜利果实是否能

保持住，则要看此股是否能够出现止跌企稳的走势。从图5-20中走势可以看出，在这两根大阳线之后，股价未能出现有效的止跌企稳。由于大趋势一旦形成是具有强大惯性的，因而多方的这种暂时性胜利并不是总体性的胜利，这种出现在下跌的途中的大阳线也绝非我们抄底买入的信号。

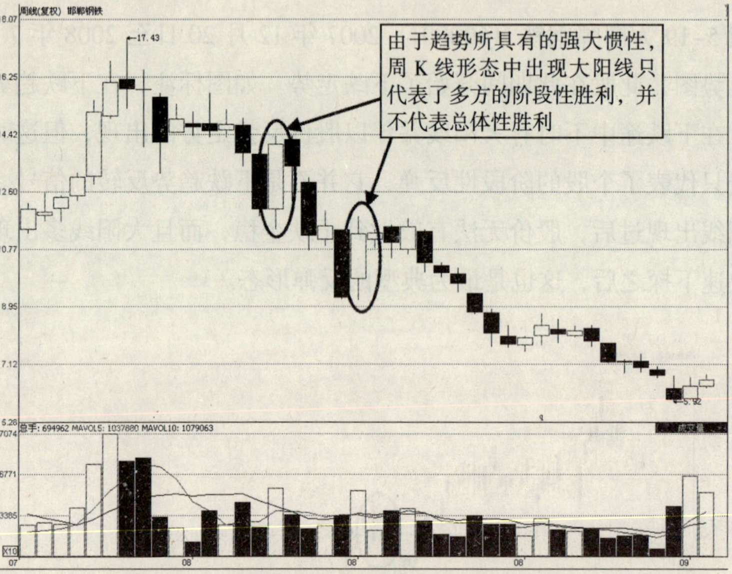

图5-20　邯郸钢铁下跌趋势下周K线走势图

第七节　大阳线出现后如何进行短线操作

由于大阳线往往是机会的预示，因而，当其出现时，我们应以短线的策略把握好它，而不应该消极等待。结合前面对于大阳线出现在趋势运行不同阶段的分析，笔者总结了大阳线出现后，投资者应如何根据随后几个交易日的个股运行情况把握短线操作的方法。

一、大阳线出现后，第二个交易日出现了回调走势

股票经过前一个交易日收出了5%以上的大阳线后，若第二天出现了回调走势，这往往是对昨天获利筹码所进行的一次短线洗盘，洗盘过后有利于

主力继续上攻。此时，我们要关注回调的深度和力度。所谓深度，就是切入大阳线的位置，一般有1/3、1/2、2/3，理想的就是2/3以内，这是多方力量仍然充足的表现。若回调得太深，则证明多方力量有限，短期难以再继续发动强有力的上攻行情。所谓力度，就是说回调时的量能，通过量能可以判断筹码的松动情况，回调时放量明显，证明空方力量仍然强大，回调时量能不足，证明这只是对少量获利筹码的洗盘行为。

通过对随后第二个交易日或者到第三个交易日的观察，一般的策略是：只要大阳线后的第二根K线，或这之后的几根K线在大阳线的收盘价和开盘价范围内运行，就不能盲目看空、做空；若回调幅度小于1/3，并且股价能在大阳线之后的两个交易日内保持住，我们就可以短线积极介入。

二、大阳线出现后，第二个交易日出现上涨走势

这往往代表了短期内此股已出现了上涨行情，多空力量已发生了本质的变化，是最为强劲的走势。一般来说，为了达到控制风险的目的，除非在很强的市场当中，否则的话，当第二个交易日再次出现了3%以上的涨幅后，我们就不应再介入了。

三、大阳线出现后，随后两个交易日出现了横盘走势

这种走势也是典型的多方力量强大的表现。由于大阳线的出现会让很多市场上的筹码成为获利盘，为了要抵挡这些获利盘的抛出，同时又要让股价不跌，一般来说，既需要主力的积极做多决心，也需要市场投资者的做多心态配合，因而，我们可以把这种走势看作是短线介入的好时机。我们的操作策略是：只要大阳线后的第二根K线，或这之后的几根K线在大阳线的收盘价上方运行，就坚决买进，积极做多。

四、大阳线出现后，随后两三个交易日内跌破了大阳线开盘价

大阳线出现本是多方力量充足、强大的表现，但大阳线出现后，没有引发多方的做多心态，反而带动了更多的空方进行获利抛出，由此可见，这是市场人心涣散、恐慌情绪蔓延的结果，此时，我们就应顺势而为，而不应该仅仅凭一根大阳线的出现就逆势做多。我们的操作策略是：只要大阳线的第

二根 K 线，或这之后的几根 K 线（甚至更长一段时间的 K 线）跌破了大阳线的开盘价，则要马上停损离场，千万不要因为恋战而拖着不走，拖得越久，损失越大。

第六章　大阴线——下跌趋势的导火索

第一节　如何分析单根大阴线

一般来说，大阴线是指单日跌幅在5%以上的K线，大阴线表示在经过一段时间的多空拼搏后，收盘价明显低于开盘价，表明空头明显占据上风，代表后市仍将继续下跌的含义，阴线实体越大代表其内在下跌的动力也越大。在上一章中，我们知道大阳线往往预示着继续上涨，是“股价沿趋势波动”技术分析思想在上升趋势中的体现，同理，大阴线往往预示着继续下跌，是“股价沿趋势波动”技术分析思想在下跌趋势中的体现。

任何单根K线形态都可以出现在趋势的任何一个阶段，大阴线虽然代表了下跌的含义，但是它一样既可以出现在底部区间，也可以出现在上涨途中。在运用大阴线来判断趋势的时候，我们首先要结合均线、趋势线等方面来综合判断一下个股或市场目前处于趋势发展中的哪一个阶段，然后，还要关注日K线形态是否出现了大阴线、周K线形态是否出现大阴线、月K线形态是否出现大阴线，只有在结合了这几点之后，运用大阴线判断个股走势的成功率才会显著提高。

第二节　出现在底部区的大阴线

底部区出现大阴线往往意味着空方最后的宣泄，既有可能是主力借机顺势打压，也有可能是散户由于恐慌情绪而出现的不理智抛盘。由于个股在底部运行时，这时手中持有筹码的投资者多为套牢者，因而他们一般不会因为股价的小幅波动就抛出手中筹码，只有出现大阴线才可能让他们产生一种股价深不见底的错觉，从而担心账面的再度缩水，由于恐慌情绪而急忙抛出手中筹码。而主力也正是利用了这种心理，在底部突然打压制造大阴线，既利用打低股价为后期吸筹做好准备，也可以洗掉那些持股信心不坚定的投资者。可以说，底部区的大阴线非但不是股价继续下跌的信号，反而有利于我们捕捉主力动向。当底部区出现大阴线后，我们可以做中长线的布局，耐心持股，等待主力的后期拉升。

图 6-1 为方大 A（000055）2008 年 9 月 23 日至 2009 年 1 月 9 日期间股价走势图。从图中此股走势可以看出，在前期的深幅下跌后，2008 年 11 月 6 日之后，此股开始了止跌企稳、放量构筑底部的走势。这期间出现了很多的小阳线，但是却没有出现大阳线，图中标了这段时间内出现的三个极为明显的大阴线，这三根阴线的实体明显大于这段时间内其他交易日所出现的阳线实体。大阳线可以暴露主力的行为，同样，大阴线一样可以暴露主力的行为。三根大阴线出现时，我们发现成交量并没有放大，反而是一次比一次小，而且股价也没有随着大阴线的出现继续步入跌途。种种迹象都表明，市场上的做空力量已经趋于衰竭，这三根大阴线的出现是主力利用小阳线放量吸筹，随后利用大阴线缩量打压所导致的。因而，我们可以把这时出现的大阴线看作是趋势即将上涨的信号。图 6-2 为方大 A 2008 年 11 月 3 日至 2009 年 4 月 27 日期间走势图，从图中可以看出，在这三根底部大阴线出现后，此股没多久就步入了上升通道。

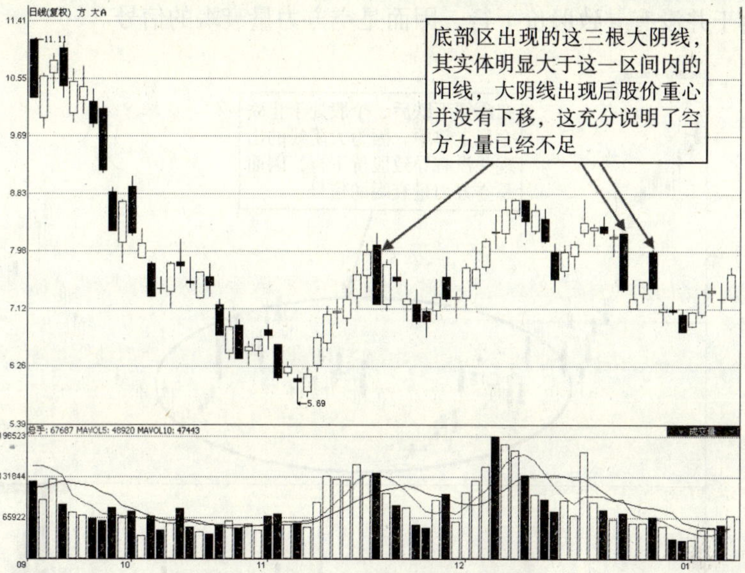

图 6-1　方大 A 底部大阴线示意图

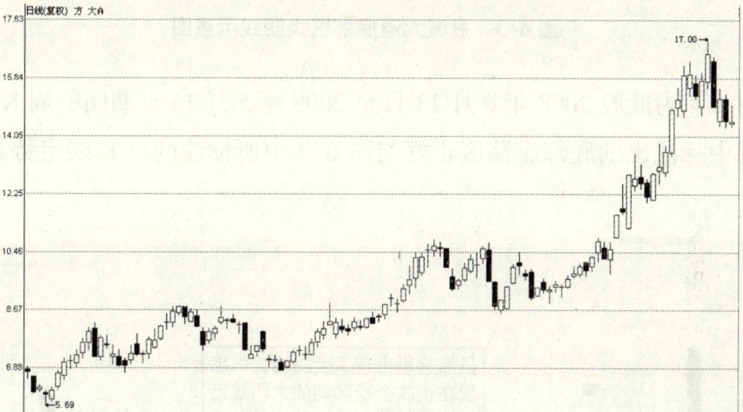

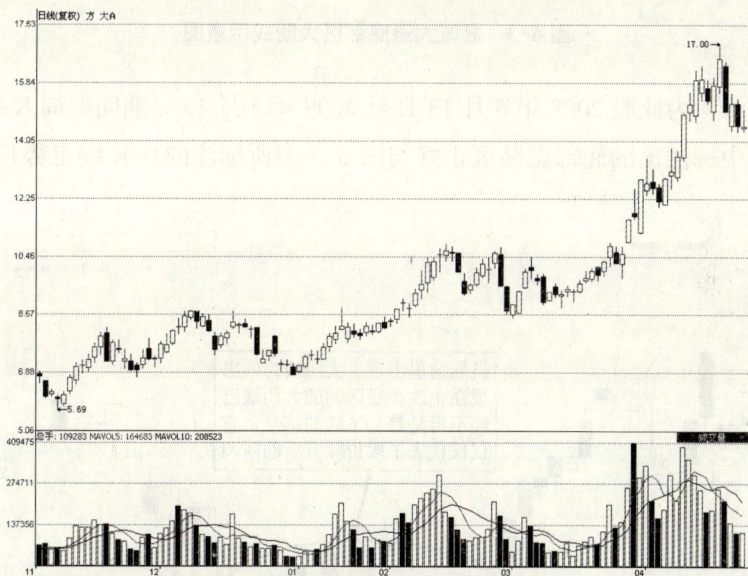

图 6-2　方大 A 底部大阴线的后期走势图

图 6-3 为冠城大通（600067）2008 年 8 月 20 日至 2009 年 2 月 20 日期间走势图，在此之前此股已经历了巨幅下跌。在图标注区域中可以看到出现了很多大阴线，在这一区域中，大阳线与大阴线交杂着出现，而股价重心没有出现下移情况。这种在深幅下跌后且个股处于止跌企稳走势中出现的大阴

线，由于并没有导致股价下行，因而是空方力量衰竭的信号。

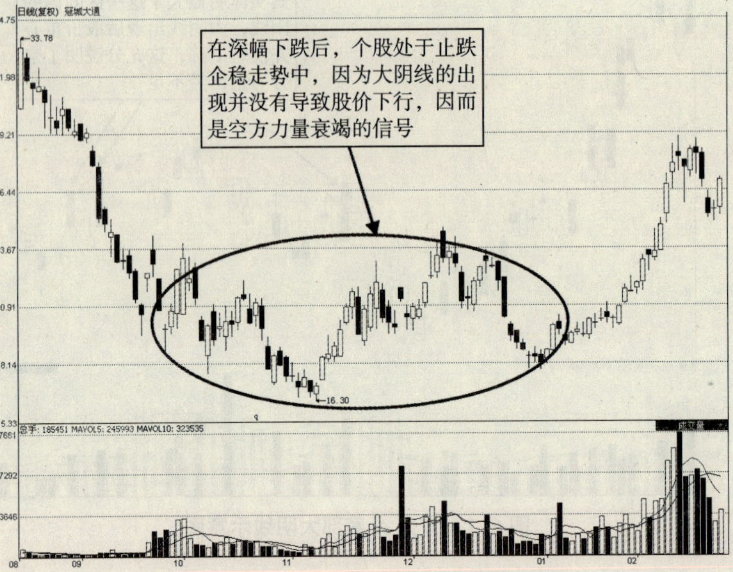

日线(复权) 冠城大通
在深幅下跌后，个股处于止跌企稳走势中，因为大阴线的出现并没有导致股价下行，因而是空方力量衰竭的信号
33.78
16.30
成交量

图 6-3 冠城大通底部区大阴线示意图

图 6-4 为此股 2008 年 6 月 13 日至 2009 年 5 月 15 日期间的周 K 线走势图，图中标注出的底部震荡区正好与图 6-3 中所标注的日 K 线走势相对应，

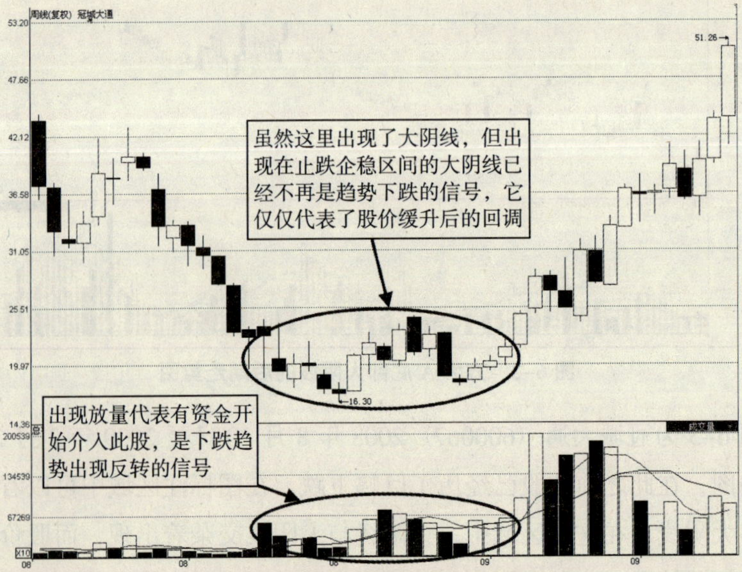

周线(复权) 冠城大通
51.26
虽然这里出现了大阴线，但出现在止跌企稳区间的大阴线已经不再是趋势下跌的信号，它仅仅代表了股价缓升后的回调
16.30
出现放量代表有资金开始介入此股，是下跌趋势出现反转的信号
成交量

图 6-4 冠城大通周 K 线走势图

从图 6-4 中可以看到，当股价在这一区间震荡时也出现了两个明显的大阴线，但这时出现的大阴线已经不再是趋势下跌的信号，它仅仅代表了股价缓升后的回调，而且在这一区间成交量明显放大，这是大资金介入的信号。因而我们可以说这时的大阴线是出现在底部区的大阴线，它的出现并没有导致趋势再次下跌，是空方力量开始衰竭的信号，当多方开始发力时，个股将走出这一区间并向上运行。

第三节 上升途中的大阴线

虽然趋势一旦形成，就有很强的惯性，但是“上涨趋势”这一概念并不是说股价不经过回调，就会一路涨上去。上涨趋势是一个大趋势、是基本趋势，贯穿于这一大趋势之中还有很多回调的次要趋势，而上涨途中大阴线多代表了上升势头暂时停止，个股随即步入回调整理阶段。一般来说，上升途中出现大阴线时，多是个股已经出现了较大的涨幅，市场累计了大量的获利盘，大阴线的出现是获利盘集中抛出的一种表现形态，因而此时多伴有成交量的放大出现。

图 6-5 为湘电股份（600416）2008 年 10 月 6 日至 2009 年 3 月 26 日期间股价走势图，此股在经历了底部区的止跌企稳后，就步入了上升通道之中。在上升途中，于 2009 年 2 月 24 日、25 日、26 日三日出现了大阴线的下跌趋势，考虑到此时此股已经正式地步入了上升趋势之中，趋势一旦形成就具有极强的持续力，而且这时此股的价格相对前期底部而言，累计涨幅并不大，因而，这时出现的大阴线并不意味着上升趋势的结束，它仅仅代表了上升途中的一次正常回调。

图 6-6 为浙江富润（600070）2008 年 12 月 11 日至 2009 年 6 月 9 日期间走势图，此股在经历了前期大幅下跌后的止跌企稳走势后，在此期间逐步进入了上升趋势中。如图标注所示，可以看到在上涨趋势正式形成后，上涨途中不时出现大阴线形态，但这种大阴线只是股价暂时性的回调，在多方力量强有力地拉动下，大阴线出现后的几日内，往往是连续的阳线收复失地。

对于这种上涨途中的大阴线，我们既可以理解为主力洗盘的信号，通过洗盘，主力可以为后期拉升打下更好的基础；也可以理解为大阴线的出现是获利盘集中性抛出的结果，获利盘的抛出非但不是趋势反转的象征，反而有利于上涨趋势的发展，因为前期获利盘的抛出是市场筹码充分换手的标志，只

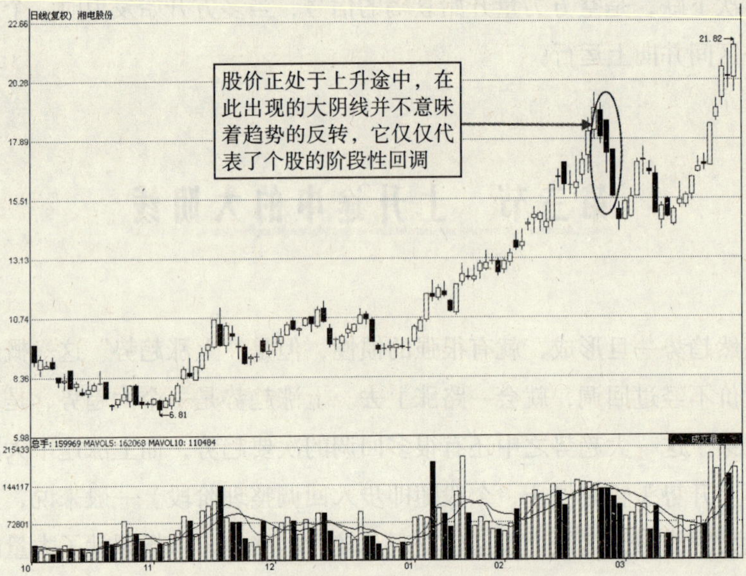

图 6-5　湘电股份上升途中大阴线示意图

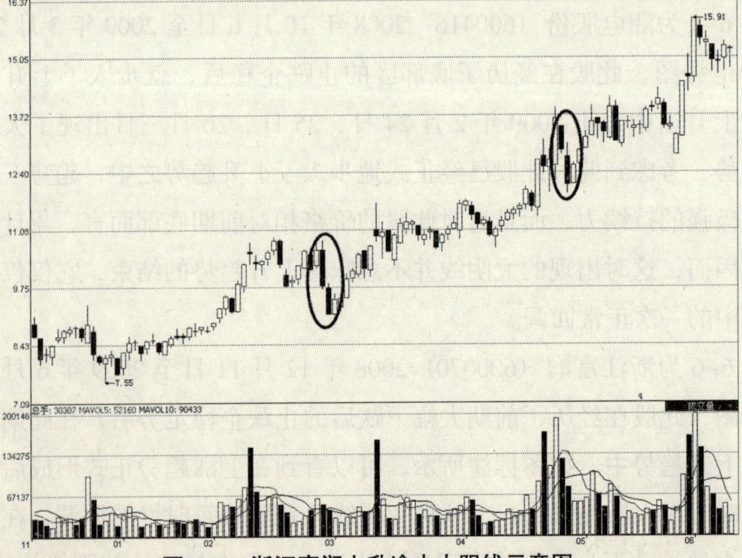

图 6-6　浙江富润上升途中大阴线示意图

有在上涨途中通过这种不断地换手，股价才会在不断涌入的买盘推动下实现持续上涨。

我们再来看一下此股在此期间的周K线形态。图6-7为浙江富润2008年11月14日至2009年7月30日期间周K线走势图，从图中可以看到在这半年多的上升趋势中几乎没有大阴线形态出现。这与我们前面日K线图中所看到的是不同的。出现这种情况的原因是此股上涨过程中并没有出现较长时间的回调整理走势，因而日K线形态上的大阴线被周K线抹平。由于周K线反映了多空双方的一周交锋结果，因而单日或双日的大阴线是难以反映在周K线形态之中的。这也在一定程度上提醒投资者，一旦上升趋势确立，投资者没必要因为一日或两日内出现了大阴线形态，就慌忙地以为趋势见顶了，从而半道出局、抛出手中个股，失掉了获取更多利润的机会。投资者不妨等一等，等到个股走势已发出趋势见顶的信号时再卖出。另外值得注意的一点是，当个股处于上升趋势中时，周K线形态也往往会出现大阴线形态，一般来说我们也不能仅凭一根单周的大阴线去推断个股已见顶，而要继续观察，看此股在随后的走势中能否快速收复失地、是否出现滞涨迹象等，以一种较为长远的眼光去分析个股的走势，不要因为单根大阴线而草木皆兵。

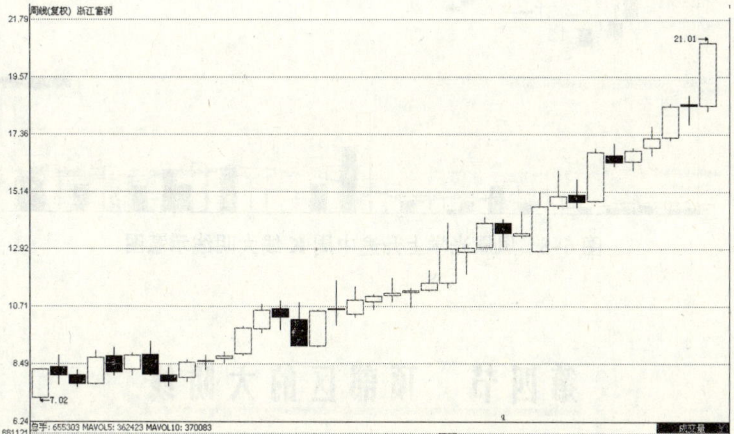

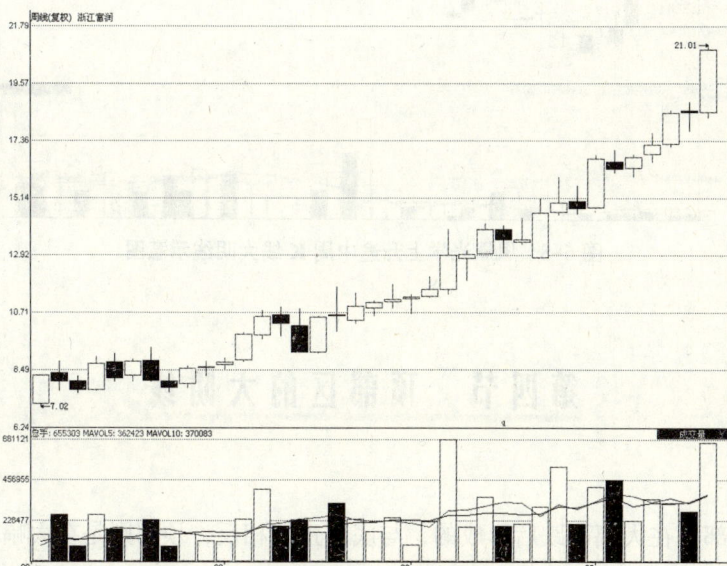

图6-7 浙江富润上涨时周K线走势图

图6-8为凤凰光学（600071）2008年9月5日至2009年8月7日期间周K线走势图。从图中可以看到，在股价的上升过程中出现了一根实体极长的大阴线，但这根大阴线的出现并不是上涨势头结束的标志，它仅仅是对于股价近期上涨过快的一种修正，是股价短期回调的表现。从图中可以看到，在这根大阴线后，股价重心并没有出现下移倾向，而是在不断小阳线的带动下逐步收复了失地，并使个股再次步入升势。当上升趋势形成时，一根大阴线（无论是日K线图中的大阴线，还是周K线图中的大阴线）是难以改变趋势的总体运行的，它只是市场或个股阶段性回调的标志，它的出现非但不是卖出的信号，反而是我们逢低吸纳、上升途中买入的机会。

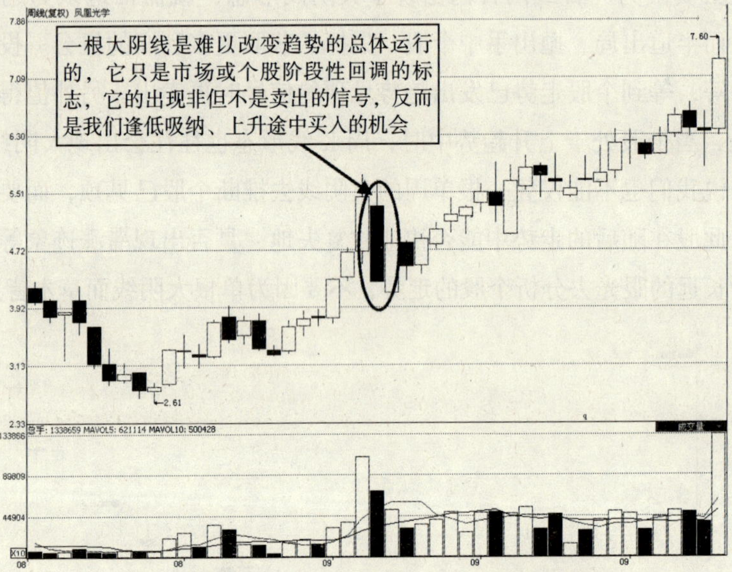

图6-8　凤凰光学上升途中周K线大阴线示意图

第四节　顶部区的大阴线

底部是在大幅下跌后形成的，与底部正好相反，顶部则是在大幅上涨后形成的。底部的典型特点是止跌企稳，而顶部的典型特点是滞涨。当个股处于大幅上涨后的顶部区时，如果股价出现滞涨，并出现大阴线，则说明空方已经开始发力、多方能量已经不足，往往是趋势反转的信号。

图 6-9 为长城电脑（000066）2006 年 12 月 19 日至 2007 年 6 月 4 日期间股价走势图。从图中股价走势及图中标注可以看出，此股在经历了大幅上涨之后，在高位处出现滞涨并于 2007 年 5 月 15 日出现了一个罕见的长实体大阴线，在这根大阴线出现后，股价经过短暂挣扎就出现了深幅下跌，这根大阴线可以说是股价即将下跌的预警信号。

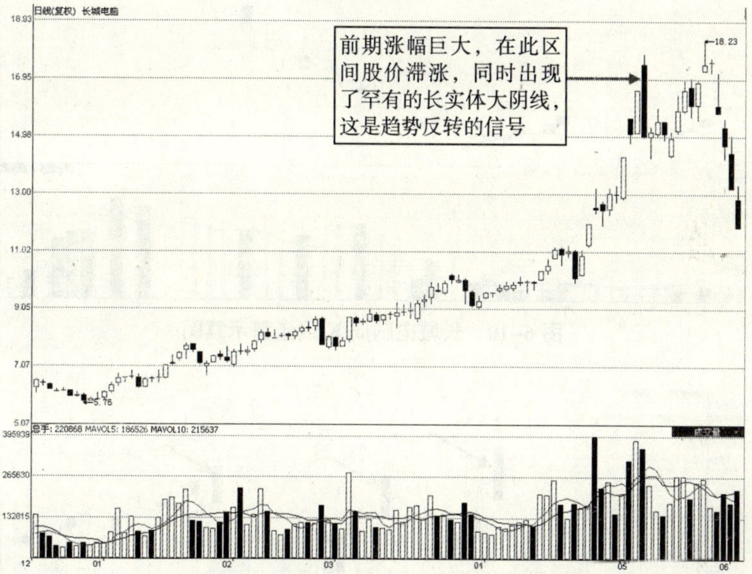

图 6-9　长城电脑顶部大阴线示意图

前面我们讲到，日 K 线形态偶然性极强且容易被主力操纵，相对而言，周 K 线形态则稳定得多。图 6-10 为长城电脑在 2006 年 8 月至 2007 年 7 月这段时间内的周 K 线走势图，从图中标注可见，在 2007 年 5 月 9 日至 6 月 1 日这四周内，出现了两个实体很长的大阴线，再结合 2007 年 5 月 15 日此股出现单日大阴线 K 线形态，可以说，这是日 K 线形态与周 K 线形态在顶部区的一次共振，它们都给出相同的信号，即趋势即将反转。

图 6-11 为浪潮软件（600756）2009 年 3 月 23 日至 6 月 24 日期间走势图。从图中可以看到，在此股经历的巨幅上涨后，股价开始出现横盘运行，这是典型的滞涨走势。在横盘期间不时地出现实体较长的大阴线，而且在阴线出现当日都出现了较为明显的放量，放量形态下的大阴线说明做空力量充

足，是趋势反转的信号。

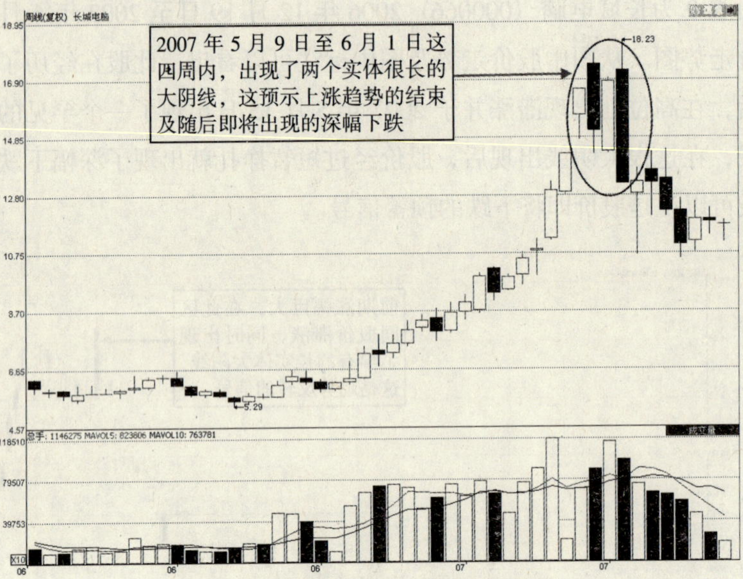

图 6-10　长城电脑周 K 线走势示意图

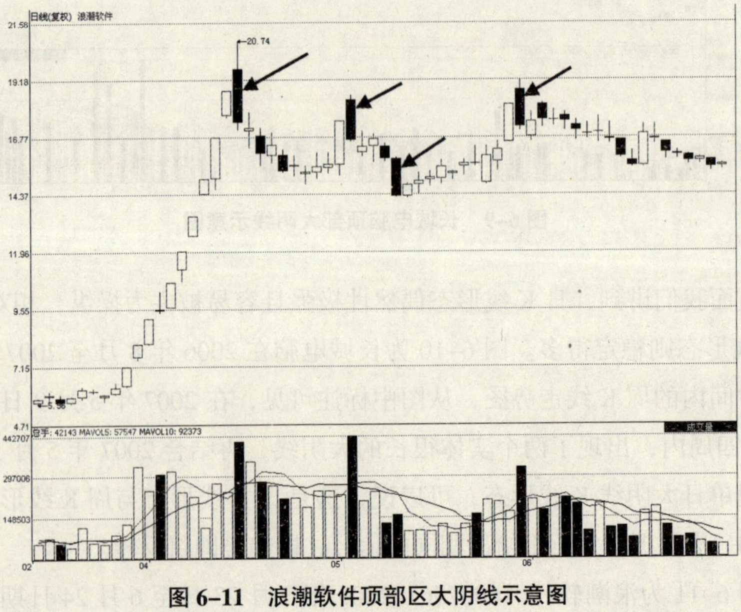

图 6-11　浪潮软件顶部区大阴线示意图

图 6-12 为此股 2008 年 12 月 26 日至 2009 年 9 月 30 日期间周 K 线走势图。如图标注所示，在上升末期出现了一根标志性的放量大阴线形态，这是

个股上涨趋势结束并开始步入顶部区间运行的信号，它代表了市场空方开始大量抛出。之所以出现这种集中性抛售多是主力出货的原因，通过这个出现在大幅上涨后的放量大阴线形态，我们有理由认为个股已开始进入顶部区间。在随后横盘震荡的末期，我们发现此股出现了一根具有“突破”形态的大阳线，但随后两根大阴线证明这不过是一次假突破，是主力“诱多”的操盘手法体现。

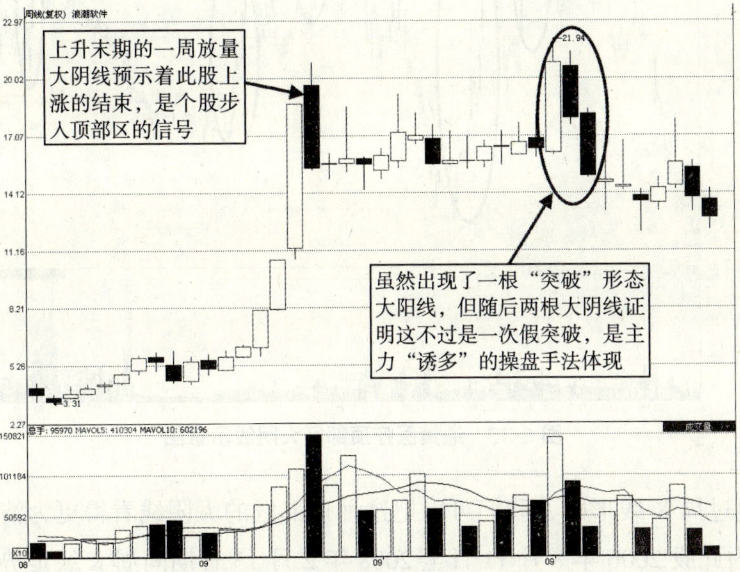

图 6-12 浪潮软件周 K 线走势图

图 6-13 为通策医疗（600763）2007 年 3 月 5 日至 2008 年 2 月 26 日期间走势图。此股在 2007 年 5 月 30 日前累计涨幅巨大，随着 2007 年 5 月 30 日上调印花税的政策利空消息发布后，股价走势出现了变化，由前期的上涨趋势转变为大幅震荡走势。“横盘震荡毕竟只是暂时性的，股价的走势非上即下”，在这种大幅震荡之后股价是继续向上运行，还是转势向下呢？我们可以通过这段时间的 K 线形态来做推断。如图标注所示，在股价大幅震荡期间，我们发现经常出现连续的大阴线将股价快速打低，并且随后的反弹中成交量也没能有效放出。由于此时的股价相对于前期底部而言，已有数倍的涨幅，因而我们可以认为这是市场获利盘、主力资金出逃的迹象，股价之所以能在短期大幅下跌后反弹上来，是因为主力并没有完成出货，为了谋求一个

好的出货价位，控盘能力较强的主力会让股价尽量维持在一个相对高位区间运行。一旦主力资金完成了大量仓位的出货，就会放弃对于此股股价的维护，个股也就会步入下跌趋势之中。

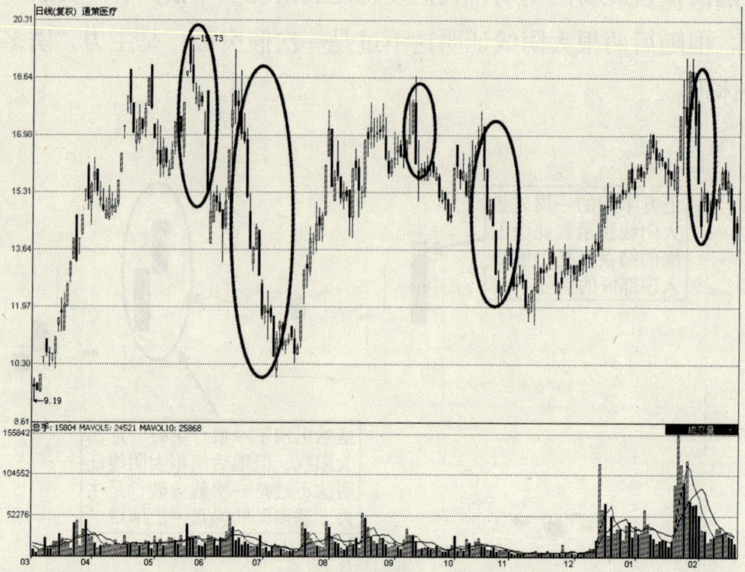

图 6-13　通策医疗顶部区大阴线示意图

通过周 K 线形态，我们可以把这种顶部区的大阴线看得更为清晰，图 6-14 为此股 2006 年 8 月 11 日至 2008 年 2 月 15 日期间周 K 线走势图，如图标注所示，当此股经历了巨幅上涨后，股价开始出现横盘、大幅震荡、滞涨的走势，在横盘震荡期间，经常出现实体极长的大阴线，这是空方开始大量抛售的信号。由于大阴线经常出现，股价结束了前期的上升趋势。在前期的上涨途中，我们可以看到主力持续拉升的过程，且在这种拉升过程中并没有出现较长时间的间断，因而，我们可以认为主力在拉升时并没有大量出货的动作，因此，在大幅上涨后出现的这种横盘、大幅震荡、滞涨，且大阴线不断的走势中，我们可以认为这里是主力大量出货区域，主力的集中出货必将导致趋势的反转，顶部区的大阴线是我们见好就收、保住利润的信号。

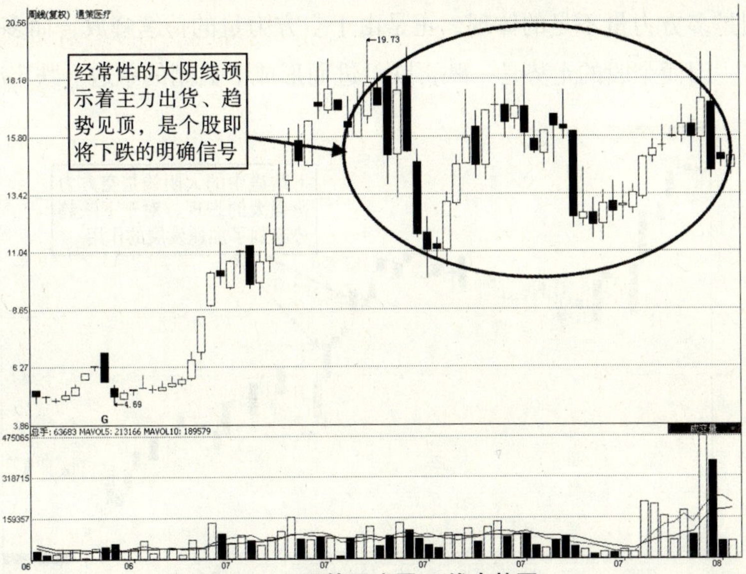

图 6–14 通策医疗周 K 线走势图

第五节 下跌途中的大阴线

趋势一旦形成，就有着极强的惯性，当个股或市场处于下跌趋势时，大阴线的出现体现出空方力量的强大，这无疑会加速下跌趋势的发展。

图 6–15 为江淮汽车（600418）2008 年 1 月 10 日至 5 月 9 日期间股价走势图。从图中可以看出此股在这段时间内已步入下跌趋势之中，从图中标注的大阴线之中我们可以发现这种出现在下跌途中的大阴线对下跌趋势起到了加速发展的作用。

我们再来看一下此股的周 K 线走势图。图 6–16 为江淮汽车 2007 年 3 月 2 日至 2008 年 7 月 13 日期间走势图，如图标注所示，在此股经历了巨幅上涨后，这时出现的大阴线并伴以股价滞涨是个股走势见顶的信号，在之后下跌途中连续出现的大阴线及个股的无力反弹，使得股价一跌再跌，对下跌趋势起到了加速推动的作用。从图中可以看到，周 K 线形态抹平了日 K 线形态的偶然性及不确定性，使得趋势的走势一目了然。在下跌途中，我们可以认为连续长实体的大阴线是空方力量强大的表现，而反弹时出现的短实体的阳线则是多方力量不足的体现，正是由于空方力量的持续释放，而多方又无力反击，因而个股的走势是一跌再跌，进而形成了典型的单边下跌市况。

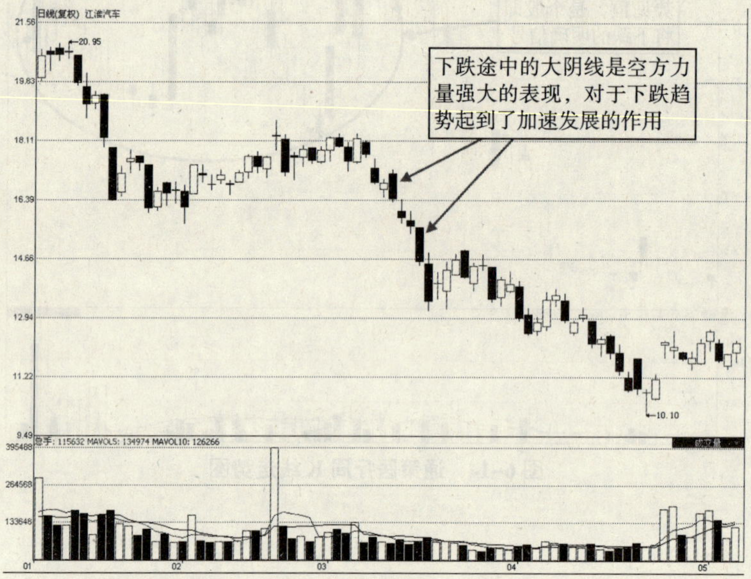

图 6-15 江淮汽车下跌途中大阴线示意图

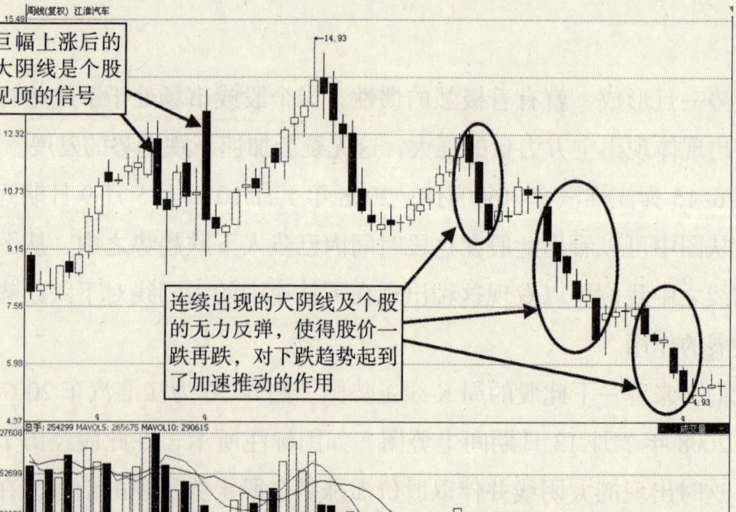

图 6-16 江淮汽车周K线走势图

图 6-17 为豫园商城（600655）2007 年 2 月 18 日至 2008 年 11 月 14 日期间周 K 线走势图，如图标注所示，大幅上涨后的大阴线是股价见顶的信号。当此股构筑完顶部形态后，就开始步入了下跌走势之中，一根实体极长的大阴线宣告了此股开始正式步入跌途，趋势的力量是强大的，一种趋势一旦正式形成，其持续性是很强的，这根大阴线既让我们看清了下跌趋势正式形成，又让我们了解到了空方力量的强大，它对个股的下跌起到了推动作用。

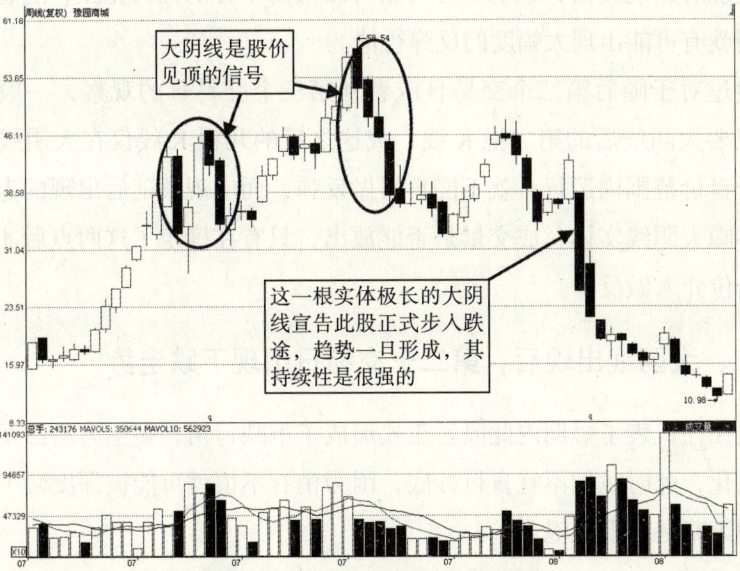

图 6-17　豫园商城周 K 线走势图

第六节　大阴线出现后如何规避风险

由于大阴线往往预示着风险，因而，当其出现时我们要注意防范，结合前面对于大阴线出现在趋势运行不同阶段的分析，笔者总结了大阴线出现后，投资者应如何根据随后几个交易日的个股运行情况进行风险规避。

一、大阴线出现后，第二个交易日出现了上涨走势

股票经过前一个交易日收出了 5%以上的大阴线后，若第二天出现了上

涨，这往往是对昨天大幅下跌的一次修正，修正过后个股很可能就会再次下跌。此时，我们要关注上涨的深度和力度。所谓深度，就是切入大阴线的位置，一般有1/3、1/2、2/3，理想是达到2/3，因为它代表了多方有意发动反攻，是一种股价止跌反弹的信号，若上涨得太少（比如在1/2以内），则证明多方力量有限，个股在短期的修正之后就可能会在空方力量的再次打压下出现下跌走势。所谓力度，就是说上涨时的量能，通过量能可以判断多方的实力，上涨时出现放量，证明多方力量可以抵御空方的强大抛压，随着空方力量减弱就有可能出现大幅度的反弹行情。

通过对于随后第二个交易日或者到第三个交易日的观察，一般的策略是：只要大阴线后的第二根K线，或这之后的几根K线仅在大阴线的收盘价和开盘价范围内运行，就不能盲目做反弹，而应观察随后出现的走势能否向上吞噬大阴线实体、成交量是否能放出，只有在确定了这两点后才可以以少量仓位介入做反弹。

二、大阴线出现后，第二个交易日出现下跌走势

这往往代表了短期内此股已正式形成了下跌行情，多空力量已发生了本质的变化，此时我们不宜盲目抄底，因为稍有不慎就可能被深度套牢，这时最好的策略是持币观望。

三、大阴线出现后，随后两个交易日出现了横盘走势

这种走势也是典型的空方力量强大的表现，由于大阴线的出现会让很多市场上的筹码成为套牢盘，这些套牢盘由于资金被套，因而不愿主动卖出，多是希望市场能出现一波反弹，然后择机在相对高点位卖出，以减少损失，但市场未必会给他们这样的机会。或者是在主力的抛压下、或者是在市场整体低迷的带动下，由于没有买盘积极介入，此时少量的抛盘就可以让股价再次下跌，而这些套牢盘很可能会由于恐慌情绪在后期的下跌中割肉抛出，从而扮演了空头主力的角色。为了要抵挡这些获利盘的抛出、同时又要让股价不跌，一般来说，大阴线出现后，随后两个交易日出现横盘走势。我们的操作策略是：只要大阴线后的第二根K线，或这之后的几根K线在大阴线的收盘价下方运行，就坚决卖出，积极做空。

四、大阴线出现后，随后两三个交易日内上涨突破了大阴线的开盘价

大阴线出现本是空方力量充足、强大的表现，但大阴线出现后，没有引发空方的做空心态，反而带动了更多的多方进行积极买进，由此可见，这是短期内市场人气旺盛、多头气氛浓郁的结果。此时，我们就应顺势而为，而不应该仅仅凭一根大阴线的出现就去抛出手中所持股票。我们的操作策略是：只要大阴线出现后的第二根 K 线，或这之后的几根 K 线（甚至更长一段时间的 K 线）向上突破了大阴线的当日的开盘价，就要积极做多，不应放走大阴线下难得的反弹或反转机会。

第七章　组合 K 线实战解析

第一节　其他单日 K 线形态实战

我们在第五章和第六章中分别讲解了大阳线与大阴线这两种最为重要的单日 K 线形态，本节中我们将结合实例继续讲解其他形态的单日 K 线形态，在理解这些形态时读者特别要注意：相同的形态出现在个股运行的不同阶段往往代表了不同的市场含义。

一、上影阳线实战解析

上影阳线虽然代表了全天多空的交战结果是以多方胜利结束，但是一个长上影线的出现，同时也代表了多方力量开始转弱、空方力量开始加强，特别是这一形态出现在阶段性高点时，它往往是股价短期下跌的信号。

图 7-1 为中国铁建（601186）2009 年 4 月 3 日至 8 月 6 日期间走势图，当此股经历了一波缓升之后，股价处于阶段性的相对高位区，如图标注，在此出现了一个长上影的上影阳线，且在这一根上影阳线出现前还有一个彰显空方力量强大的长实体大阴线出现，这两种方式的单日 K 线形态都是股价短期即将下跌的信号，二者互相验证，可以为我们的短线操作提供更为可靠的保证。图 7-2 是中国铁建在这根阶段性高点的上影阳线出现之后的走势图，从图中可以看到此股短期下跌幅度不小。

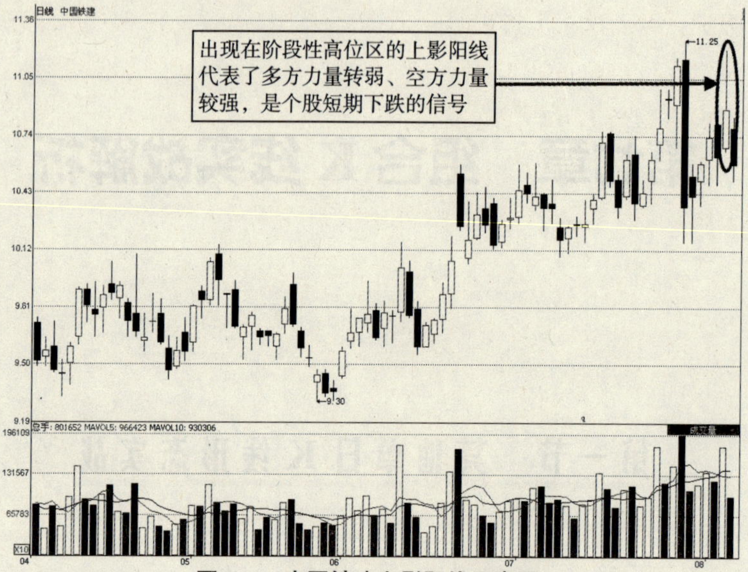

图 7-1 中国铁建上影阳线示意图

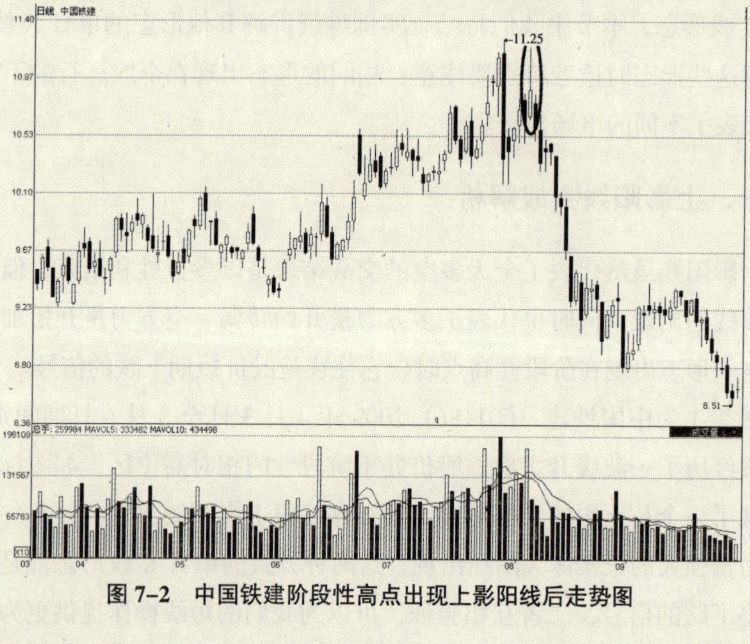

图 7-2 中国铁建阶段性高点出现上影阳线后走势图

图 7-3 为大唐发电（601991）2009 年 1 月 7 日至 6 月 1 日期间走势图，如图标注，一个跳空高开的上影阳线出现在股价反弹之后，同时出现了成交量的单日大幅放出，这根上影阳线可以说是出现在一轮反弹中的阶段性高点上，它虽然代表了多方开始发力上攻，但是长长的上影线却体现出了空方力

量仍然强大，因而这根上影阳线后的走势应是以震荡回调为主。考虑到上股前期跌幅巨大，目前正处于低位止跌盘整区，因而这种上影阳线后的回调只能是暂时的，是为多方后续发起攻击再一次储备力量的过程，随着多方力量的再一次增强，此股的中线走势仍将是向上的。在具体买卖操作上，投资者可以在上影阳线之后的回调整理中积极吸纳，并做中线布局。

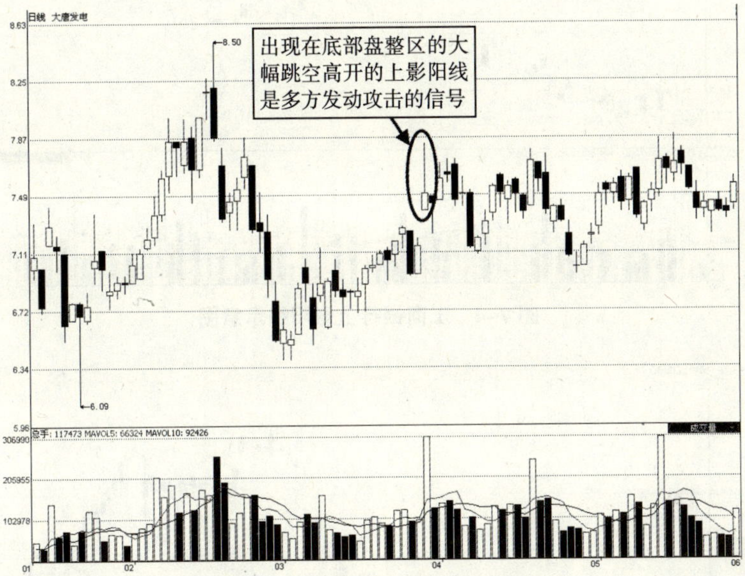

图 7–3　大唐发电上影阳线示意图

图 7–4 为工商银行（601398）2009 年 3 月 2 日至 7 月 3 日期间走势图，如图标注所示，在一轮大幅上涨的后期，此股出现了一根上影线很长的上影阳线形态，这是多方在拉升过程中遭遇空方强大抛压的信号，也是空方能量开始大量释放的信号，因而是这一轮上涨行情结束的标志。在实际操作中，投资者应尽快卖出保住利润，而不应去猜测此股短期内是否还会再创新高，判断此股在这根上影阳线出现后，短期能否再创新高已经超越技术分析层面，它属于运气成分。

图 7–5 为此股在这一上影阳线出现后的股价走势图，从图中可以看到，在短暂的横盘停留后，股价便掉头向下，且跌幅不浅。

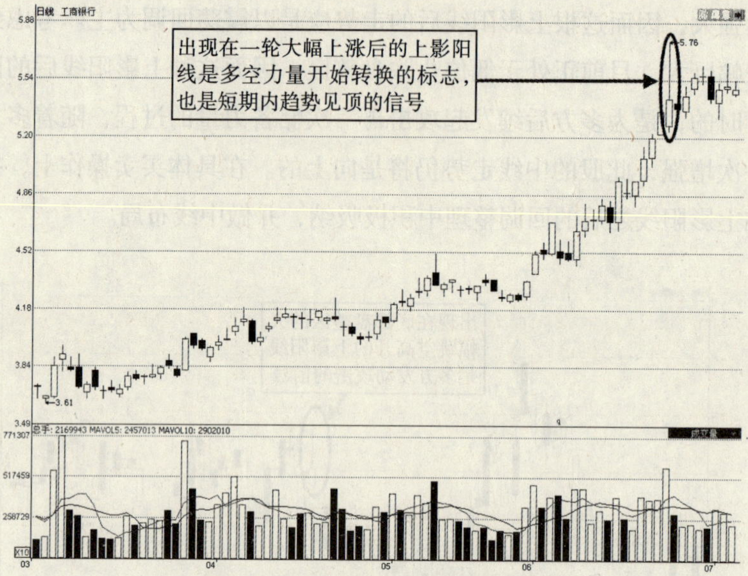

图 7-4 工商银行上影阳线示意图

图 7-5 工商银行出现上影阳线后走势图

二、下影阳线

下影阳线中的下影线是空方打压的结果，但由于在全天交投结束后，多方后发制人，不仅收复了失地，而且收盘价几乎接近全天最高价，一般来说，这一 K 线形态所暗含的多头信息要明显强于上影阳线。

图 7–6 为皖维高新（600063）2009 年 1 月 4 日至 5 月 13 日期间走势图，由于此股在 2008 年跌幅巨大，因而此股在此期间正处于低位区的缓慢上涨势头中。随着小阳线的不断出现，股价重心缓慢上移，移动平均线呈现出多头排列特征，种种迹象都表明此股已经完全走出跌势，趋势已然反转，在 2009 年 1 月 4 日之前此股已出现止跌企稳的走势，2009 年 1 月 4 日至 5 月 13 日这段时间此股开始慢慢步入上升趋势，但却没有走出明显的上升行情，如图标注所示，一根单日下影阳线的出现，打破了这种股价重心缓慢上升的走势，股价有向上突破的意图。

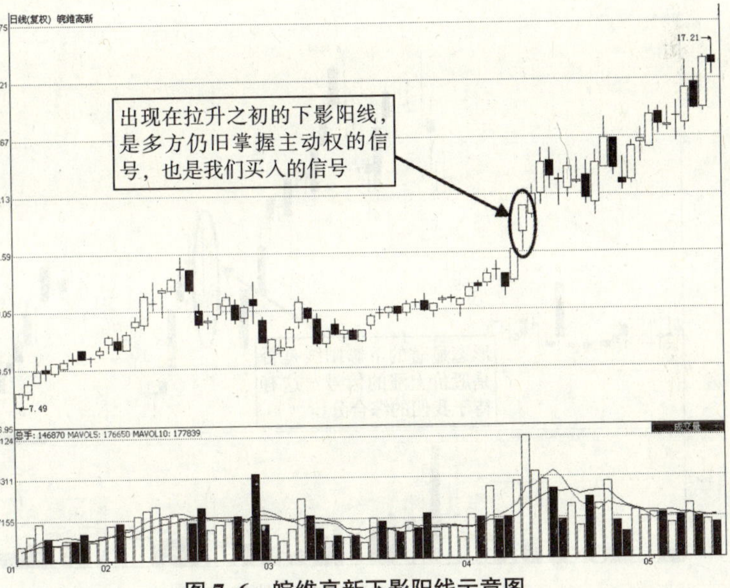

图 7–6　皖维高新下影阳线示意图

下影阳线出现的当日，股价创出了阶段性新高，同时成交量出现放大。前面我们说过“下影阳线所暗含的多头信息要明显强于上影阳线”，它是多方力量充足的表现。虽然下影线的出现代表了当天出现了不少的获利抛盘，但在收盘前多方仍然将主动权把握在手里，而且这种形态出现在一轮拉升的起步阶段，因而，这根下影阳线的出现是我们短线买入的信号。如图 7–6 所示，可以看到，在这根个股拉升之初出现的下影阳线之后，股价出现了一波明显的上涨，涨幅达 30%。

虽然下影阳线具有很强的多头信息，但是它的出现也并非都意味着多方将发力、股价后势看涨。因为下影阳线这一形态很“漂亮”，它的出现往往可以产生“诱多”的功效，因而主力有时就会刻意制造这一形态以引诱投资者入局，这时的下影阳线非但不是买入的信号，反而是卖出的信号。

图 7–7 为鄂尔多斯（600295）2009 年 6 月 11 日至 9 月 30 日期间走势图，此时的股价为 15 元左右，相对于前期底部的 6 元价位区已有不小的涨幅。如图 7–7 标注所示，在一轮下跌之后出现了一个实体很长的下影阳线，我们所要分析的是这一根下影阳线是多方将要发起反击收复失地（即股价随后上涨）的信号，还是多方虚晃一枪、股价继续下跌的信号？

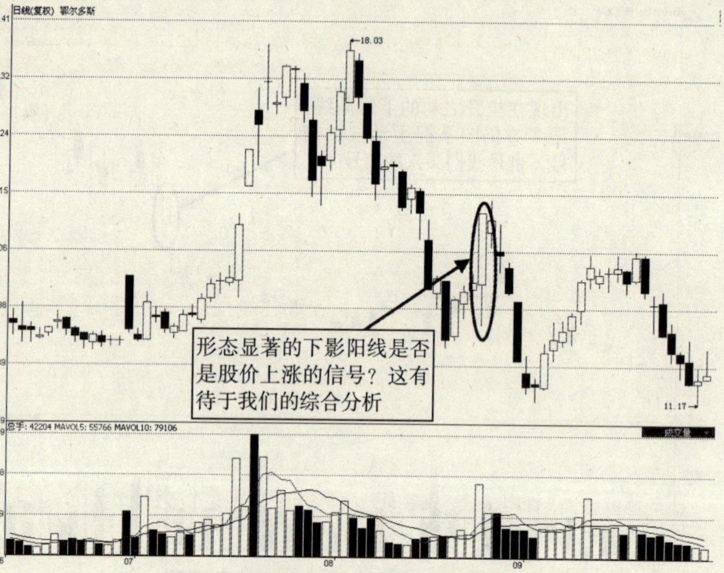

图 7–7　鄂尔多斯下影阳线示意图

在不考虑主力的因素下，首先我们可以从形态上入手，这一根下影阳线的实体以及下影线无疑都是很长的，虽然长长的影线及实体意味着多方力量的充足，但也说明空方的力量不可小视，而且此股目前并非处于低位区，市场上存在着很多的获利盘，长下影及长实阳的下影阳线在当天过度地消耗了多方的能量，股价在随后是难以再度大幅上涨的。

其次从主力的角度来考虑，如果这一下影阳线是主力刻意制造出来的，则我们就不能认定它多头含义了。图 7–8 为鄂尔多斯下影阳线出现当日的分时线走势图，从图中可以看到在上午的交投过程中，股价始终运行于均价线下方，走势疲软，空方力量很强大，而这一情况在午后出现了明显的变化，在主力的大力拉升下，股价持续上涨，并且在收盘前封于涨停板。值得注意的是收盘前的股价走势，从图中我们可以明显看到主力在收盘前刻意拉抬股价的行为，可以说这一根下影阳线有很大的“水分”在内，它与主力的刻意做收盘价是密不可分的，因而，我们不能认为它具有十分明确的多头含义。

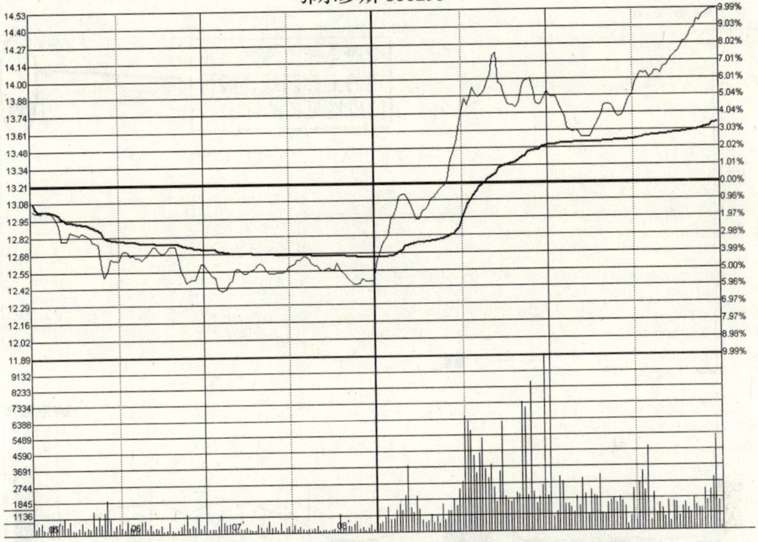

图 7-8　鄂尔多斯下影阳线出现当日分时线走势图

通过以上分析，我们可以认为这根下影阳线具有明显的空头含义，不仅不是我们买入的信号，反而是我们短期内抛出的信号。由此可见，当一根形态明确的下影阳线出现后，我们万不可贸然做多，而应仔细分析再做决定。

三、上影阴线

上影阴线的出现代表在全天交易结束后，虽然多方曾发起过攻击，但最后获胜的仍是空方。这种形态经常出现在一波上涨后的阶段性高点，它的出现往往意味着市场抛压较重、个股短期内面临回调的压力；如果这种形态出现在个股累计涨幅巨大之后，则很可能是趋势反转的信号。

图 7-9 为天业股份（600807）2009 年 6 月 5 日至 8 月 26 日期间走势图，从图中可以看到此股在此期间出现的急速上涨，这种上涨与此股所发布的利

好消息有关，但消息内容并不是我们关注的重点。从图中标注可以看到，在此股经一波急速上涨之后，出现了一个上影线很长的上影阴线 K 线形态，这一形态的出现预示着市场的获利盘开始大量涌出，是市场抛压沉重的表现，考虑到此股此时的价位相对于前期的底部价位而言，已出现的巨大的累计涨幅，因此这一上影阴线很有可能是此股上升趋势见顶的标志，投资者此时应根据这一形态尽快抛出获利筹码、保住利润。

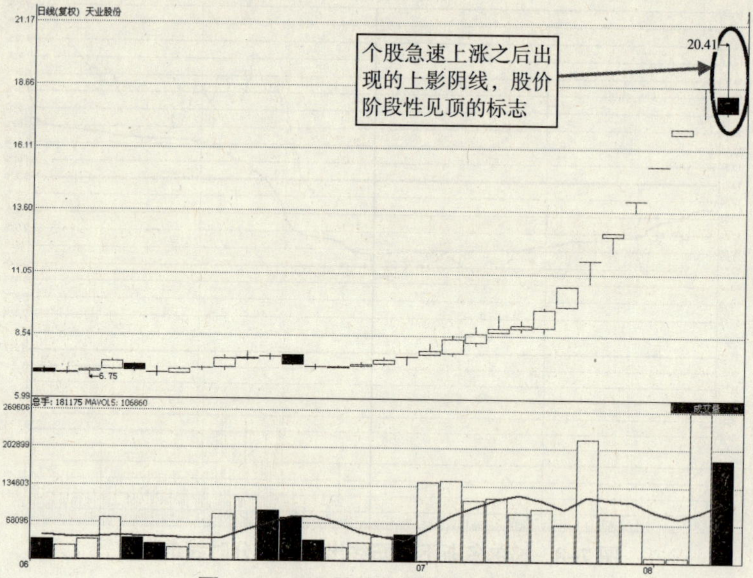

图 7-9　天业股份上影阴线示意图

图 7-10 为此股上影阴线出现后的股价走势图，从图中可以看到在这根上影阴线之后，股价是一路下跌并伴以放大的成交量，盘面迹象显示这种连续的下跌并不仅仅是由于市场获利盘抛出导致的，更大的原因来自于主力资金的出逃，可以说，上影阴线这一形态对股价后期出现的走势起到很好的预示作用。

图 7-11 为杭州解百（600814）2009 年 2 月 25 日至 5 月 27 日期间走势图。此股在此期间刚刚走出底部区，处于缓慢上升的走势之中，累计涨幅较小。从图中标注可以看到，在缓慢上涨过程中的一个相对高点出现了一个上影阴线，同时出现单日放量的情况，这说明股价在上涨过程中遇到了一定的获利抛盘阻挡，预示着股价暂时性的回调。考虑到此股累计涨幅较小，且目

前仍处于缓慢上涨的趋势之中，趋势一旦形成就有着强大的惯性，因而这根上影阴线并不代表趋势已发生反转，它只代表了上升趋势中将要出现的一波回调，回调后的相对低点就是投资者介入的好机会。

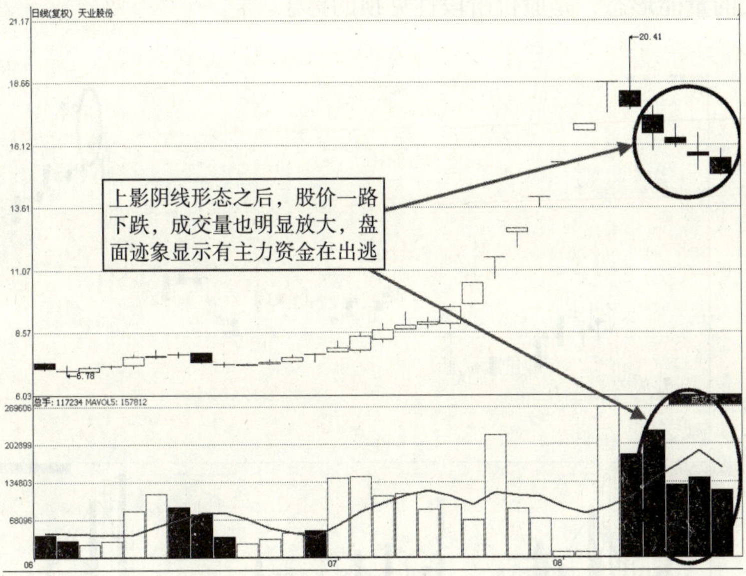

图 7–10　天业股份上影阴线出现后的走势图

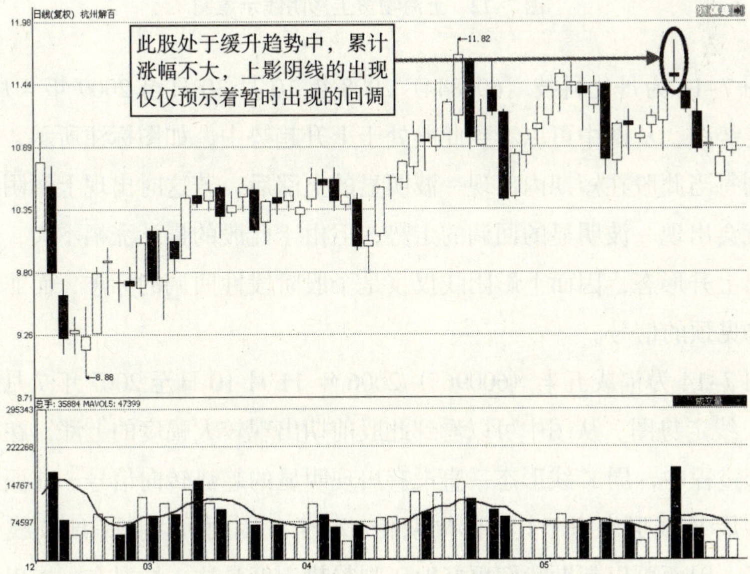

图 7–11　杭州解百上影阴线示意图

图 7-12 为上海物贸（600812）2009 年 1 月 21 日至 6 月 26 日期间走势图，从图中可以看到在上影阴线出现前此股出现了一波急速上涨，而在此之前此股的总体运行趋势是上涨，这一根出现在急速上涨之后的上影阴线并伴以放大的量能形态，是股价阶段性见顶的标志。

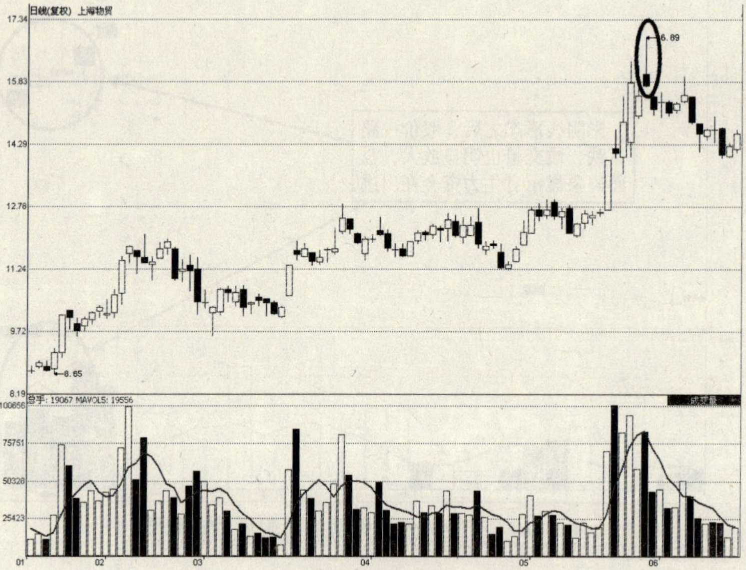

图 7-12　上海物贸上影阴线示意图

图 7-13 为丹化科技（600844）2008 年 10 月 30 日至 2009 年 4 月 24 日期间走势图，从图中可以看到此股处于上升趋势中，如图标注所示，我们可以看到每当此股在短期内出现一波明显的上涨后，若这时出现上影阴线，则随后就会出现一波明显的回调的走势，但由于此股的累计涨幅不大，且已然显现出上升形态，因而上影阴线仅仅是个股阶段性回调的标志，而非个股上升趋势见顶的信号。

图 7-14 为福成五丰（600965）2006 年 11 月 10 日至 2007 年 7 月 6 日期间周 K 线走势图，从图中可以看到此股前期出现较大幅度的上涨，在一连串的上涨过程中，周 K 线形态一直没有出现明显的趋势转向信号。前面我们介绍过，周 K 线形态由于其时间周期相对较长，因而可以抹平日 K 线形态上的杂音，因而可以帮助我们更好地研判趋势。但是这一情况在一连串的上涨后，被一根上影线极少的上影阴线单根周 K 线所打破（如图标注所示），且

在这一根上影阴线出现时，成交量明显放大。周 K 线走势可以很好地让我们看清趋势的发展，也可以让我们看清趋势的转向。上影阴线的出现无疑是趋势转向最为明确的信号，它是空方开始持续抛售、多方已无力再次拉升的信号。

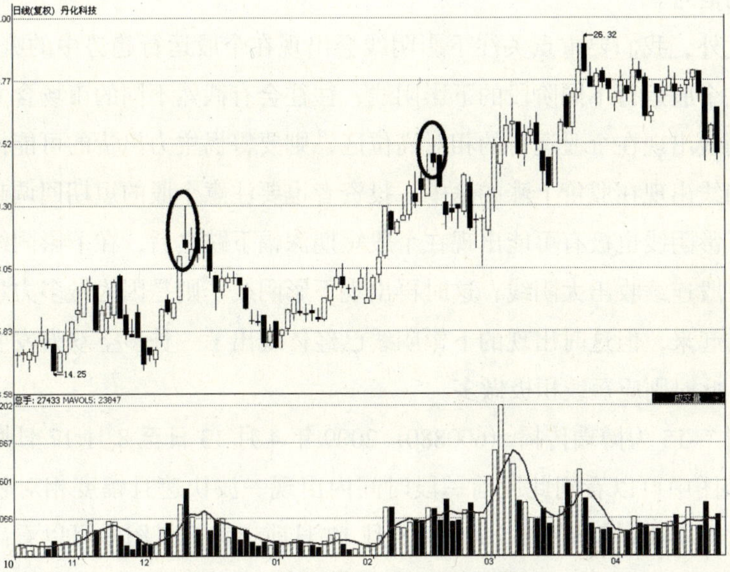

图 7–13 丹化科技上影阴线示意图

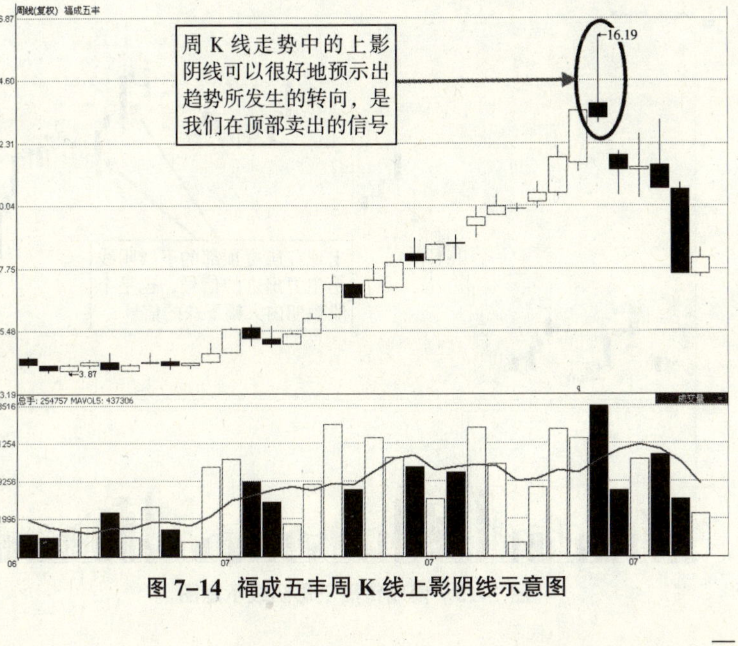

图 7–14 福成五丰周 K 线上影阴线示意图

四、下影阴线

下影阴线多是一种短期看空的 K 线形态，一旦出现则应引起关注，特点是当阴线实体较长而下影线短线的时候，更应值得注意，因为这是空方力量强大的信号。

此外，我们要重点关注下影阴线会出现在个股运行趋势中的哪一阶段，出现在个股运行不同阶段的下影阴线，往往会有截然不同的市场含义。如果下影阴线出现在个股运行的相对高位区，则要警惕主力出货的可能性；而当下影阴线出现在股价上涨的途中，投资者也要注意个股的短期回调趋势；此外，下影阴线也极有可能出现在个股短期深幅下跌之后，在下影阴线出现之前，个股连续收出大阴线，这时再出现下影阴线，则是因为做多力量没有马上集结起来，但这时出现的下影阴线已经体现出了一种多空双方发生转变的信号，此时则应短线积极做多。

图 7–15 为博瑞传播（600880）2009 年 4 月 13 日至 8 月 17 日期间走势图，从图中可以看到此股前一段时间内出现一波快速且幅度相对较大的上涨。从图 7–16 博瑞传播 2009 年 8 月 17 日前走势全景图中可以看出，2009 年 8 月 17 日的股价处于历史走势中的顶部区运行。图 7–15 中箭头所指，在

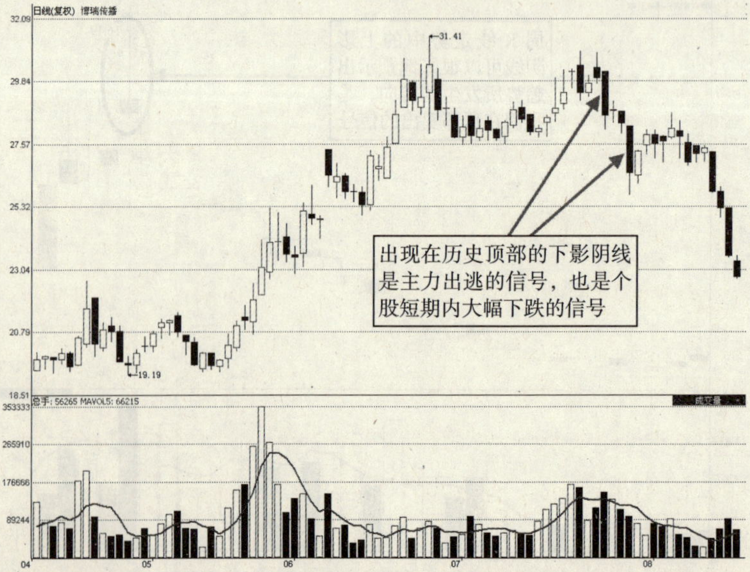

图 7–15 博瑞传播下影阴线示意图

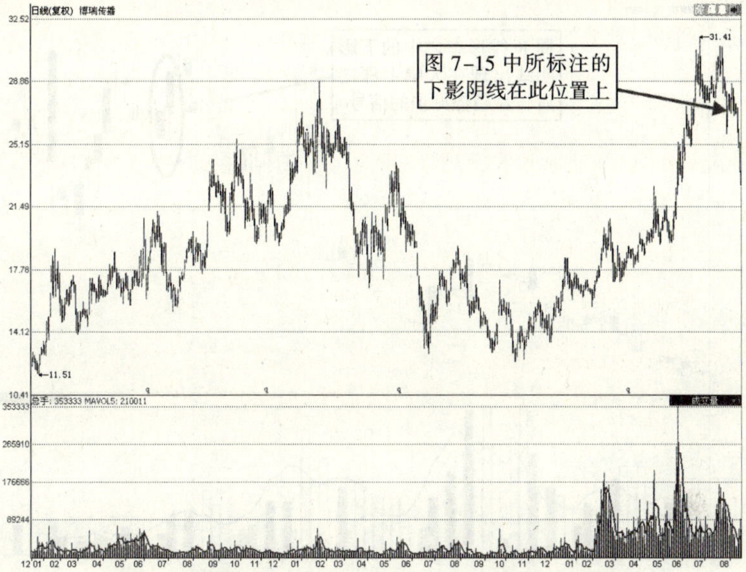

图 7-16 博瑞传播 2009 年 8 月 17 日前走势全景图

这一历史的顶部区中，两根实体较长的下影阴线使得股价出现了下跌，且在下影阴线出现当日其成交量并没有减少，这既是市场抛压沉重的表现，也是个股即将下跌的信号。两根实体极长的下影阴线的出现绝非偶然。结合股价所处位置，我们可以认为这两根下影阴线的出现是主力大力出货且维护股价不积极的表现，因而对于此股未来的走势，我们应保持高度警惕。

图 7-17 为文山电力（600995）2006 年 11 月 24 日至 2008 年 5 月 30 日期间周 K 线走势图，此股在此期间由于 2007 年整体性牛市的带动，出现了巨幅上涨。如图 7-17 标注所示，在巨幅上涨后，股价开始出现滞涨，并且连续两周出现了实体较长的下影阴线形态，这是市场获利盘、主力资金开始持续出逃、多方无力护盘或再次拉升的盘面信号。考虑到此股前期的巨幅上涨，以及目前的滞涨的走势，我们有理由认为此股已结束了上升趋势，正在构筑顶部形态，周 K 线形态之中下影阴线向我们展示空方的抛售筹码的持续性，以及多方在很长一段时间无法有效反击的弱势性，这是趋势见顶的信号，也是提示我们尽快卖出的信号。

图 7-18 为中国中铁（601390）2008 年 6 月 3 日至 11 月 25 日期间走势图，此股在 2007 年及 2008 年上半年出现较大幅度的下跌，并且在 2008 年 6 月至 10 月期间出现了止跌企稳的走势，如图标注所示，在 2008 年 10 月末

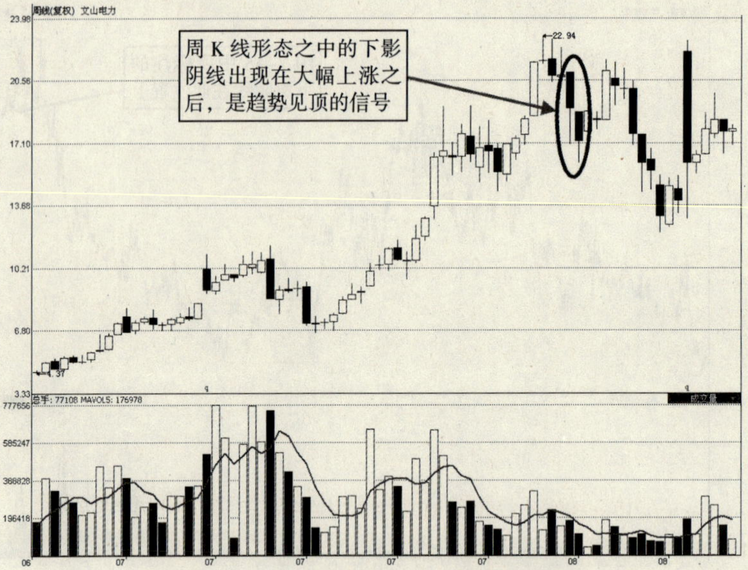

图 7–17　文山电力周 K 线下影阴线示意图

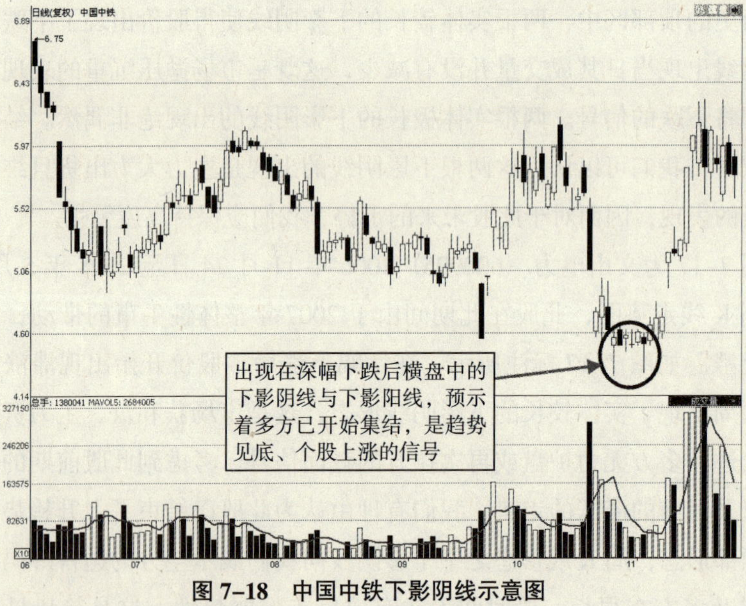

图 7–18　中国中铁下影阴线示意图

的一波快速下跌后，此股出现了短期的横盘走势。在这种横盘走势中，有两个单根 K 线形态是值得我们注意的：一个是下影阳线，一个是下影阴线。这两个单根 K 线中的下影线说明，即使股价处于如此的低位，市场上仍然存在着一定的抛压，但是在这两根下影线出现后，股价并没有下跌也没有上涨，说明多方力量已可能有效地阻挡了市场的抛盘，但是却没有快速集结起来发动攻击，可以预料的是，目前市场上的做空动能已开始转弱，而做多动能却开始转强，是股价上涨的信号。

五、十字星

十字星是一种极为常见的 K 线形态，它在趋势运行的各个阶段都会常常出现。如果说上影阴线更多地出现在个股一波急速上涨之后，下影阴线更多地出现在趋势开始反转向下时，那么对于十字星经常性的出现时机，我们很难给出确切的回答。出现在上升趋势或下跌趋势途中的十字星，其实战意义不大；但是出现在顶部滞涨区及底部止跌区的十字星则具有很强的实战意义，这时的十字星往往预示着市场到了一个转折点。当十字星出现在持续下跌末期的低价区，称为希望之星，这是见底回升的信号；出现在持续上涨之后的高价区，称为黄昏之星，这是见顶转势的信号。此时投资者要密切关注，及时调整操盘的策略，做好应变的准备。

图 7-19 为北辰实业（601588）2007 年 10 月 25 日至 2008 年 1 月 30 日期间走势图，此股在 2007 年上半年出现了巨大涨幅，此后一直在高位区反复震荡，并且在 2007 年 10 月 25 日后出现了一波大幅反弹的走势，如图标

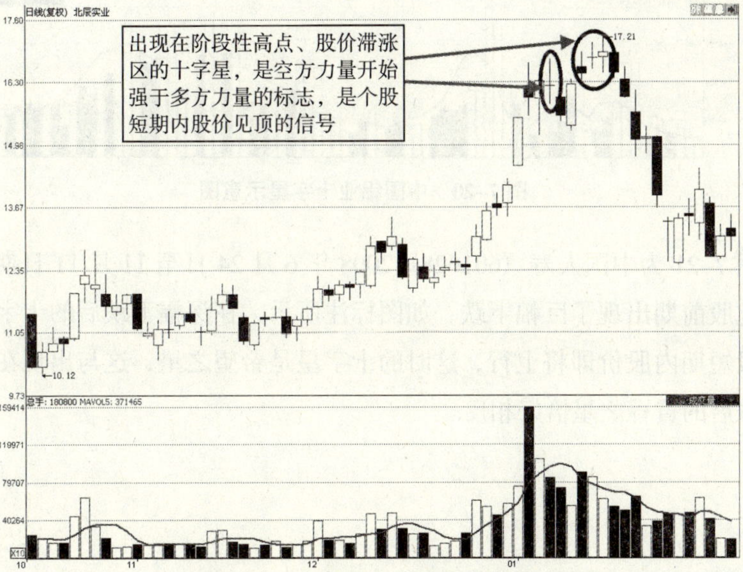

图 7-19　北辰实业十字星示意图

注所示，在一波大幅反弹后，出现了股价滞涨的走势，这时多次出现十字星形态，这是个股短期内见顶的标志。由于十字星出现之后，此股处于反弹上升的走势之中，此股在上升过程中是一个多方力量加强、空方力量减弱的过程，十字星的出现预示着多方力量已经开始不再占优，是空方力量已开始强于多方力量的信号，这时的十字星往往预示着市场到了一个转折点，投资者应积极卖出。

图 7-20 为中国铝业（601600）2009 年 4 月 29 日至 8 月 20 日期间走势图，如图标注所示，在此股经历了一波明显的上涨之后，股价出现滞涨迹象，且多次出现十字星形态，这是个股股价短期见顶的标志。

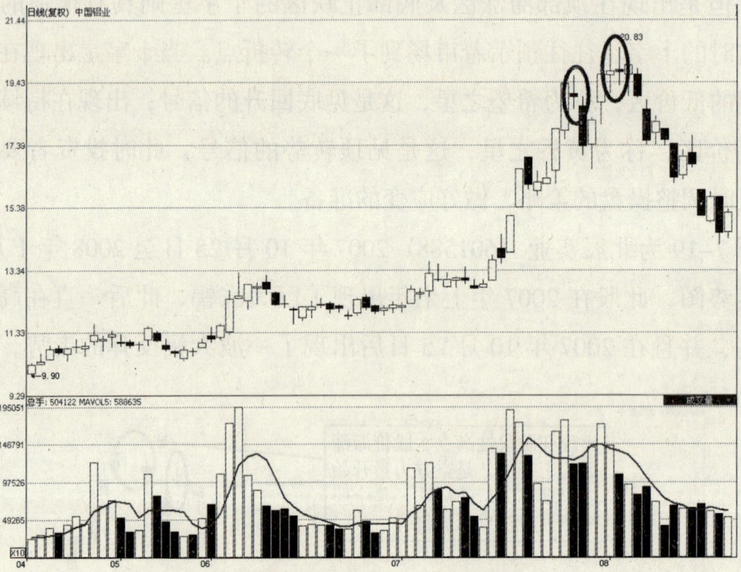

图 7-20　中国铝业十字星示意图

图 7-21 为中国人寿（601628）2008 年 6 月 24 日至 11 月 11 日期间走势图，此股前期出现了巨幅下跌，如图标注所示，在深幅下跌后的十字星预示了个股短期内股价即将上行，这时的十字星是希望之星，这与出现在一波急速上涨后的黄昏之星恰好相反。

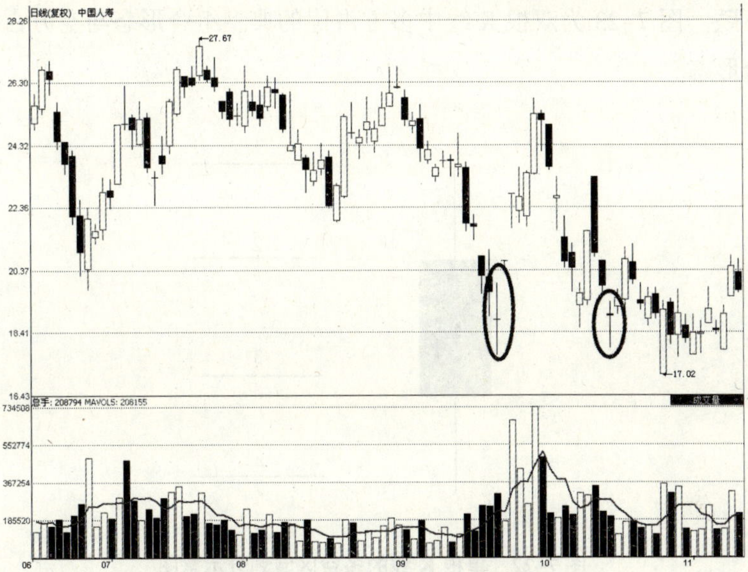

图 7-21　中国人寿十字星示意图

第二节　双日 K 线形态实战

一、如何使用双日 K 线形态

在 K 线组合中，两根 K 线的组合情况非常多，但是我们并没有必要去记住每一种组合的含义，我们所要了解的是方法，是解读两根 K 线组合形态含义的方法。

在研判两根 K 线形态所包含的市场含义时，我们是以两根 K 线的相对位置的高低和阴阳来推测行情的。我们先用数字将第一根 K 线（即第一个交易日的 K 线）划分成五个区域，图 7-22 单根 K 线的多空区域划分示意图，从区域 1 到区域 5 是多方力量减少、空方力量增加的过程。

第一根 K 线是判断行情的基础，而第二根的 K 线是判断行情的关键。一般来说，这两根 K 线所包含的市场信息就体现在它们的相对位置及阴阳情况上，如果第二个交易日中多空双方密集交投的区域越高，则越有利于后期上涨；反之，如果第二个交易日中多空双方密集交投区域越低，则越有利于后期下跌。图 7-23 为双根 K 线中多方占优的典型组合形态与空方占优的典型组合形态。

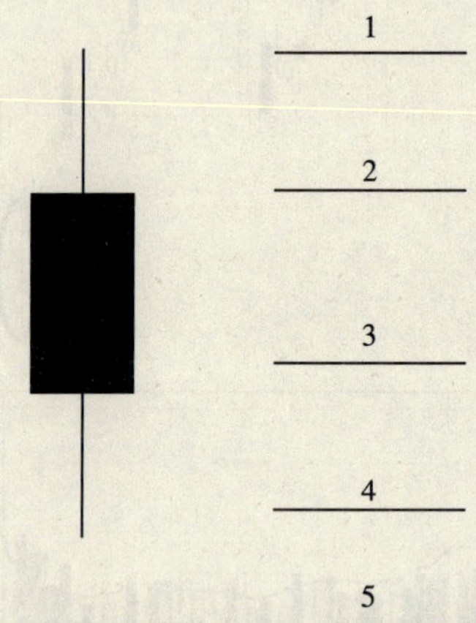

图 7-22　单根 K 线的多空区域划分示意图

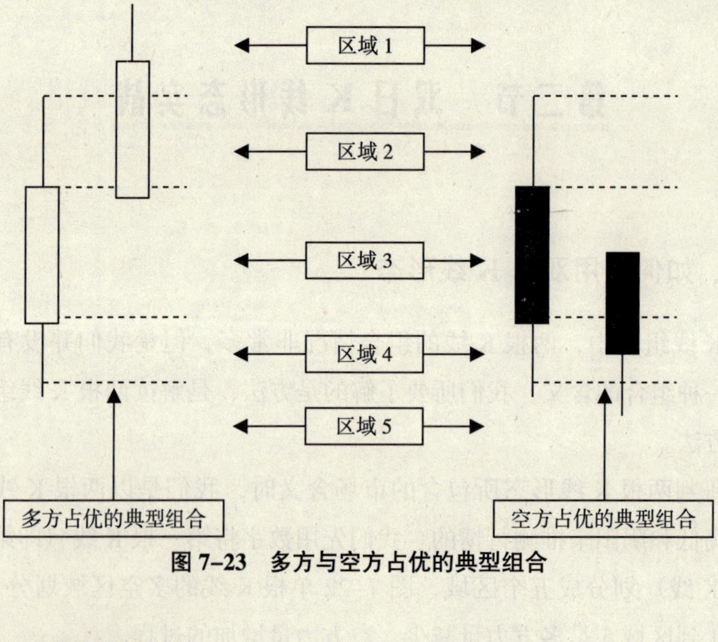

图 7-23　多方与空方占优的典型组合

二、乌云盖顶

乌云盖顶的英语名称是 "Dark Cloud Cover"，是一种看跌的 K 线组合。它往往出现在一波涨势之中（即出现这个形态之前的趋势是上涨的），由一根中阳线或大阳线和一根中阴线或大阴线组成，第二根 K 线应高开于第一根

K 线的最高价之上，但收盘价大幅回落，深入到阳线实体 1/2 以下处。

在乌云盖顶出现前，个股或市场整体虽然处于上涨趋势之中，但却已出现较大累计涨幅或出现了阶段性上涨过快的迹象。在涨势末期，出现一根大阳线是多方发动攻击的信号，第二天多方继续上攻，然而却引出大量的抛盘，这些抛盘或者来自于主力出货，或者是获利盘的集中涌出，使得收盘价收在当日最低处，或接近最低处，并明显地深深扎入了前一天实体内部。这意味着市场价格上升动力耗尽，多方在最后所发动的上攻以失败告终，空方开始占优。第二根阴线如同一块乌云压在上面，从而阻挡了个股的上涨。

图 7–24 为长城开发（000021）2009 年 6 月 18 日至 7 月 31 日期间走势图，此股前期累计涨幅巨大，并在一波急速上涨之后出现了乌云盖顶的双日 K 线组合形态（如图标注），这一形态的出现说明此时市场抛压较重，是一种看跌形态。

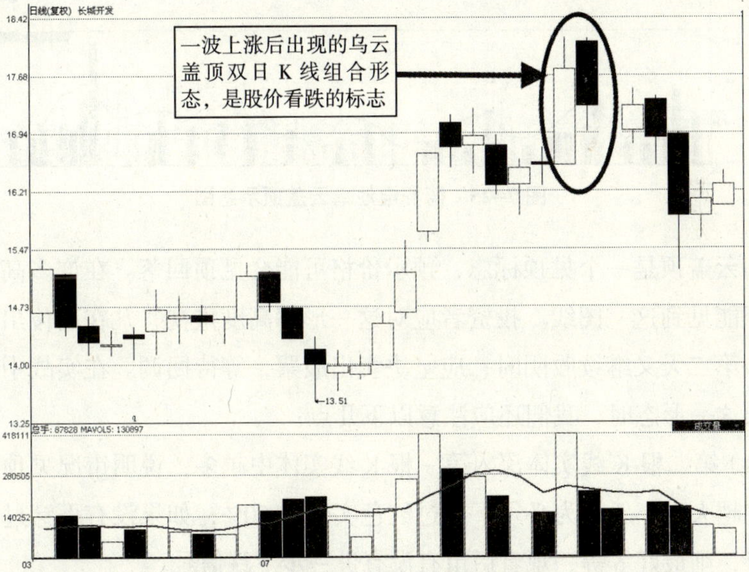

图 7–24　长城开发乌云盖顶示意图

图 7–25 为德赛电池（000049）2009 年 5 月 8 日至 8 月 20 日期间走势图，此股在前期一直处于上升趋势之中，相对于上涨前的底部而言，此时已有三倍涨幅，在高位长时间的横盘之后，出现了突破向上的走势，但这种突破能否打开个股上行的空间呢？这是一个真突破，还是主力为出货所刻意制

造的拉高出货骗局呢？K线组合形态给了我们明确的回答，如图标注所示，在股价刚刚向上突破时就出现了一个乌云盖顶的反转形态，且在第二根阴线出现时，成交量明显放大，这是市场空方力量强大的信号，因而，当这种形态出现时，我们有理由认为这次的突破是一次假突破。

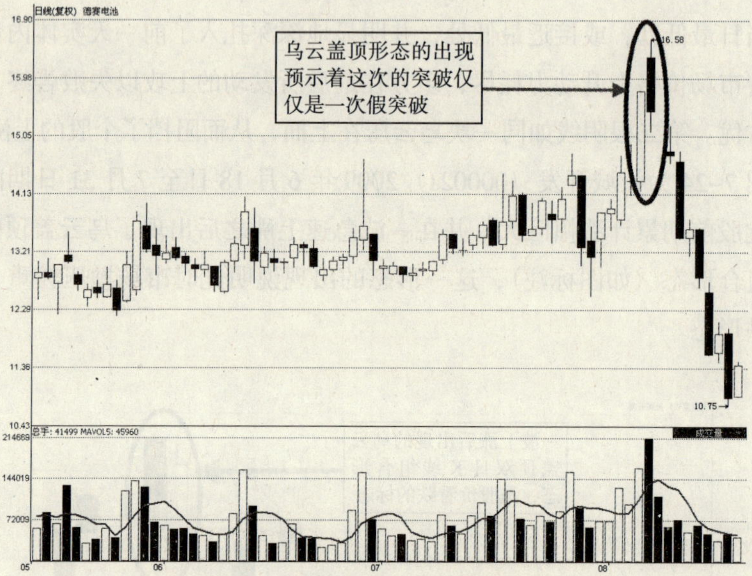

图 7–25　德赛电池乌云盖顶示意图

乌云盖顶是一个见顶标志，预示价格可能会见顶回落。在许多高价点位上，都能见到这一图线。投资者应对这一形态高度重视，凡在高位出现乌云盖顶，第二天又继续收阴时，应坚决卖出股票，等待回调。在实战中运用乌云盖顶这一形态时，我们还应注意以下几点：

（1）第二根K线实体深入第一根K线实体中越多，说明市况见顶回落的可能性越大。一般认为必须下穿过红色实体的50%；如果没有下穿过红色实体中点，则最好等等，观看后市有没有进一步下跌信号。

（2）第二根K线由于常常收出一根大阴线，说明多头上攻乏力，大势见顶的迹象已经显露。若乌云盖顶发生在一个超长期的上升趋势中，且第二根K线还是个光头光脚的大阴线，则反转下跌形态更加确立。

（3）关注第二根K线时的成交量。成交量越大，表示市场抛压越重，主力出货可能性越高，个股短期内股价见顶的可能性越大。

三、平顶线

平顶线，顾名思义，就是指两日 K 线中的最高价基本相同，除此之外，对 K 线的阴线或阳线、影线长短等均无明确要求，可以说，只要第一根 K 线的最高价与第二根 K 线的最高价基本持平，我们就可以称这两根 K 线的组合形态为平顶线。

平顶线这一形态是以最高价为出发点，它是用于研判个股短期内是否见顶的信号。当个股处于上涨趋势之中时，股价的走势应是一波高于一波。在局部运行过程中，这种“一波高于一波”的走势特征主要体现在第二个交易日的最高价应高于前一交易日的最高价，若第二个交易日的最高价无法高于前一交易日的最高价，则说明多方力量已经不足，股价开始出现滞涨迹象，这是短期内个股见顶的信号，正是基于这一原理，平顶线这一形态才能准确地解析个股短期内是否见顶。在实际运用中，我们主要考察个股在一波明显的上涨之后，其 K 线是否有平顶线这一形态出现。

图 7-26 为盐田港（000088）2009 年 2 月 11 日至 4 月 24 日期间走势图，从图中标注可以看到，在一波上涨之后，出现了两个最高价相同的 K 线组合形态，这就是平顶线组合。它的出现预示着多方已无力再次发动上攻，是股

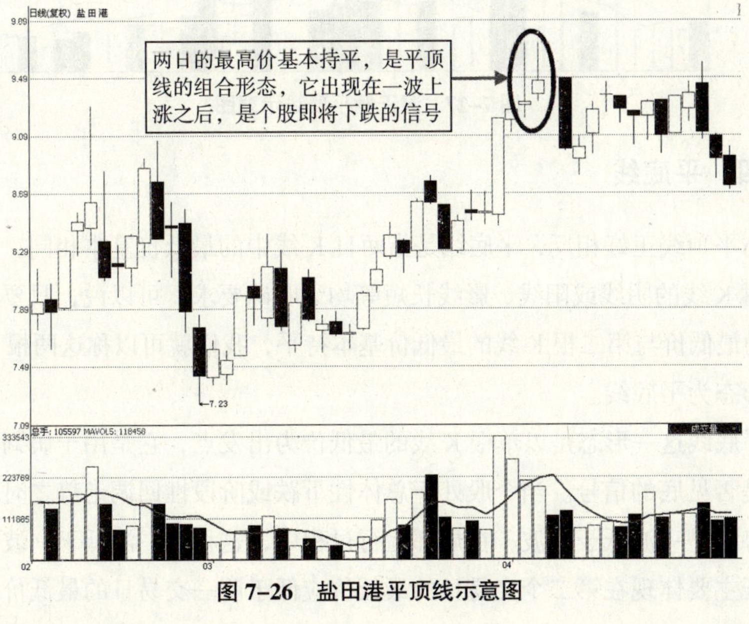

图 7-26　盐田港平顶线示意图

价短期内下跌的信号。

图7-27为深天健（000090）2009年6月12日至8月13日期间走势图，此股在前期出现了较大的累计涨幅，如图标注所示，在一波幅度较大的上涨之后出现了一个平顶线的K线组合形态，这一形态是上升趋势受阻、股价滞涨的标志，它的出现意味着个股短期内很可能会出现一波下跌，考虑到此股前期累计涨幅巨大，因而它的出现既是阶段性顶部卖出的信号，也是整体性顶部卖出的信号。

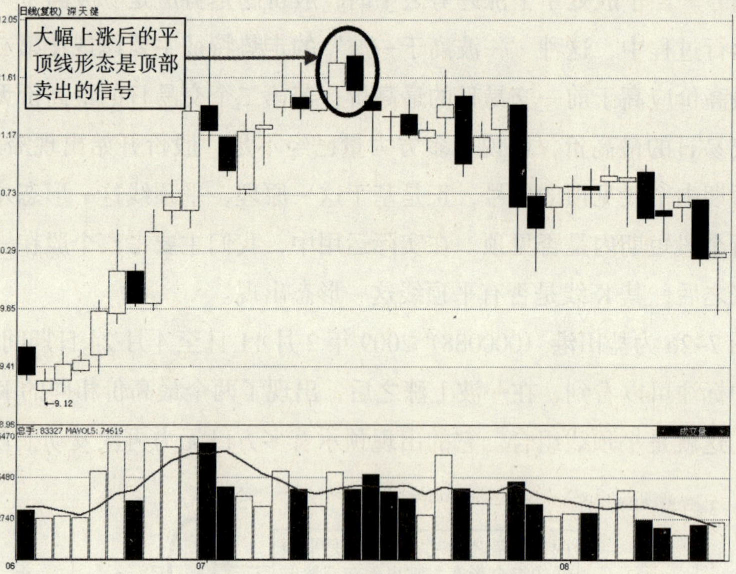

图7-27 深天健平顶线示意图

四、平底线

与平顶线正好相反，平底线是指两日K线中的最低价基本相同，除此之外，对K线的阴线或阳线、影线长短等均无明确要求，可以说，只要第一根K线的最低价与第二根K线的最低价基本持平，我们就可以称这两根K线的组合形态为平底线。

平底线这一形态是以单根K线的最低价为出发点，它是用于研判个股短期内是否见底的信号。当个股处于总体性下跌或阶段性回调走势之时，股价的走势应是一波低于一波，在局部运行过程中，这种“一波低于一波”的走势特征主要体现在第二个交易日的最低价应低于前一交易日的最低价，若第二个交易日的最低价无法低于前一交易日的最低价，则说明空方力量已经不足，股价开始出现止跌迹象，这是短期内个股见底的信号。正是基于这一原理，平底线这一形态才能准确地解析个股短期内是否见底。在实际运用中，我们主要考察个股在一波明显的下跌之后，其K线是否有平底线这一组合形态出现。

图7-28为华芳纺织（600273）2007年7月17日至2009年9月14日期间走势图，如图所示，在一波深幅下跌后，此股出现了平底线的双日K线组合形态，这一形态的出现是空方力量衰竭、后期走势看涨的信号。

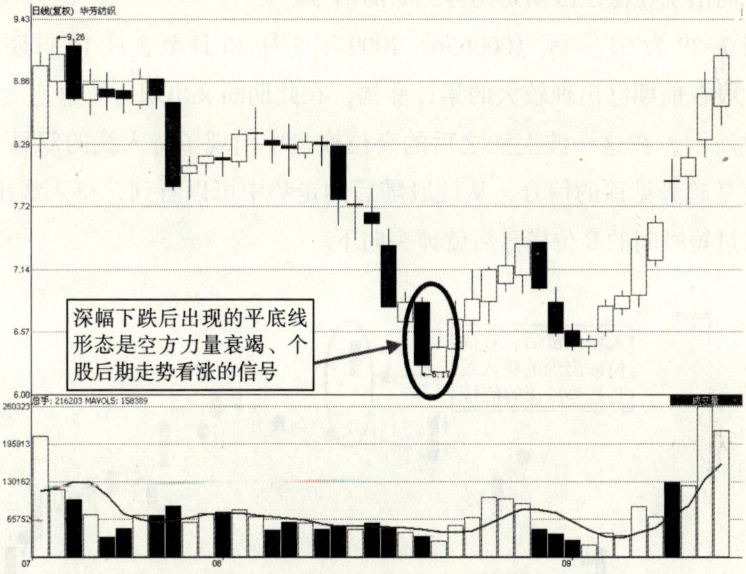

图7-28 华芳纺织平底线示意图

五、待入线、切入线、插入线

待入线出现的频率很高，当它出现在高位或低位时，是一种常见的趋势反转信号，出现在高位区的待入线是趋势见顶的信号，而出现在低位区的待入线是趋势见底的信号。在形态上，它是由在前面的一根大阴线和在后面的一根小阳线所组成，由于小阳线的收盘价低于前阴线的收盘价，与前阴线实体有一段距离，形成“待入”状态，故称之为待入线。待入线形态中前大阴线与后小阳线之间的缺口，主要是指两条图线实体之间形成的缺口，上下影线之间有无缺口，无关紧要。

与待入线形态相类似的还有切入线和插入线。切入线也是由一条大阴线和随后的一条小阳线组成，与待入线不同的是，切入线中的小阳线其收盘价应高于前一根阴线的收盘价，即后面的一根小阳线与前面一根大阴线显示出来一种“切入”状态。对于插入线来说，它后面的小阳线其开盘价要比待入线和切入线中的小阳线的开盘价开得低一些，收盘价收在前阴线实体内的位置要高一些，一般要求达到前阴线实体中心线以下附近的地方，但不能超过中心线。切入线与插入线的市场含义及使用方法与待入线基本相同，当它们出现在趋势不明朗的时候研判意义不大，当它们出现在高位区是趋势见顶的信号，而出现在低位区则是趋势见底的信号。

图 7-29 为 ST 方源（600656）2009 年 5 月 26 日至 8 月 14 日期间走势图，此股在前期已出现较大的累计涨幅，在此期间又出现一波急速上涨，如图标注所示，在这一波上涨之后的高位横盘中出现了待入线的双日 K 线形态，它是趋势见顶的信号，从此股随后的走势中可以看到，待入线出现后，个股经过短时间的高位横盘后就掉头向下。

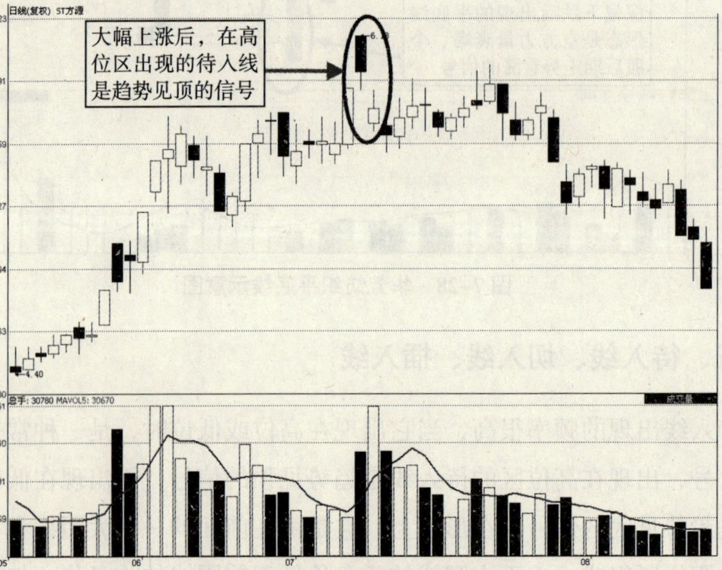

图 7-29　ST 方源待入线示意图

图 7-30 为西南药业（600666）2009 年 7 月 2 日至 8 月 28 日期间走势图，如图标注所示，在一波急速下跌后，此股出现了一个切入线 K 线组合形

态，这是个股短期内见底的标志，也是我们短线介入的好时机。

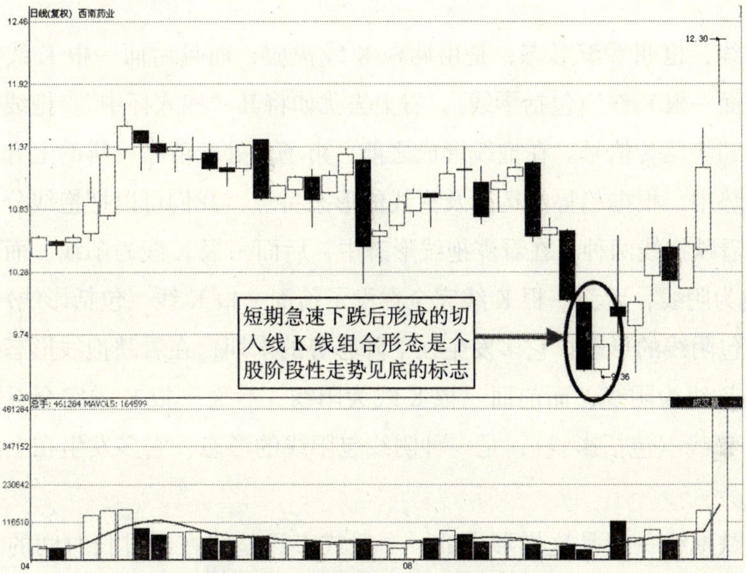

图 7-30 西南药业切入线示意图

图 7-31 为 ST 轻骑（600698）2009 年 7 月 9 日至 8 月 27 日期间走势图，如图标注所示，此股在经历了一波急速下跌后出现一个插入线 K 线组合形态，这是个股短期内见底的标志，也是我们短线介入的好时机。

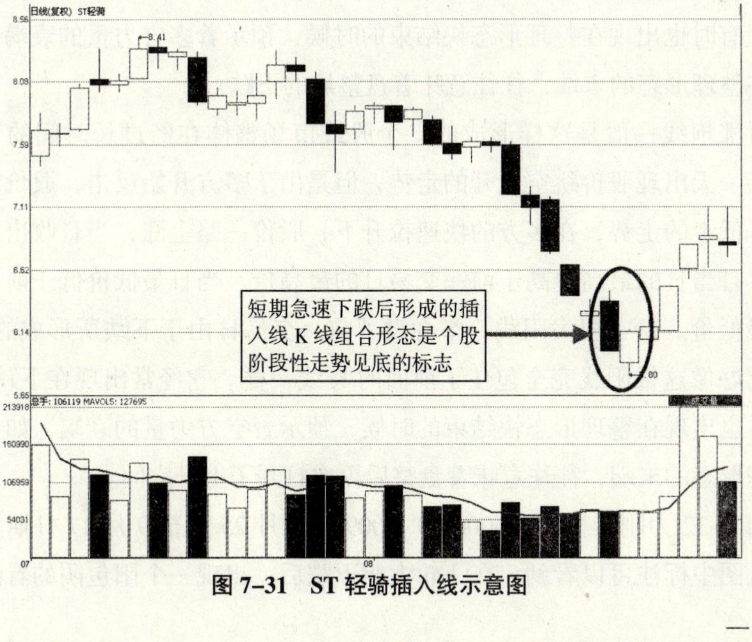

图 7-31 ST 轻骑插入线示意图

六、抱线

抱线，也叫吞没形态，是由两根K线构成，而且后面一根K线完全吞没了前面一根K线（包括影线），看上去犹如将其“抱入怀中”。抱线是一种常见的趋势反转信号。在抱线形成之前，市场多处于清晰可辨的上升趋势或下降趋势中，根据趋势的运行及抱线的形态特点，我们可以把抱线分为看涨抱线和看跌抱线两种。在看涨抱线形态中，后面一根K线为阳线，而前面一根K线为阴线，后面一根K线完全吞没了前面一根K线（包括影线），是一种阳线包阴线的形态，它多发生在下降趋势的末期；在看跌抱线形态中，后面一根K线为阴线，而前面一根K线为阳线，后面一根K线完全吞没了前面一根K线（包括影线），是一种阴线包阳线的形态，它多发生在上涨趋势的末期。

看跌抱线一般是这样形成的：个股或市场整体在经过长时间的上涨之后，某一天出现股价跳空高开的走势，但是空方的力量非常凶猛，股价没能出现高开高走的走势。在空方的快速打压下，股价一路下跌，当日收出一根大阴线，且当日的最高价高于前一交易日的最高价、当日最低价低于前一交易日的最低价。这一根大阴线一举吞没了前一交易日由于上涨所形成的阳线，形态上好像这根阴线完全包住了前面的K线一样。它经常出现在上涨末期，但有时也出现在整理形态快结束的时候，预示着多方力量的衰竭，如果出现在整理形态的末端，往往意味着盘整后的下跌。

看涨抱线一般是这样形成的：个股或市场整体在经过长时间的下跌之后，某一天出现股价跳空低开的走势，但是由于多方开始反击，股价没能出现低开低走的走势，在多方的快速拉升下，股价一路上涨，当日收出一根大阳线，且当日的最高价高于前一交易日的最高价、当日最低价低于前一交易日的最低价。这一根大阳线一举吞没了前一交易日由于下跌所形成的阴线，形态上好像这根阳线完全包住了前面的K线一样。它经常出现在下跌末期，但有时也出现在整理形态快结束的时候，预示着空方力量的衰竭，如果出现在整理形态的末端，往往意味着盘整后再次打开了上升空间。

图7-32为刚泰控股（600687）2009年5月25日至9月17日期间走势图，从图中标注可以看到，在一轮大幅下跌后，出现一个阳包阴的看涨抱线

的 K 线组合形态，这一形态的出现，是空方力量衰竭、多方力量开始反击的信号，它是个股下跌走势阶段性见底的标志，是我们买入的信号。

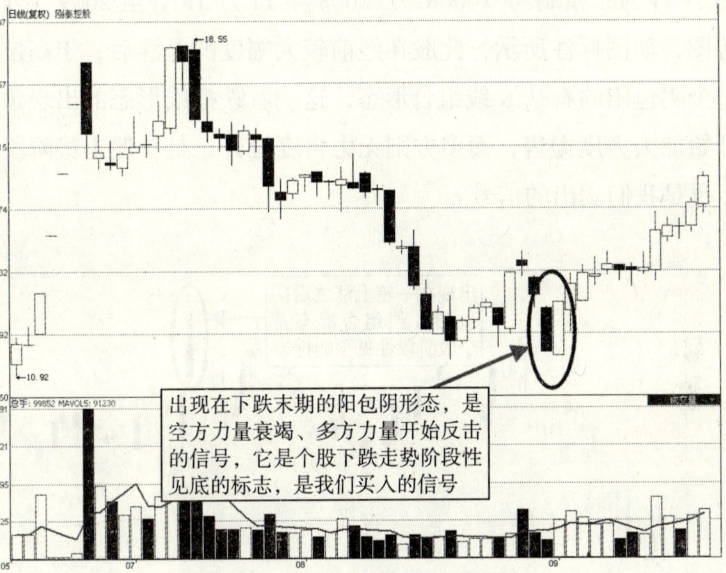

图 7-32 刚泰控股看涨抱线示意图

图 7-33 为工大首创（600857）2009 年 3 月 16 日至 6 月 15 日期间走势图，从图中此股走势中可以看出，在一轮快速下跌后，出现了看涨抱线的 K

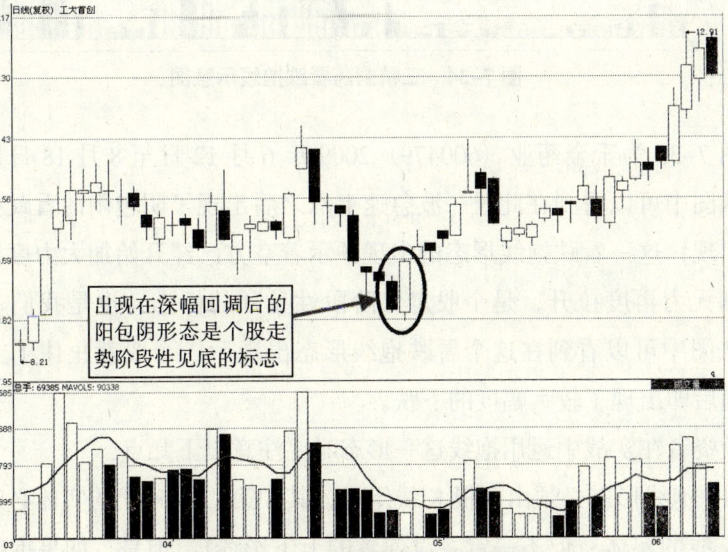

图 7-33 工大首创看涨抱线示意图

线组合形态，这一形态出现在一轮深幅下跌之后，是个股阶段性见底的标志，是买入的信号。

图7-34为三精制药（600829）2008年11月18日至2009年4月9日期间走势图，如图标注所示，此股在经前较大幅度的上涨后，于高位横盘区出现了一个阴包阳的看跌K线组合形态，这一看跌抱线形态的出现预示着空方已经开始加大力度抛售，而多方则无力再度拉升，是个股走势阶段性见顶的标志，也是我们卖出的信号。

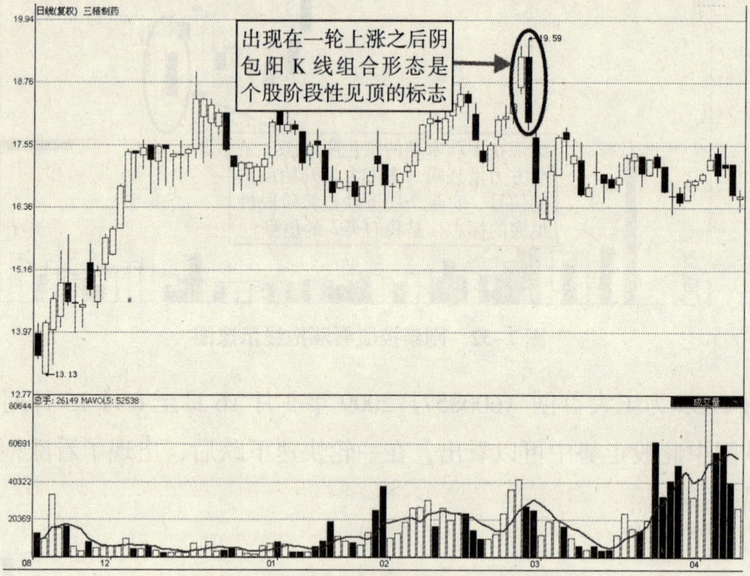

图7-34 三精制药看跌抱线示意图

图7-35为千金药业（600479）2009年6月12日至8月18日期间走势图，从图中可以看到在此股一波急速上涨之后出现了阴包阳的看跌抱线组合形态出现，这一看跌抱线形态的出现预示着空方已经开始加大力度抛售，而多方则无力再度拉升，是个股走势阶段性见顶的标志，也是我们卖出的信号。从图中可以看到在这个看跌抱线形态出现后，个股就止住了上涨的步伐，随后即出现了较大幅度的下跌。

投资者在实战中运用抱线这一形态时要注意以下几点：

（1）抱线形态必须由两根K线组成，其中第二根K线的实体必须覆盖第一根K线的实体（但不一定吞没前者的上下影线）。但是，如果抱线形态中

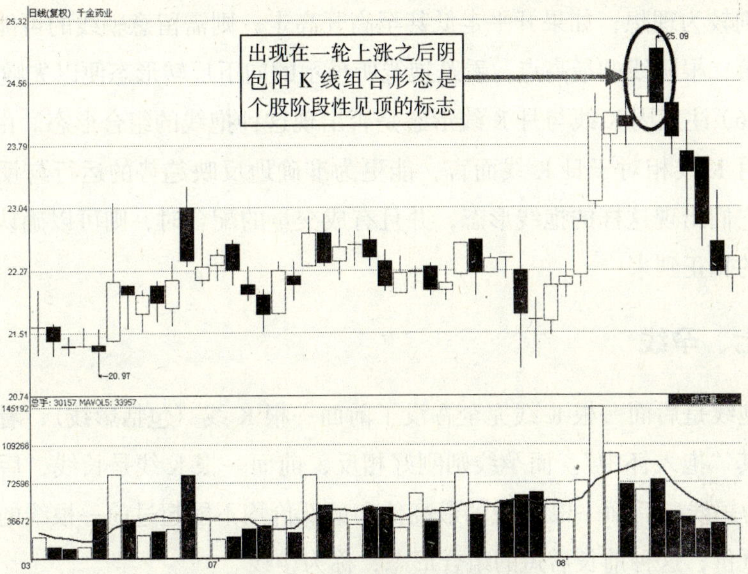
日线(复权) 千金药业
出现在一轮上涨之后阴
包阳 K 线组合形态是
个股阶段性见顶的标志
25.09
20.97
成交量

图 7–35　千金药业看跌抱线示意图

后面一根 K 线实体大过前一根 K 线的实体且还包含了前一根 K 线的影线，则表明多方（看涨抱线形态中）或空方（看跌抱线形态中）的力量更强大，意味着反转信号更为可靠。

(2) 关注抱线形态中后面一根 K 线的成交量情况，在阳包阴的看涨抱线形态中，若阳线的成交量明显放大，则意味着买盘力道充足，趋势看涨明确；在阴包阳的看跌抱线形态中，若阴线的成交量明显放大，则意味着卖盘力道充足，趋势看跌明确。

(3) 右边放量阳线或阴线很有可能会包住左边的多根 K 线，这种情况也属于抱线，且包住的 K 线越多，则趋势反转的可能性越大。

(4) 一般来说，在看涨抱线中，后面一根阳线的上影线较短代表了买盘力道并未充分释放，后市仍有较大上涨动能；在看跌抱线中，后面一根阴线的下影线较短代表了卖盘力道并未充分释放，后市仍有较大下跌动能。通过考察抱线形态中影线的长短，我们可以推测趋势的反转幅度多大。在看涨抱线形态中，如果阳线的上影线较长，则趋势的反转幅度一般不会太大；在看跌抱线形态中，如果阴线的下影线较长，则趋势的反转幅度一般也不会太大。

(5) 抱线形态出现之后，为了能准确地确认出它是否为反转形态，我们可以再观察一下随后的走势。例如，看跌抱线形成之后如果能跳空低开并低走，则较为理想；如果开平走低甚至高开高走，则需留意骗线的可能；如果突破第二根阴线的最高点，看跌抱线所预示的向下反转形态便以失败告终。

(6) 注意周K线与月K线形态是否出现这种抱线的组合形态。由于周K线与月K线相对于日K线而言，能更为准确地反映趋势的运行与反转，因而当它们出现这样的抱线形态，并且有成交量的配合时，则可以确认顶部或底部的真正到来。

七、孕线

抱线是后面一根K线完全吞没了前面一根K线（包括影线），看上去犹如将其“抱入怀中”。而孕线则刚好相反，前面一根K线是长线，后面一根K线为短线，后面一根K线的最高价和最低价均不能超过前一根线的最高价和最低价，这种前长后短的组合形态，称为孕线。

孕线是一种常见的趋势反转信号，在孕线形成之前，市场多处于清晰可辨的上升趋势或下降趋势中。一般来说，我们可以把孕线分为阴孕线与阳孕线。在阴孕线形态中，前面一根K线为阳线，而后面一根K线为阴线，前面一根K线完全吞没了后面一根K线（包括影线）；在阳孕线形态中，前面一根K线为阴线，而后面一根K线为阳线，前面一根K线完全吞没了后面一根K线（包括影线）。阴孕线多出现在涨势的末期，而阳孕线则多出现跌势的末期，因而，我们一般把阴孕线称为看跌孕线，把阳孕线称为看涨孕线。

看跌孕线一般是这样形成的：个股或市场整体在经过长时间的上涨之后，先是出现了一根大阳线，当日收出的这一根大阳线虽然说明市场买盘力度仍然很大，但是大阳线出现在个股已出现较大涨幅的背景之下，往往意味着买盘能量短时间的过度释放。到了第二天，股价没有继续上涨而是出现了低开，多空双方经过了激烈的争夺后，收盘价依然在昨日阳线的实体之内，说明多方力量已经不足，随着空方力量的持续释放，股价随时会迎来反转。看跌孕线经常出现在上涨末期，预示着多方力量的衰竭。

看涨孕线一般是这样形成的：个股或市场整体在经过长时间的下跌之后，先是出现了一根大阴线，当日收出的这一根大阴线虽然说明市场卖盘力度仍然很大，但是大阴线出现在个股累计较大跌幅的背景之下，往往意味着卖盘能量短时间的过度释放。到了第二天，股价没有继续下跌而是出现了高开，多空双方经过了激烈的争夺后，收盘价依然在昨日阴线的实体之内，说明空方力量已经不足，随着多方力量的持续涌入，股价随时会迎来反转。看涨孕线经常出现在下跌末期，预示着空方力量的衰竭。

图 7–36 为片仔癀（600436）2009 年 6 月 11 日至 8 月 18 日期间走势图，此股在 2009 年 6 月 11 日之前一直处于上升趋势之中，股价累计涨幅较大。从图中走势可以看到，此股在经过一波上涨后，在高位区出现了阴孕线的 K 线形态，它的出现说明多方已无力上攻，是个股走势阶段性见顶的标志。看跌孕线形态——阴孕线，是一种常见的顶部标志，当这种形态出现在个股累计涨幅较大的背景之下时，很可能是真正意义上的顶部的标志，而当出现在一波短期快速上涨之后，则是阶段性顶部的标志。

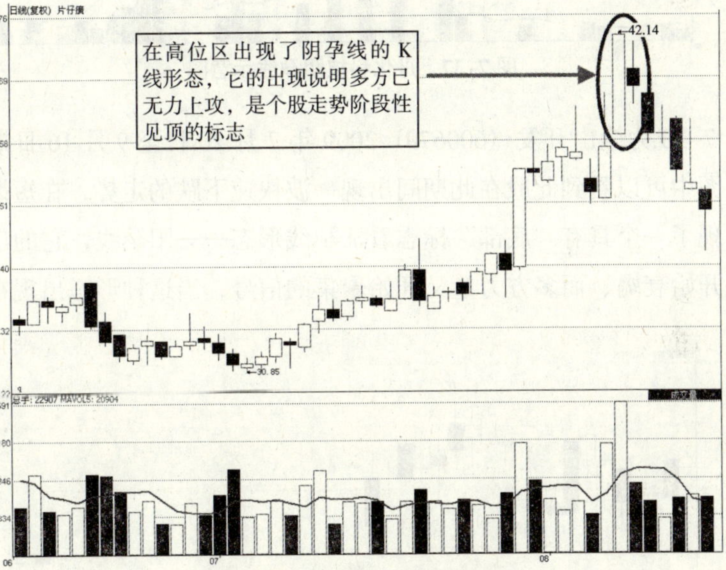

图 7–36　片仔癀阴孕线示意图

图 7–37 为丹化科技（600844）2009 年 6 月 11 日至 8 月 19 日期间走势图。从图中可以看到在此股经历了大幅上涨之后的高位区出现了阴孕线的 K 线组合形态，它的出现是个股走势阶段性见顶的标志，是多方力量已开始衰竭、而空方力量却正源源不断涌出的标志，投资者一旦发现这种 K 线形态出现在高位区，则应尽快卖出手中股票。

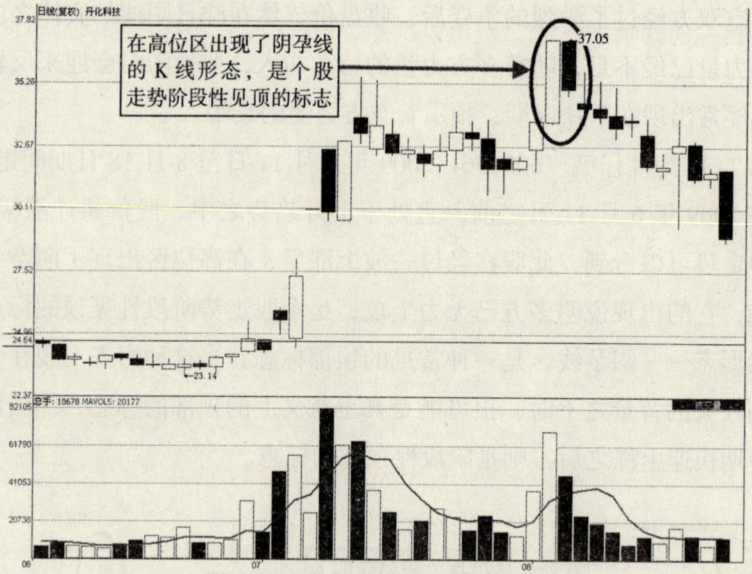

图 7-37　丹化科技阴孕线示意图

图 7-38 为金山开发（600679）2009 年 7 月 20 日至 9 月 16 日期间走势图。从图中可以看到此股在此期间出现一波快速下跌的走势，在短期深幅下跌后出现了一个具有“底部”标志看涨孕线形态——阳孕线，它的出现是空方抛压开始衰竭、而多方力量又开始聚集的信号，当这种形态出现在个股累

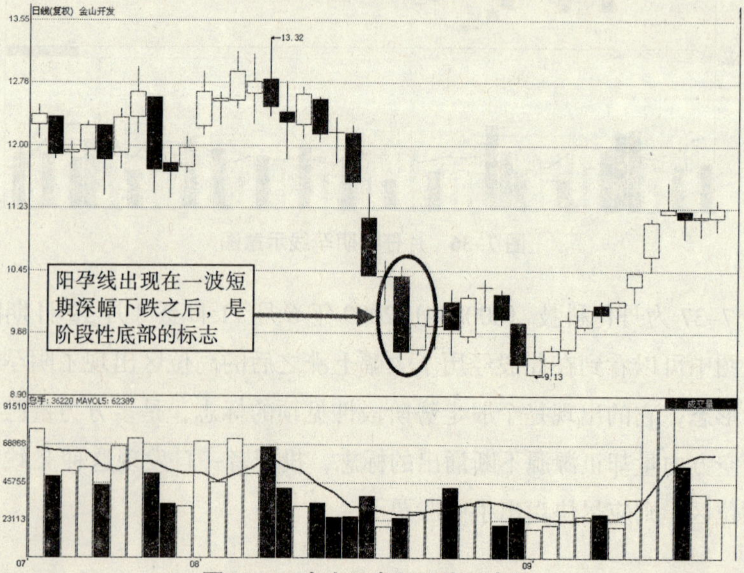

图 7-38　金山开发阳孕线示意图

计跌幅较大的背景之下时，很可能是真正意义上的底部的标志，而当出现在一波短期深幅下跌之后，则是阶段性底部的标志。

图 7-39 为莫高股份（600543）2009 年 6 月 8 日至 9 月 17 日期间走势图。从图中可以看到此股在此期间出现一波快速下跌的走势，在短期深幅下跌后出现了一个具有“底部”标志看涨孕线形态——阳孕线，它的出现是空方抛压开始衰竭、而多方力量又开始聚集的信号。当这种形态出现在个股累计跌幅较大的背景之下时，很可能是真正意义上的底部的标志，而当出现在一波短期深幅下跌之后，则是阶段性底部的标志。出现在短期深幅下跌后的阳孕线是我们短线买入的信号，考虑到此股此时的股价已是处于高位（图 7-40 为这一阳孕线出现前的走势全景图），为了规避风险，投资者在参与短线的时候应尽量控制好仓位，不宜全仓介入，只有当阳孕线出现个股前期累计跌幅巨大，且个股处于价值低估区间时，投资者才可以重仓，甚至全仓介入，持股待涨。

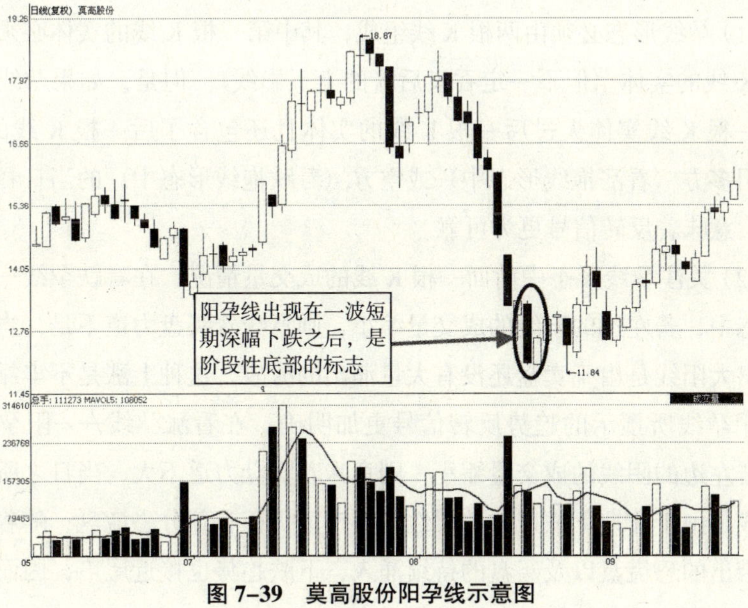

图 7-39　莫高股份阳孕线示意图

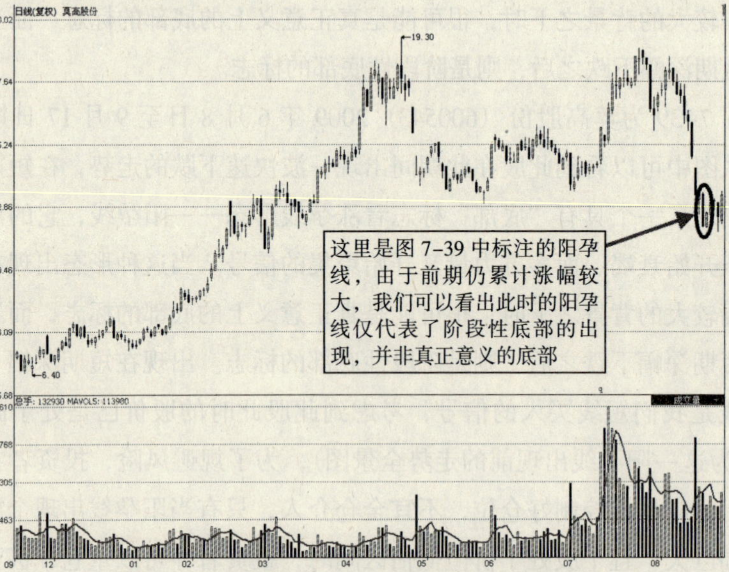

图 7-40　莫高股份阳孕线出现前的走势全景图

投资者在实战中运用孕线这一形态时要注意以下几点：

(1) 孕线形态必须由两根 K 线组成，其中第一根 K 线的实体必须覆盖第二根 K 线的实体（但不一定吞没后者的上下影线）。但是，如果孕线形态中前面一根 K 线实体大过后一根 K 线的实体且还包含了后一根 K 线的影线，则表明多方（看涨抱线形态中）或空方（看跌抱线形态中）的当日释放力度过大，意味着反转信号更为可靠。

(2) 关注孕线形态中前面一根 K 线的成交量情况，在看跌孕线——阴孕线形态中，若左边的阳线的成交量缩小，则意味着买盘力道不足，当日之所以收出大阳线是由于卖盘还没有大量涌出的缘故，这种上涨是不牢靠的，因而，阴孕线所预示的趋势反转信号更加明确；在看涨孕线——阳孕线形态中，若左边的阴线的成交量缩小，则意味着卖盘力道不大，当日之所以收出大阴线是由于前期下跌产生的惯性使得市场仍存有部分恐慌盘，随着当日大阴线带出的恐慌盘以及买盘的持续涌入，下跌趋势也接近尾声，因而，阳孕线所预示的趋势反转信号更加明确。

(3) 左边阳线或阴线很有可能会包住右边的多根 K 线，这种情况也属于孕线，且包住的 K 线越多，则趋势反转的可能性越大。

(4) 孕线形态出现之后，为了能确认出它是否为反转形态，我们可以再观察一下随后的走势。例如，看跌孕线形成之后如果能跳空低开并低走，则较为理想；如果开平走低甚至高开高走，则需留意骗线的可能；如果突破第二根阴线的最高点，看跌孕线所预示的向下反转形态便以失败告终。

（5）注意周 K 线与月 K 线形态是否出现这种孕线的组合形态。由于周 K 线与月 K 线相对于日 K 线而言，能更为准确地反映趋势的运行与反转，因而当它们出现这样的孕线形态，并且有成交量的配合时，则可以确认顶部或底部的真正到来。

第三节　三日 K 线形态实战

一、红三兵

红三兵是由三条上升的阳线组成的图形，是一种看涨信号。一般来说，红三兵中的三条阳线应为中小阳线，三条阳线的实体要大体相当。

红三兵这一形态在市场上出现频率较高，但并非是每一种三连阳形态的 K 线组合都属于红三兵。一般而言，只有在大幅暴跌之后或相对低位区的盘整之后出现这种三连阳的形态才可以称作红三兵。

在暴跌之后空方已无力继续打压，股价在低价区窄幅震荡，多空双方处于胶着状态，其间小阴线小阳线经常性地出现。经过较长时间整理之后，多方积蓄了足够的能量，在多方的拉动下，出现连续上升的三根小阳线并且伴以放大的量能，使股价突破盘局开始上升，此时三根阳线称为“红三兵”。同样，同现在相对低区盘整之后的红三兵形态，也是多方积蓄了足够的能量，开始拉升股价的信号。

图 7-41 为上证指数 2008 年 8 月 8 日至 2009 年 7 月 24 日期间周 K 线走势图。如图所示，在大盘经历了 2008 年的巨幅下跌后，于 2008 年 10 月期间开始构筑底部形态，并于 2009 年 1 月 9 日至 23 日三周内走出了红三兵的 K 线组合形态（如图标注所示），这一形态的出现是空方力量已近衰竭、而多方力量正在聚集的标志。由于大盘前期累计跌幅巨大，并且在 2008 年 10

月之后又出现了明显的止跌企稳迹象，因而可以说红三兵的出现既预示了底部的形态，又预示了马上将出现的向上反转走势。

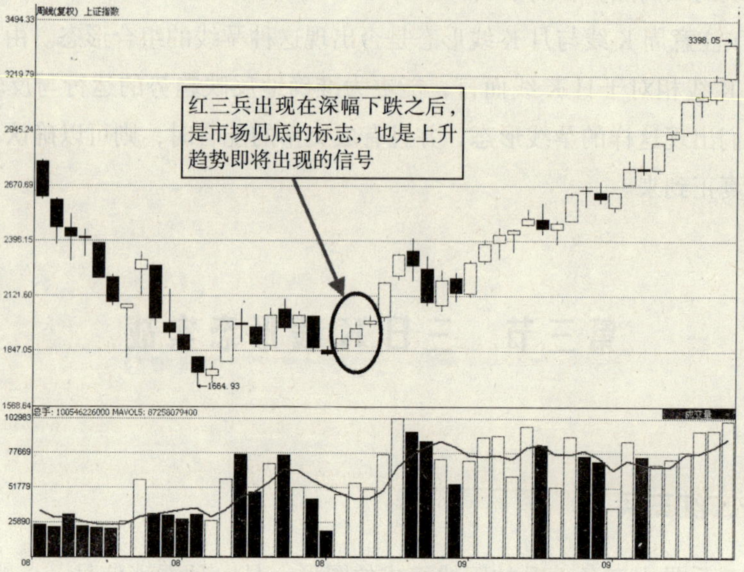

图 7–41　上证指数周 K 线红三兵示意图

图 7–42 为信达地产（600657）2005 年 6 月 17 日至 2006 年 8 月 31 日期间周 K 线走势图，从图中可以看到此股在 2005 年 6 月到 2006 年 4 月期间出现了长达近一年的横盘震荡走势，而在这种横盘震荡走势之前（即在 2005 年 6 月之前）此股已出现了较大幅度的下跌，因此这时的横盘走势，我们可以将其称为低位横盘震荡。如图 7–42 标注，在横盘震荡之后出现连续三根阳线的红三兵走势，且成交量温和放出，红三兵形态的出现，是多方已开始发力，个股将打破盘整走势的信号，是一种低位区盘整之后的看涨信号。

图 7–43 为东方金钰（600086）2008 年 8 月 26 日至 12 月 4 日期间走势图，此股在 2008 年因大熊市的带动出现了较大幅度的下跌。如图标注所示，在深幅下跌之后出现了红三兵的走势，并且在红三兵出现之前股价已在数日内出现了止跌的迹象。通过对这三根小阳线出现当日的成交量进行观察，我们发现这三日的成交量呈现出一种温和放大的形态，这显示有资金在积极介入，且买盘的持续性很强，因而此时出现的红三兵形态，是下跌趋势结束的标志，由于前一波的下跌较快较深，此时的红三兵不仅是底部区的标志，还

是一波反弹开始的标志。

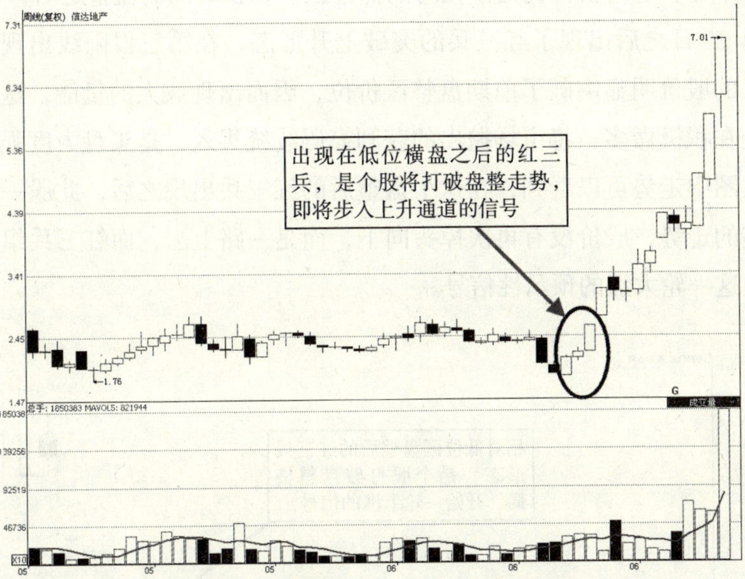

图 7-42 信达地产周 K 线红三兵示意图

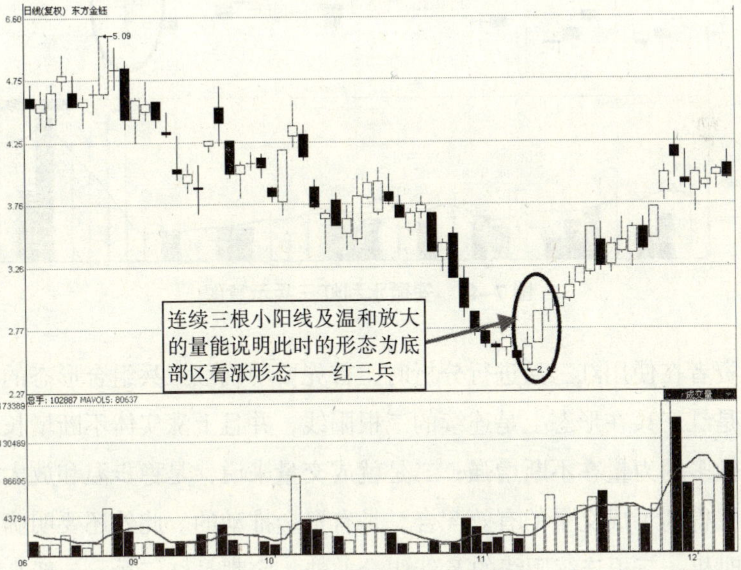

图 7-43 东方金钰红三兵示意图

图 7-44 为安徽水利（600502）2009 年 5 月 12 日至 7 月 8 日期间走势图，此股在 2009 年 6 月 25 日前一直处于横盘震荡走势之中，虽然在横盘前

期此股已经有了一定幅度的上涨，但是累计涨幅并不是很大，并且从中长线的角度来看，这时价位仍处于相对的低位区。在长时间的盘整之后，于 2009 年 6 月 25 日之后出现了红三兵的突破上升形态，在第三根阳线出现时，由于当日的股价明显突破了前期盘整区价位，因而出现放大的量能，这意味着有资金在积极做多，将市场抛出的获利筹码统统买入，是买盘力度强劲的表现。从图中走势可以看到，在这个盘整后的红三兵出现之后，此股一下打破了盘整的走势，股价没有再次掉头向下，而是一路上涨，而红三兵组合形态无疑是这一轮大涨的预示性信号。

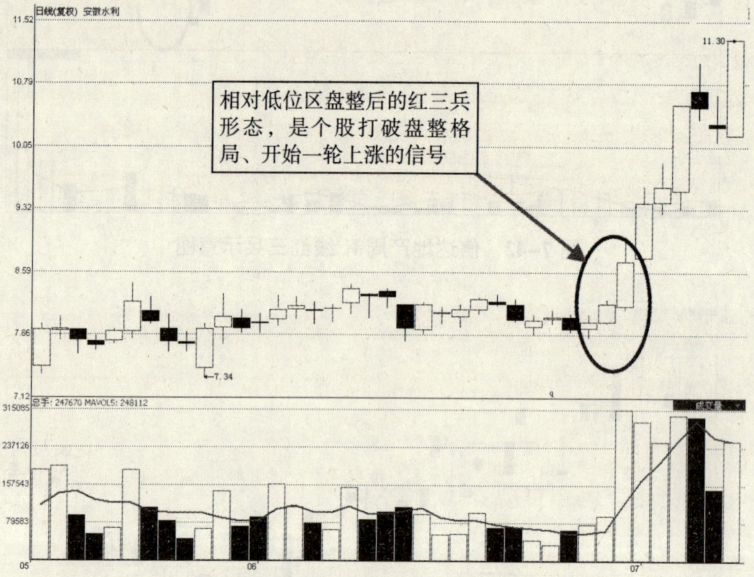

图 7-44　安徽水利红三兵示意图

投资者在使用红三兵进行分析时，首先要明确红三兵组合形态的技术特征：一是红三兵在形态上是连续的三根阳线，并且上涨实体不断增长，这表明市场做多的力量在不断增强；二是就成交量来说，是稳步温和放大的，这表明上涨得到了成交量的有效配合，是有资金推动的。此外还要明确红三兵的出现时机：三根连续阳线的 K 线组合并非一定都是红三兵，一般来说，只有在长期下跌之后或低位横盘之后的连续三根阳线才是红三兵。红三兵形态如果出现在较长时间的横盘之后，并且伴随着成交量的逐渐放大，则是股票突破盘整格局，再次上涨的信号，可引起密切关注；红三兵如果发生在深幅下跌之后，是市场的强烈反转信号。

二、黑三鸦

黑三鸦是由三条下跌的阴线组成的图形，是一种看跌信号。一般来说，黑三鸦中的三条阴线应为中小阴线，三条阴线的实体要大体相当。

黑三鸦这一形态在市场上出现频率较高，但并非是每一种三连阴形态的 K 线组合都属于黑三鸦，一般而言，只有在大幅暴涨之后的相对高位区出现这种三连阴的形态，或是在下跌趋势行进途中出现的这种三连阴形态才可以称作黑三鸦。黑三鸦与红三兵正好相反，在上升趋势的末期或是高位横盘的末期，三根阴线使得股价呈阶梯形逐步下降，这意味着市场抛压沉重且持续性强，它表明当前市场要么靠近顶部，要么已经有一段时间处在一个较高的位置了，出现此类 K 线形态一般表明股价后势将进一步下跌。

图 7-45 为郑州煤电（600121）2009 年 4 月 28 日至 8 月 29 日期间走势图，此股在 2009 上半年出现了较大的累计涨幅，此时的股价相对起涨前的底部价位而言，已出现了两倍以上的涨幅。如图 7-45 标注所示，在高位区的一波拉升之后，股价走势出现滞涨并出现了一个黑三鸦的形态，这一形态的出现是市场获利盘持续抛出导致的结果，也是多方短期内无力再次拉升股

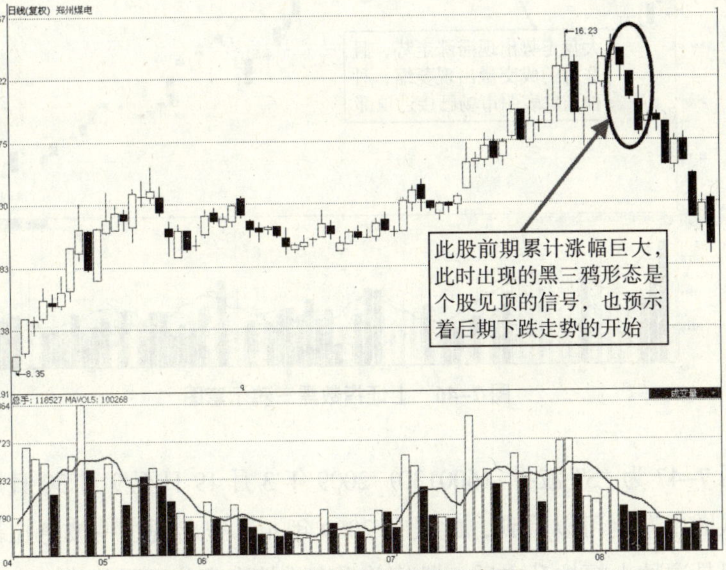

图 7-45 郑州煤电黑三鸦示意图

价的表现。考虑到此股前期累计涨幅巨大，我们既可以把这个黑三鸦的形态当成是真正意义的顶部下跌信号，也可以把它当成个股阶段性顶部下跌的信号，至于黑三鸦形态之后，股价能否再次返回到这个下跌前的高点，与主力的运作及出货完全与否有很大关系。

图 7–46 为上证指数 2007 年 6 月 15 日至 2008 年 10 月 31 日期间周 K 线走势图。如图标注所示，大盘在经过 2007 年上半年的暴涨之后，于 2007 年 10 月开始出现高位横盘滞涨的走势，其间成交量明显萎缩，这是大盘走势见顶的信号。但这个顶部会构筑多长时间，我们却难以推测。但是随后的黑三鸦形态向我们说明了这些，连续三周的阴线形态形成了一个高位横盘后的黑三鸦形态，它的出现是空方开始陆续抛出且空方力量强大的信号，也正是由于黑三鸦形态的出现使得大盘筑顶过程极为短暂，打开了大盘下跌的通道。由此例可以看到，出现在顶部横盘区之后的周 K 线形态上的黑三鸦是下跌趋势正式形成的信号，也是我们在高位区的逃命信号。

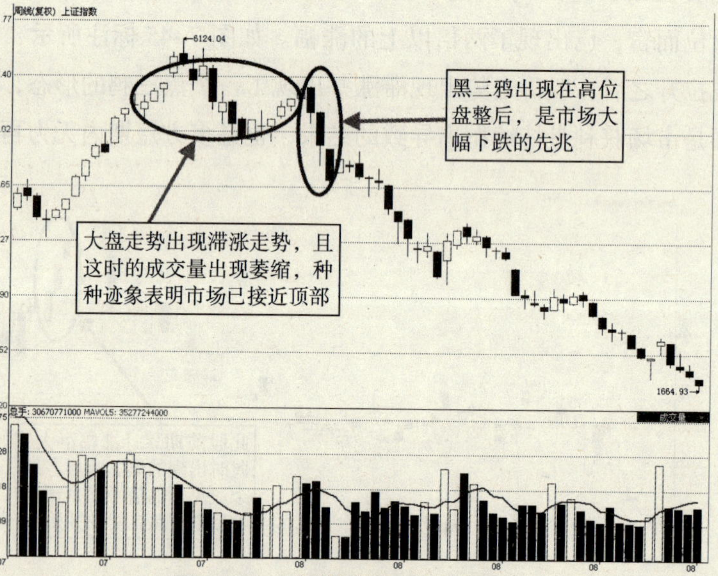

图 7–46 上证指数黑三鸦示意图

图 7–47 为 *ST 波导（600130）2009 年 3 月 19 日至 9 月 30 日期间走势图。从图中左侧可以看到，此股在 2009 年 4 月曾出现过一波急拉暴涨的走势，但是这种大幅拉升之后，股价并没有维持在高位区强势横盘，而是出现

了较大幅度的回调，在上涨幅度 1/2 处出现了绵软无力的横盘走势。这种走势说明主力的拉升只是一次性的，因而难有再创新高的第二波拉升出现。在弱势横盘之后，由于大盘的带动，以及主力的顺水推舟，出现一波力度不大的反弹（如图中箭头所指）。在这波反弹中，值得我们关注的是反弹之后出现的黑三鸦形态，这个黑三鸦形态出现在较大幅度的反弹之后且股价接近前期高点，它的出现说明市场抛盘在这个位置已开始持续抛出，由于多方力量不足，股价已难以再度上涨，因而可以说是一个反弹结束、股价开始下跌的信号。

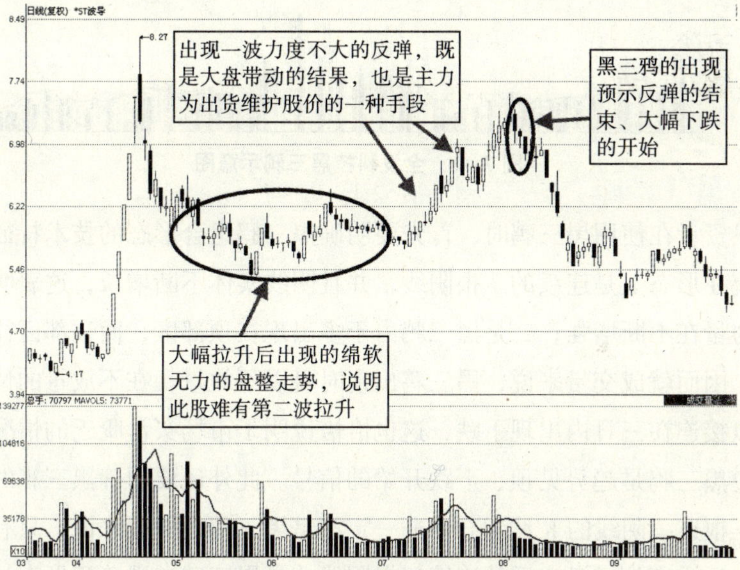

图 7-47　*ST 波导黑三鸦示意图

图 7-48 为金发科技（600143）2009 年 5 月 6 日至 9 月 30 日期间走势图，此股在 2009 年上半年出现了较大的累计涨幅，此时的股价相对起涨前的底部价位而言，已出现了两倍以上的涨幅。如图标注所示，在高位区的一波拉升之后，股价走势出现滞涨并出现了一个黑三鸦的形态，这一形态的出现是市场获利盘持续抛出导致的结果，也是多方短期内无力再次拉升股价的表现。考虑到此股前期累计涨幅巨大，当这一形态出现时投资者不可以盲目抄底，我们既可以把这个黑三鸦的形态当成是真正意义的顶部下跌信号，也可以把它当成个股阶段性顶部下跌的信号。

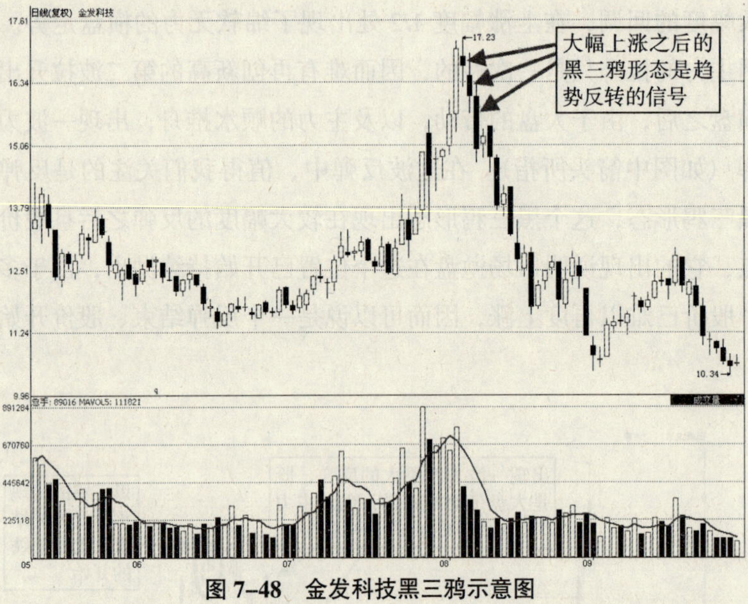

图 7-48 金发科技黑三鸦示意图

投资者在使用黑三鸦时，首先要明确黑三鸦组合形态的技术特征：一是黑三鸦在形态上是连续的三根阴线，并且阴线实体不断增长，这表明市场做空的力量在不断增强；二是黑三鸦由于多出现在顶部区，而顶部区往往是缩量的，因而就成交量来说，黑三鸦出现时可以不放量，在不放量的情况股价就可以接连在三日内出现下跌，这也恰恰说明了市场买盘匮乏的情况，因而可以说黑三鸦是趋势见顶、下跌开始的信号。此外还要明确黑三鸦的出现时机：三根连续阴线的K线组合并非一定都是黑三鸦，一般来说，只有在急速上涨之后或高位横盘之后的连续三根阴线才是黑三鸦。黑三鸦形态如果出现在较长时间的高位横盘后，往往会在形成之初，由于向下打破了盘整格局而引出大量抛盘，出现放量情况；黑三鸦如果发生在急速上涨之后，是市场的强烈反转信号，在它出现之后，个股很可能会急速地深幅下跌。

三、早晨之星

早晨之星又称希望之星、启明星，它出现在下跌途中，由三根K线组成，第一根是大阴线，第二根K线是实体较短的小阳线、小阴线或没有实体的十字星，第三根是大阳线。第三根K线实体深入到第一根K线实体之内，是走势见底信号，后市看涨。在早晨之星形态中，由于它出现在下跌行情的结束之时，预示着市场开始见底反弹，所以第一根线必须是阴线，承接前面的下跌走势，而第三根线必须是阳线，表明上升行情开始，而中间的那一根的颜色不重要。理论上讲，早晨之星的第二根 K 线，最好是跳空低开，这样的早晨之星形态最为标准，所提供的见底信号最为强烈，而后市上扬行情的延续时间可能较长。但在实际运用之中，我们对于这种形态要求不必过于苛刻，只要符合这种大阴线—小实体 K 线—大阳线的组合形态，且这一形态出现在深幅下跌之后，我们都可以将其称之为早晨之星。

图 7-49 为香江控股（600162）2008 年 11 月 20 日至 2009 年 3 月 30 日期间走势图。此股在经历了 2008 年的大幅下跌后，于 2008 年 10 月开始走出筑底形态，并在随后出现缓升上涨走势，2008 年 11 月 20 日至 2009 年 3 月 30 日这段时间内，此股正处于缓慢上升的通道之中，均线呈多头排列。通过盘面走势、当时市场整体运行情况，以及个股的估值中枢，我们可以认为此股已结束了总体性下跌的大趋势，转而开始了总体性上涨的大趋势。如图 7-49 标注所示，在一波急速上涨之后的深幅回调中，出现了一个早晨之星的形态，它的出现是个股阶段性见底的标志，预示着这一波的回调就此结束。从图中随后走势我们可以看到，当早晨之星形态出现后，此股就继续走出了上升行情。

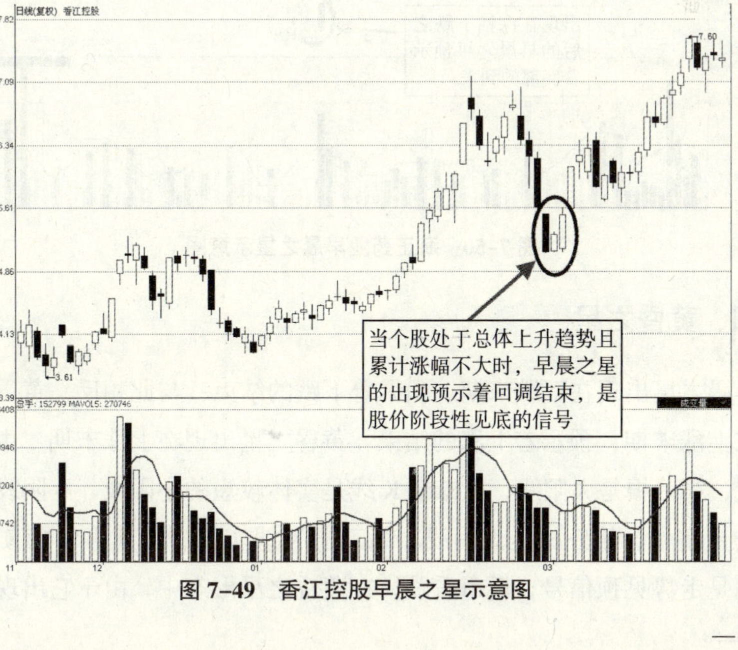

图 7-49 香江控股早晨之星示意图

图7-50为海正药业（600267）2008年8月20日至12月25日期间走势图，此股在2008年出现较大幅度的下跌。如图7-50标注所示，在早晨之星形态形成前，此股曾出现过一个止跌企稳的平台震荡走势，但由于前期大幅下跌所产生的市场恐慌气氛仍没有完全消除，因而在恐慌盘的打压下再次跌破平台向下运行。在股价跌破平台后，随即出现了预示底部到来的早晨之星形态，它的出现说明个股短期下跌已见底。如果再考虑到此股前期的巨大跌幅和之前形成的止跌企稳平台，因而这时的早晨之星形态很可能也预示着真正底部的到来。这个大幅下跌之后的早晨之星，是我们开始中长线建仓布局的买入信号，如果投资者不在乎短期小幅度的盈亏，完全可以在这一形态出现后对个股采取重仓买入的策略。

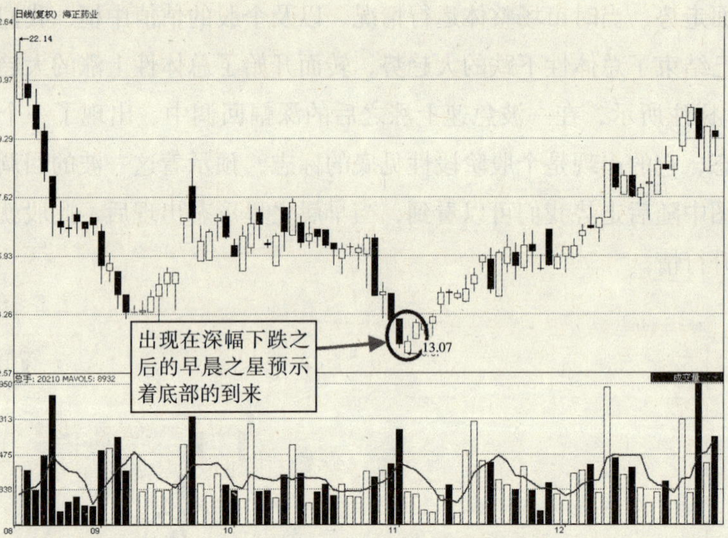

图7-50　海正药业早晨之星示意图

四、黄昏之星

早晨之星出现在下跌末期，预示着下跌的结束；与此相反，黄昏之星则出现在上涨末期，预示着上涨的结束。黄昏之星出现在上涨末期，由三根K线组成，第一根是大阳线，第二根K线是实体较短的小阳线、小阴线或没有实体的十字星，第三根是大阴线。第三根K线实体深入到第一根K线实体之内，是走势见顶信号，后市看跌。在黄昏之星形态中，由于它出现在上涨行情的末期，预示着市场开始见顶回落，所以第一根线必须是阳线，承接前面的上涨走势，而第三根线必须是阴线，表明下跌行情开始，而中间的那一根的颜色不重要。理论上讲，黄昏之星的第二根 K 线，最好是跳空高开，这样的黄昏之星形态最为标准，所提供的见顶信号最为强烈，而后市下跌行情的延续时间可能更长。但在实际运用之中，我们对于这一形态要求不必过于苛刻，只要符合这种大阳线—小实体 K 线—大阴线的组合形态，且这一形态出现在大幅上涨之后，我们都可以将其称之为黄昏之星。

图 7-51 为郑州煤电（600121）2009 年 5 月 11 日至 8 月 31 日期间走势图，此股在 2009 年上半年累计涨幅较大，相对于起涨前的底部区价位来说，涨幅达两倍以上。如图 7-51 标注所示，在高位横盘之后又出现一波拉升，并且在拉升途中出现了一个黄昏之星的形态。它的出现是个股阶段性见顶的标志，预示着这一波的上涨就此结束。从图中随后走势我们可以看到，当黄昏之星形态出现后，此股就继续开始了下跌行情，考虑到此股前期累计涨幅巨大，因而我们有理由把这种大幅上涨之后的黄昏之星看作是趋势反转的标志。

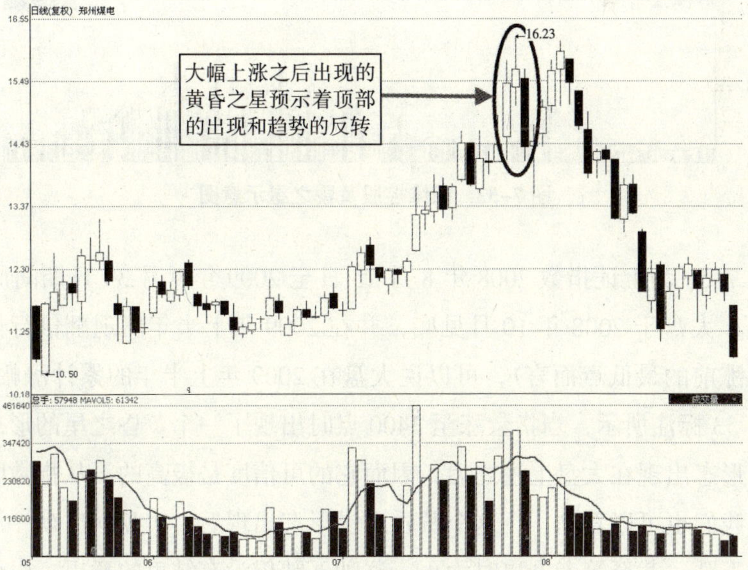

图 7-51 郑州煤电黄昏之星示意图

图 7–52 为四维控股（600145）2009 年 5 月 11 日至 8 月 24 日期间走势图，此股在 2009 年上半年累计涨幅巨大，相对于起涨前的底部区价位来说，涨幅达四倍左右。如图 7–52 标注所示，在经历了连续的大幅上涨之后，于高位区出现了一个黄昏之星的形态，它的出现是个股阶段性见顶的标志，预示着这一波的上涨就此结束。从图中随后走势我们可以看到，当黄昏之星形态出现后，此股就继续开始了下跌行情，考虑到此股前期累计涨幅巨大，因而我们有理由把这种大幅上涨之后的黄昏之星看作是趋势反转的标志。

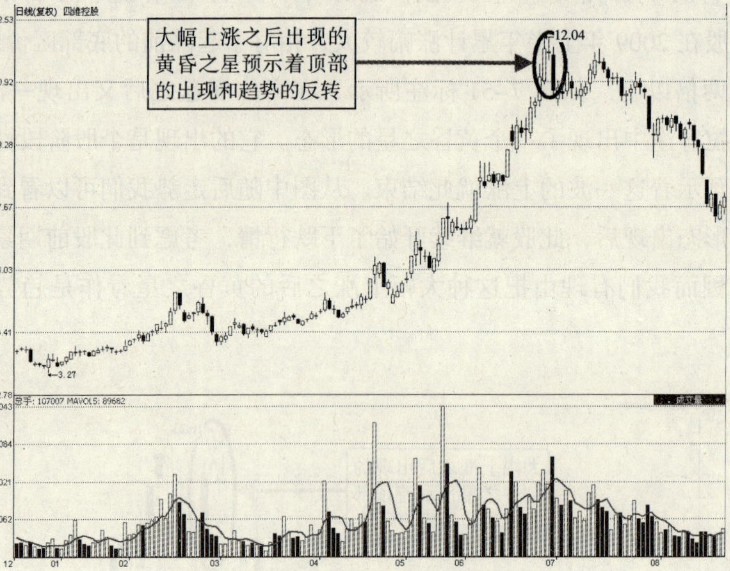

图 7–52 四维控股黄昏之星示意图

图 7–53 为上证指数 2008 年 8 月 15 日至 2009 年 9 月 30 日期间周 K 线走势图，大盘于 2008 年 10 月见底，并在 2009 年上半年出现翻倍行情（相对于起涨前的最低点而言），可以说大盘在 2009 年上半年的累计涨幅不小。如图 7–53 标注所示，当指数涨至 3400 点时出现了一个黄昏之星的形态，由于这一形态出现在大盘上涨之后，因而它的可信度是极高的。从指数随后的走势中我们也可以看到，在这个黄昏之星形态出现后，大盘就出现一波幅度较深的下跌，截至笔者撰稿时为止，这种下跌仍没有结束的意思。由于指数的上涨是需要量能持续放大来维持的。因此，可以预料的是，如果在后期走势中，成交量仍无法有效放大，那么这一黄昏之星就可以称之为 2009 年中

真正意义上的顶部信号了。

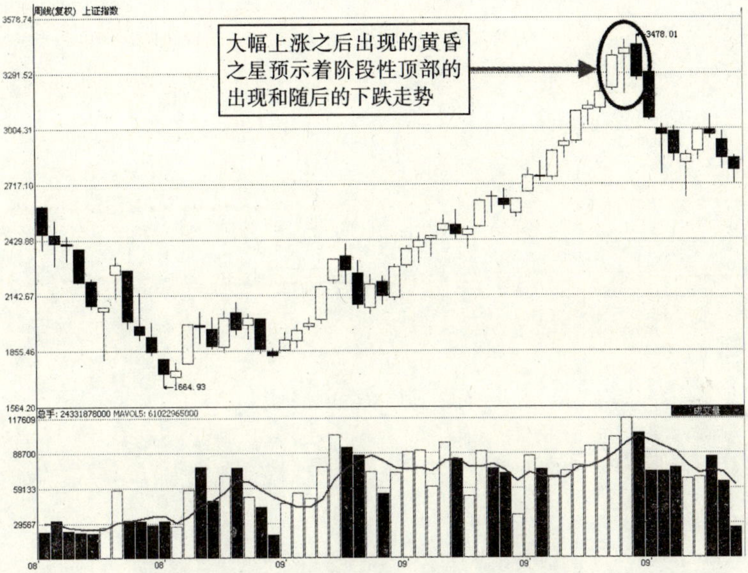

图 7-53　上证指数周 K 线黄昏之星示意图

第八章 透过K线识底部形态

第一节 理解底部的形成

无论是在股市还是在其他证券市场中，往往都会呈现出期价或价格严重背离实际价值的情况，市场往往以非理性的暴涨或暴跌让投资者大跌眼镜，"底部"这一投资者最为关注的区间往往就出现在非理性的暴跌之后。"底部"与"顶部"是一对相对概念，顶部是从底部涨上去的，而底部则是从顶部跌下来的。下面我们来看一下在一轮大幅下跌之后，市场的底部是如何形成的。

假设市场经过了轰轰烈烈的下跌，在某个相对的低位有跌不下去的现象，但是市场在经过这场下跌之后，人气骤减，于是开始一场艰苦而漫长的拉锯战，在一个相对狭小的区间内来回震荡，技术派人士称这段时间为多头欲发动行情而进行的收集筹码的过程，也是一个量的积累的过程。当然我们只能过后才能明确这是一个底部，但是我们可以假设，因为技术分析的本源就是承认历史往往会重演，我们假设这就是一个底部或者说这是一个筑底的过程。底部的形态与绝大多数投资者的情绪是密不可分的，那么，在底部区间，投资者处于一种什么样的状态、有什么样的情绪呢？

回顾历史的价格走势，我们可能有这样的体会，多头行情在没有重大利好的前提下很难突然发动，这是因为在这个筑底的过程中，持怀疑态度的投资者占据大多数，每一个入市的投资者最常被告知的是：不要去预测市场的顶和底，因为市场的顶和底是没有人能够事先知道的。正是基于这种观念，在市场下跌时会有很多人认为市场仍将下行，在市场上涨中认为市场仍将上涨，他们属于典型的追随趋势者。然而市场在不知不觉中已走到了底部，在这个区间内，空方已经进入衰退阶段，但因为多方的犹豫不决，促使双方的实力并没有发生根本性的转变，总有很大一部分的市场参与者都是短线客，他们每天盯着盘面，看着死气沉沉的交投状况，无论是短线被套的还是在低点买入后仅有微薄收益的，都很难有足够的耐心来等待行情的出现。他们缺少耐心又对市场是否有行情持怀疑态度，他们在这种拉锯战中是空方的主要力量。这样每一次小幅的上涨总伴随着投机客获利盘的减仓或者套牢盘的止损，这样当疲惫的市场每一次稍占优势的多方欲发动行情时，都会被那些怀疑者的抛盘打回原地，价格回到原地后，这些看空的投资者，更加确信了这种观点：熊市中每一次上涨都是反弹，都要减仓或清仓，在这个过程中，他们的筹码在不知不觉中落入那些坚定看多的多方手中，这为以后发动行情积蓄了力量。

其实在每个大多头的行情的初始阶段，都交织着勇敢介入的买盘与怀疑者之间的分歧斗争。也正是因为这种原因，很少有底部会呈现出 V 形反转的走势，绝大部分都会以 W 或者多次探底来完成底部形态。本章中，我们将重点研究底部区经常出现的 K 线形态，它们有圆弧底、双重底、三重底、头肩底、V 形底等等，一般来说，形态的构筑有赖于成交量的配合，因而在实例的讲解中，我们除了关注这些底部形态之外，还会结合具体成交量的特点进行综合分析，以帮助读者更好地理解这些底部形态。

第二节 圆弧底

一、什么是圆弧底

圆弧底形态大多出现在下跌趋势的末期，股价从急速下跌转为缓慢下跌，底部的波动幅度逐渐收窄，筑底的周期也相应地延长，有时长达 4~5 个月以上，形成一个圆弧形，随后股价缓慢爬升，上涨的角度也随之抬升，成交量也同步放大，之后伴随着巨量突破颈线位，便完成圆弧底形态。圆弧底又因该形态酷似一弯弧形月，市场人士也称它为“弧线底”。

圆弧底形态较为清晰地反映了多空力量的转换过程：当个股经历了前期的大幅下跌，随着股价越来越低，卖方意愿越来越弱，这意味着主动性抛盘减少、卖方的实力正在减弱，但由于买方畏于前期下跌的长时性与深幅性，仍不敢大量进场买入，于是成交量随着股价下跌持续下降；股价虽然继续下跌，但买卖双方都已接近精疲力竭，所以股价跌幅越来越小。当股价跌至某一价位区时，主力或有远见的投资者见时机已到，便开始入场买进，买方力量渐渐增强，股价及成交量缓缓上扬，从而形成了圆弧底形态。当买方大量吸筹后，由于此时买方已完全控制了市场，为了使底部区买入的筹码成为获利盘，买方开始大力推升股价，从而使股价向上脱离了这一圆弧形的底部区，圆弧底形成后的中长期升幅往往比较大。

圆弧底形态是明确的底部反转信号，后市有望持续向好。该形态形成后的上涨规律是：股价向上突破颈线位后，后市上涨的幅度至少是底部低点到颈线位垂直距离的一倍。

二、圆弧底实例解析

图 8-1 为深长城（000042）2008 年 8 月 14 日至 2009 年 3 月 10 日期间走势图。从图中可看出，该股在 2008 年 8 月 14 日至 2009 年 3 月 10 日的这段时间里，走出了两个标准的圆弧底形态（如图 8-1 标注所示），一个出现在深幅下跌后的底部区域，这是主力吸筹，空方能量减弱，多方能量加强的过程，是一个积累多方力量为推动随后上涨行情行进的过程；第二个圆弧底形态出现在随后的小幅上涨后形成的一个低位横盘区域，它是多方休整并继续积累能量的阶段，因为下跌趋势要转变为上涨趋势并不能一蹴而就，需要一个转变过程。第二个圆弧底突破行情彻底打开该股的上升空间，使股价运行在中长线上升趋势之中。由此可知，处在低位的圆弧底形态，是极为可靠的做多信号，不但要大胆操作，还应坚定中长线持股信心。

图 8-2 为 ST 建机（600984）2008 年 7 月 21 日至 2009 年 3 月 21 日期间走势图。此股在 2008 年 10 月之前受大盘下跌带动，出现了深幅下跌，当股价从最高点处跌至 2008 年 10 月末的 3 元区间时，走出了一个圆弧底的 K 线形态，由于这形态出现在个股的深幅下跌之后，而且当这一形态出现时又

恰逢大盘处于止跌企稳的走势之中，因而我们有理由认为这一形态是底部的经典形态——圆弧底形态，它的出现既预示着底部的出现、下跌趋势的结束，也预示着随后反转行情的出现。出现在深幅下跌之后的圆弧底形态，是极为可靠的做多信号，投资者不但要大胆做多，还应坚定中长线持股信心。

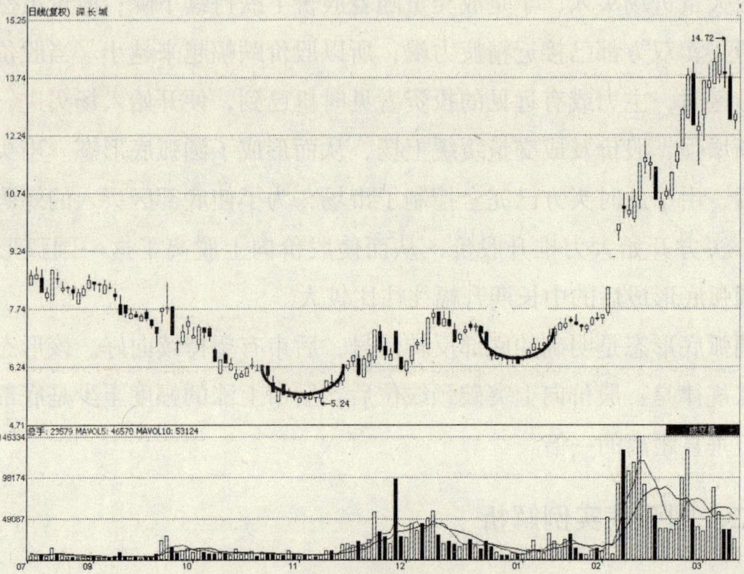

图 8-1　深长城圆弧底形态示意图

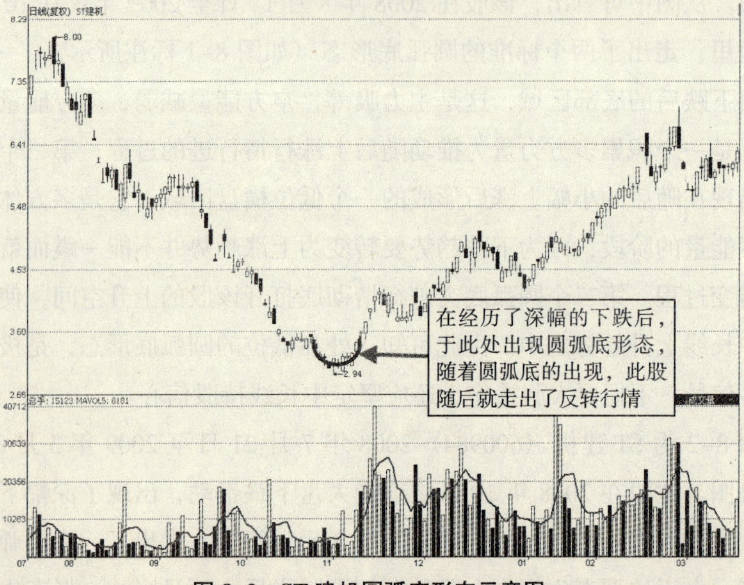

图 8-2　ST 建机圆弧底形态示意图

图 8-3 为中路股份（600818）2008 年 4 月 14 日至 2009 年 1 月 16 日期间走势图。中路股份是 2008 年末 A 股市场中的一匹大黑马，它的暴涨缘于主力对于迪斯尼概念的疯狂炒作。由于正宗的迪斯尼概念股，如界龙实业等，在 2008 年上半年就已被大幅炒作过，因而主力亟须再次挖掘出没有被炒作过的且具有迪斯尼概念的潜力股，中路股份无疑就是一只这样的股票。中路股份的迪斯尼题材是由于上市公司有一块与迪斯尼主题公园相邻的土地，因而，市场可以对这块土地的升值前景给予充分的幻想，主力就是借着这种朦朦胧胧的土地增值题材大幅炒作中路股份。以上是中路股份股价暴涨的原因所在，那么投资者应该如何去把握这一机会呢？

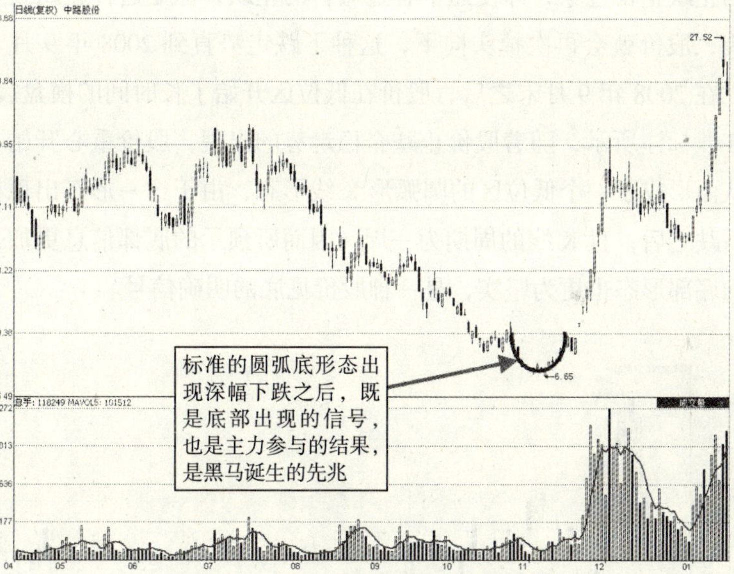

图 8-3 中路股份圆弧底形态示意图

投资者在把握机会的时候，除了可以从题材方面入手，也可以从形态方面入手。如图 8-3 中标注所示，此股在经历了暴跌之后出现了一个圆弧底的形态，相比于图 8-2 的 ST 建机所出现的圆弧底形态来说，中路股份的圆弧底形态更为标准。一般来说，市场很难在正常的交投之下走出极为标准的圆弧底形态，我们可以推测这一圆弧底形态的出现与主力的参与关系很大。考虑到此股这一标准的圆弧底形态出现在大幅下跌之后，因而我们有理由认为这是一个底部区的圆弧底形态，而主力的参与目的，只能是为后期拉升进行先期的吸筹工作。从图中可以看到，在这一圆弧底形态构筑完成之后，此股就开始了急拉暴涨的走势。

一般来说，出现在深幅下跌之后的日 K 线的圆弧底形态就已经能很准确地预示底部的到来了。如果周 K 线走势中能出现圆弧底形态，则多意味着底部的盘整时间很长、深幅下跌后的止跌企稳走势更加牢靠，因而出现在深幅下跌后的周 K 线圆弧底形态几乎可以百分之一百地断言底部的出现。

图 8-4 为 ST 宝龙（600988）2007 年 6 月 15 日至 2009 年 9 月 30 日期间周 K 线走势图，从图中可以看到此股在 2007 年股价见顶之后出现了深幅下跌。从图中的下跌走势中可以看出，在这种下跌趋势行进途中，一直没有明确的止跌企稳迹象，即便途中有过短暂的止跌，但是这种止跌效果难以维持数周，股价就会再次掉头向下，这种下跌走势直到 2008 年 9 月末才得以改变。在 2008 年 9 月末之后，股价在低位区开始了长时间的横盘震荡走势，如图 8-4 标注所示，随着股价止跌企稳走势的出现，股价重心开始了缓慢上移，从而形成了一个低位区的圆弧形 K 线形态，由于这一形态出现在个股的深幅下跌之后，且 K 线的周期为一周，因而所预示的底部信息更加强烈，所构筑的底部形态也更为坚实，是一种股价见底的明确信号。

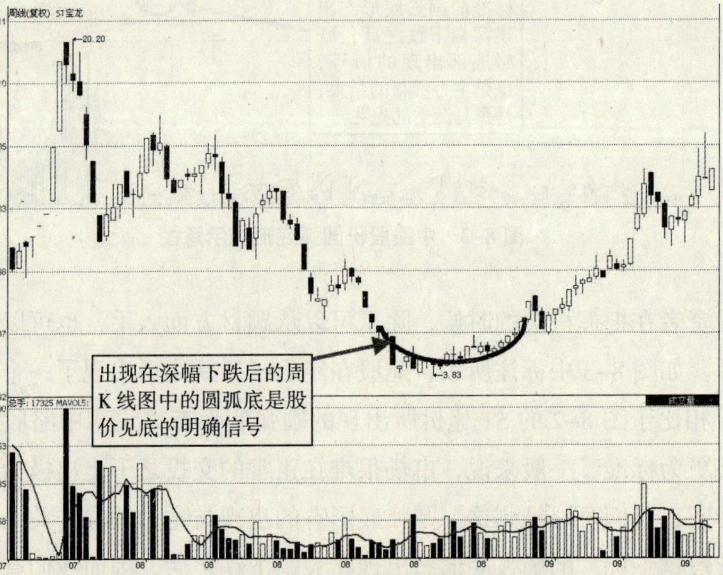

图 8-4　ST 宝龙周 K 线圆弧底形态示意图

三、圆弧底形态操作要领

（1）股价经过较长一段周期的大幅下跌后，如果股价的下跌速度明显减缓并开始横向运动，同时成交量也极度稀少时，此阶段可以少量逢低买入，进行中长期持股。

（2）股价经过较长周期的底部横盘，随着逢低买盘的逐渐增加，成交量也温和放大，股价缓慢爬升，一旦股价开始放量向上突破短中期均线时，则此阶段可以逐步增加仓位，进行中短线持股。

（3）圆弧底的买入技巧可结合指标的买入技巧一起研判，可以更好地提高介入时机的准确性和安全性。

第三节 双重底

一、什么是双重底

双重底是由两个相同或相差不多的低点所组成的由下降趋势转为上升趋势的底部反转形态，也是最常见的股价走势图形。两个跌至最低点的连线叫支撑线。双重底形成于下跌行情的末期，当股价经过较长周期的和较大幅度的下跌之后产生反弹，在遇到前期套牢盘和短线获利盘的抛压时，股价再次回落，但成交量却明显萎缩，在下跌至前次低点附近即止跌回稳。市场中的买盘力量逐渐增加，股价随即展开反弹，反弹到前次的高点后，便完成双重底形态。这种两起两落的走势，就构成了如同英文字母“W”形态，故也称为“W 底”。

双重底形态显示强烈的转势信号，该形态形成后，一般会出现半个月以上的反弹行情，是市场中较为常见的底部形态，据此做多，成功率很高，获利也相当丰厚。该形态形成后的上涨规律是：颈线以上的上涨幅度，至少为双重底低点到颈线垂直距离的一倍。图 8-5 为标准的双重底形态示意图。

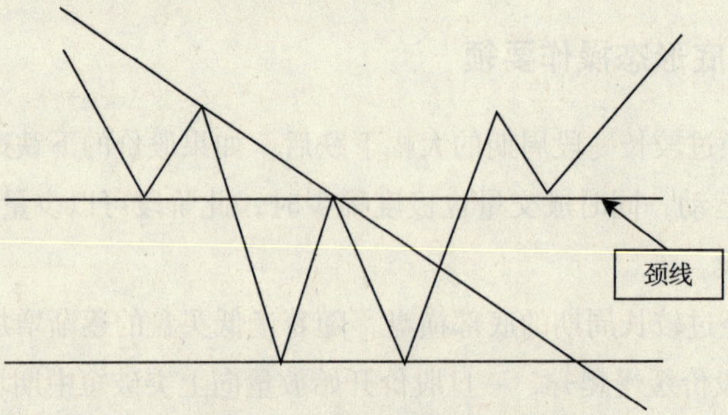

图 8-5 标准双重底形态示意图

二、双重底实例解析

图 8-6 为开创国际（600097）2008 年 6 月 16 日至 2009 年 3 月 16 日期间走势图。图中显示，该股在 2008 年 9 月中旬到 11 月中旬的这段盘底行情中，走出了一个相当漂亮的标准“双重底”形态。双重底形态显示强烈的转势信号，该形态形成后，一般会出现半个月以上的反弹行情，是市场中较为常见的底部形态，据此做多，成功率很高，获利也相当丰厚。该形态形成后的上涨规律是：颈线以上的上涨幅度，至少为双重底低点到颈线垂直距离的一倍。双重底形态是明确的底部做多信号，应大胆操作，坚定中长线持筹

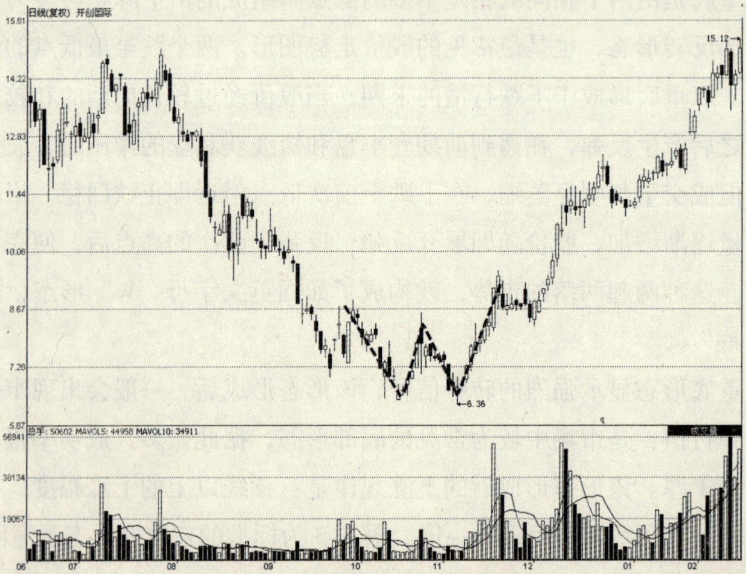

图 8-6 开创国际双重底示意图

信心。

图 8-7 为 ST 得亨（600699）2008 年 10 月 23 日至 2009 年 3 月 30 日期间走势图，此股在 2008 年 10 月 23 日之前出现了深幅下跌。如图中标注所示，在深幅下跌后出现了一个双重底形态示意图，这一形态的出现既是股价止跌企稳的信号，也是个股开始构筑底部区间的信号。如果说在前期的下跌途中是空方占主导力量，那么深幅下跌后的双重底形态的出现则是空方力量减弱、多方力量转强的信号，双重底形态清晰地反映出了市场下跌趋势的结束和筑底走势的开始，是我们在底部区间进行中长线布局的信号。

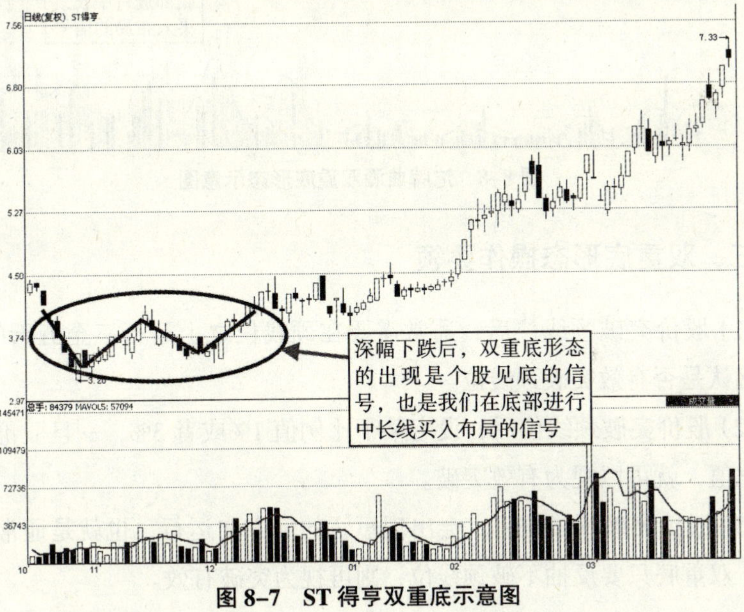

图 8-7 ST 得亨双重底示意图

图 8-8 为沱牌曲酒（600702）2008 年 7 月 25 日至 2009 年 2 月 16 日期间走势图，此股在 2008 年 7 月 25 日之前出现了深幅下跌，相对前期的顶部而言，股价跌掉了 3/4。如图 8-8 标注所示，在 2008 年 7 月 25 日之前的一波快速下跌之后，出现了一个双重底形态示意图，这一形态的出现既是股价止跌企稳的信号，也是个股开始构筑底部区间的信号。如果说在前期的下跌途中是空方占主导力量，那么深幅下跌后的双重底形态的出现则是空方力量减弱、多方力量转强的信号，双重底形态清晰地反映出了市场下跌趋势的结束和筑底走势的开始，是我们在底部区间进行中长线布局的信号。

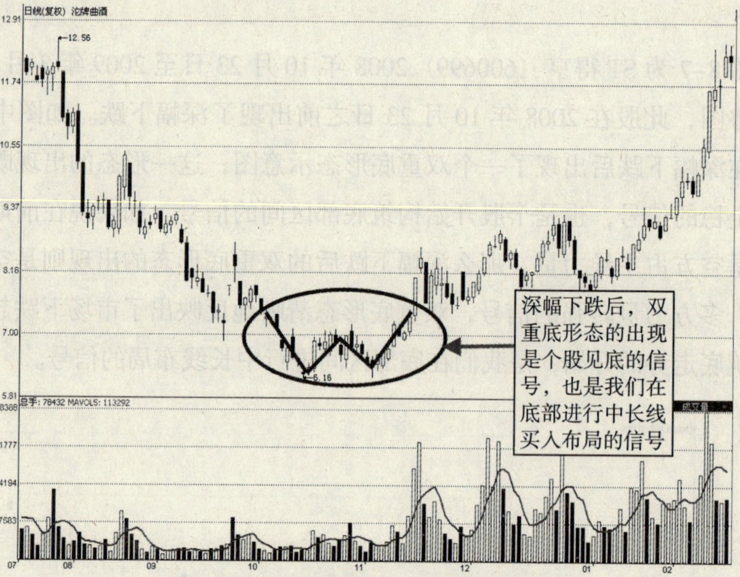

图 8-8　沱牌曲酒双重底形态示意图

三、双重底形态操作要领

（1）股价突破颈线位后，通常需要在颈线位之上运行三至五天的时间，以便确认是否有效突破颈线位。

（2）股价突破颈线位后，设定某个比例值 1%或者 3%，一旦股价突破了这一比值，就可以视为有效突破。

（3）股价突破颈线位后，会出现短暂的反方向运行，也就是通常所说的反抽，双重底只要反抽不破颈线位，则可视为突破有效。

第四节　三重底

一、什么是三重底

三重底是双重底的复合形态，与双重底形态相比，三重底多一次探底过程。三重底是指股价跌到低位后，多空双方达成平衡，致使股价在一个极其狭窄的区间内波动，成交量也大幅萎缩，在 K 线图上表现为前后经过三次探底，然后突破颈线，向上涨升。这种三次探底，且三个底部低点处在同一水平线上的走势，称为三重底。三重底相对于头肩底和双重底而言比较少见，却又是比后两者更加坚实的底部形态，而且形态形成后的上攻力度也极强。其形态的确立必须等待有效向上突破颈线位时才能最终确认。

三重底的三个底部低点应大体处在同一水平线上，即三个底部的最低价应基本接近。三重底的三个底部低点的间隔距离与时间也不必相等，且间隔的距离越大，后市上涨的空间就会越大。三重底形成后的上涨规律是：突破颈线后的升幅至少是底部低点的连线到颈线位垂直距离的一倍，因而此形态出现应该予以高度重视。

二、三重底实例解析

图 8-9 为中核科技（000777）2008 年 6 月 18 日至 2009 年 6 月 13 日期间走势图，图中显示，该股在 2008 年 9 月上旬到 11 月中旬的这段行情中，走出了一个时间跨度达两个多月的三重底形态。这一形态与双重底极为相似，所不同的多了一次探底的过程，我们可以把这一形态称之为三重底，它是双重底形态的一种变形。由于在三重底中多了一次探底走势，因而相对于

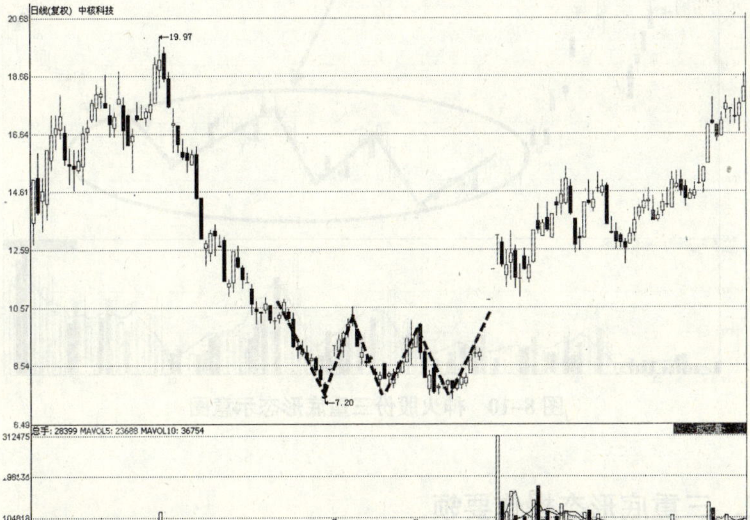

图 8-9 中核科技三重底形态示意图

双重底形态来说，三重底形态所构筑的底部区间更为牢靠，而且三重底构筑完毕后的上涨空间也更大。投资者在实际应用双重底形态时，一定还要对这种三重底形态加以关注，当三重底形态出现在深幅下跌之后，这一形态就是底部买入的信号。

图8-10为神火股份（000933）2008年8月27日至2009年2月13日期间走势图，此股在2008年8月27日之前出现了较大的累计跌幅。如图中标注所示，在2008年10月21日之后出现了一个三次探底的形态，这一形态与双重底极为相似，所不同的多了一次探底的过程，我们可以把这一形态称之为三重底，它是双重底形态的一种变形。由于在三重底中多了一次探底走势，因而相对于双重底形态来说，三重底形态所构筑的底部区间更为牢靠，而且三重底构筑完毕后的上涨空间也更大，投资者在实际应用双重底形态时，一定还要对这种三重底形态加以关注，当三重底形态出现在深幅下跌之后，这一形态就是底部买入的信号。

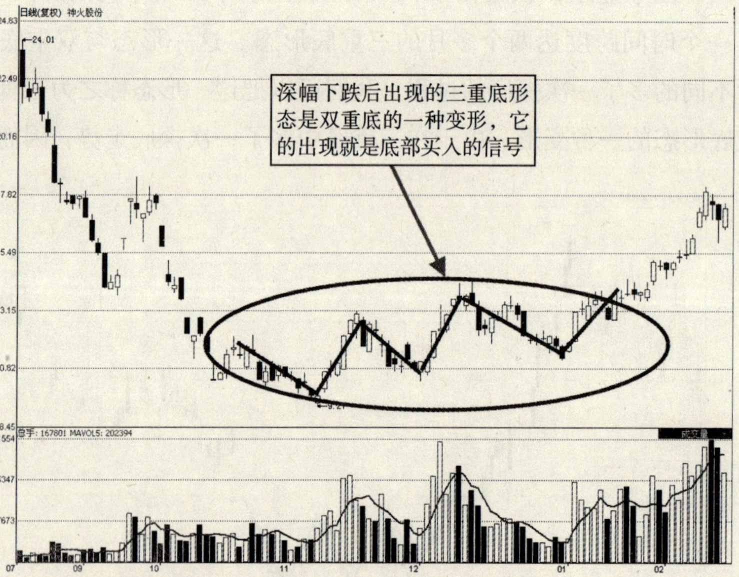

图8-10 神火股份三重底形态示意图

三、三重底形态操作要领

（1）当股价形成三重底且伴随着量能的放大，股价具有突破颈线位的趋势时，可积极介入。

（2）当股价成功突破颈线位时是较好的买入时机。

（3）当股价有效突破颈线位回抽确认后是极佳的买入时机。

（4）股价形成第三个底部低点的周期越长，上涨力度就越大。

第五节 头肩底

一、什么是头肩底

头肩底是最常见的反转形态，大多出现在下跌趋势的末期，是行情下跌到底部低点后的一个重要反转信号。该形态在形成左肩时，股价下跌，成交量相对增加，接着为一次成交量较小的次级上升。接着股价又再下跌且跌破上次的最低点，成交量再次随着下跌而增加，较左肩反弹阶段时的交投为多，此阶段形成头部；从头部最低点回升时，成交量有可能增加。以整个头部的成交量来说，较左肩为多。

当股价回升到上次的反弹高点时，出现第三次的回落，这时的成交量很明显少于左肩和头部，股价跌至左肩的水平，跌势便稳定下来，形成右肩。

最后，股价又发动一波升势，且伴随成交量的增加，当其突破颈线位阻力时，成交量显著放大，整个形态便告成立。该形态形成后的上涨规律是：颈线以上的上涨幅度，至少为头部低点到颈线垂直距离的一倍。图 8-11 为标准头肩底形态示意图。

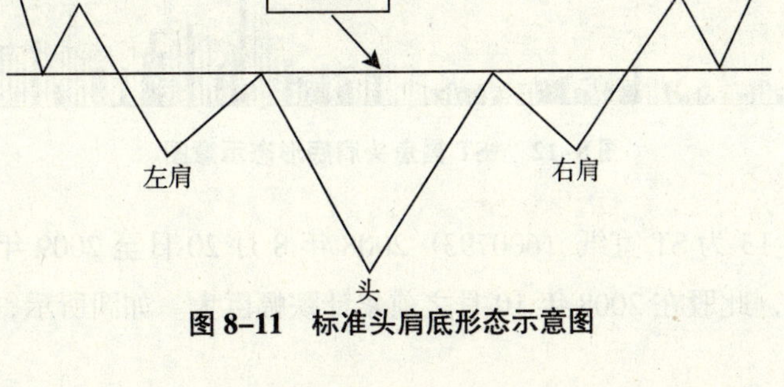

图 8-11 标准头肩底形态示意图

二、头肩底形态实例解析

图 8-12 为 *ST 昌鱼（600275）2008 年 8 月 18 日至 2009 年 2 月 17 日期间走势图，从图中可看出，该股在 2008 年 10 月中旬至 2008 年 12 月的这段筑底过程中，走出了一个标准的“头肩底”形态。这一头肩底形态是出现在个股深幅下跌之后，在个股累计跌幅较大的情况下，头肩顶的出现预示着多方开始占据市场主动，股价不再如流水般向下滑落。首先，在这一形态的支撑下，股价出现止跌企稳的迹象。其次，在头肩底形态的右边一半部分（即上涨部分）出现了较为明显的放量，这种放量预示着主力资金开始介入抄底，也预示着多方开始反攻，是市场见底的明确信号。最后，也是极为重要的一点，在右肩形成时，股价的回调幅度较小，这意味着个股在经历了较大幅度的反弹之后，市场做多能量仍然充足，这也从另一个侧面说明了空方力量的衰竭。“头肩底”形态是较为明确的做多信号，应果断出击，捕捉住这一盈利机会。

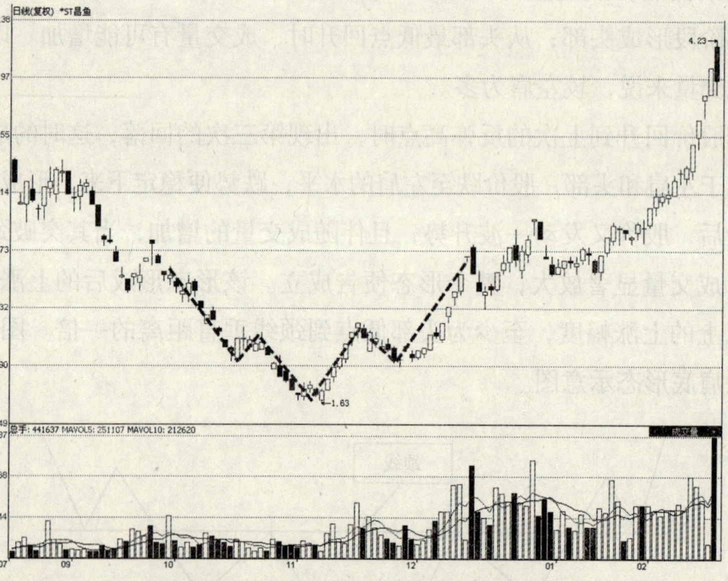

图 8-12 *ST 昌鱼头肩底形态示意图

如图 8-13 为 ST 宜纸（600793）2008 年 8 月 20 日至 2009 年 2 月 18 日期间走势图，此股在 2008 年 10 月之前累计跌幅巨大。如图所示，在 2008 年

10 月之后的走势中，出现了一个头肩底形态，由于这一头肩底形态出现在个股深幅下跌之后，且在头肩底形态的右半部分出现时，成交量出现了较为温和的放大，这预示着资金的持续流入，因而我们可以认为这一形态是预示着底部到来的头肩底形态。当投资者在结合个股前期的累计跌幅，以及形态形成之初的成交量进行综合判断时，一旦认为它有可能走出头肩底形态，就可以在其右肩形成之初积极加仓买入，进行中长线布局。

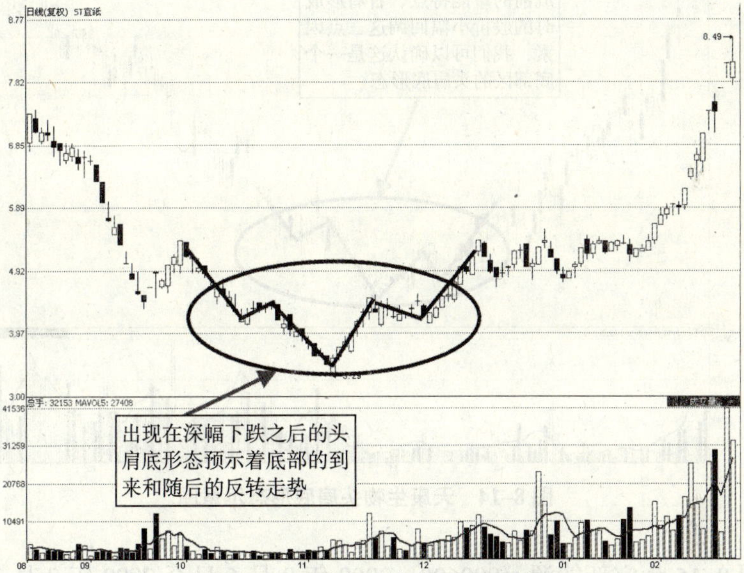

图 8–13　ST 宜纸头肩底形态示意图

图 8–14 为天康生物（002100）2008 年 7 月 30 日至 2009 年 2 月 24 日期间走势图，标注了底部区头肩底形态的形成过程。通过对这一形态形成前后的股价走势进行跟踪，我们发现它的形成是完全符合底部区的头肩底形态的。首先，这一头肩底形态是出现在个股深幅下跌之后，在个股累计跌幅较大的情况下，头肩顶的出现预示着多方开始占据市场主动，股价不再如流水般向下滑落。在这一形态的支撑下，股价出现了止跌企稳的迹象。其次，在头肩底形态的右边一半部分（上涨部分）出现了较为明显的放量，这种放量预示着主力资金开始介入抄底，也预示着多方开始反攻，是市场见底的明确信号。最后，也是极为重要的一点，在右肩形成时，股价的回调幅度较小，这意味着个股在经历了较大幅度的反弹之后，市场做多能量仍然充足，这也从另一

个侧面说明了空方力量的衰竭。投资者在实际操盘过程中，可以在头肩形态形成右肩时积极介入，此时介入虽然没有买到最低点，但是却可以在确认底部区头肩底形态完全形成的基础之上来介入，既降低风险也能短线获取股价近期内向上突破头肩底形态所带来的利润。

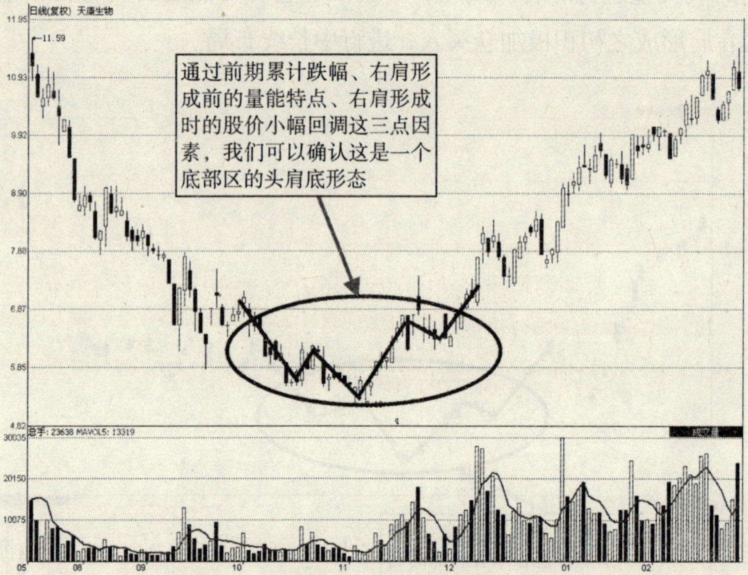

图 8-14　天康生物头肩底形态示意图

图 8-15 为宝新能源（000690）2008 年 8 月 6 日至 2009 年 2 月 27 日期间走势图，此股在此期间走出了一个形态开阔的头肩底形态。如图中标注所示，在颈线下方我们给出了左肩与右肩的支撑线，我们可以利用这一支撑线在头肩底形态中实施买入操作。当个股在右肩形成时，股价一般会回调至这一支撑线附近，此时，如果我们能判定出这是一个底部区的头肩底形态，那么我们就可以在右肩形成时进行买入，这是头肩底形态中第一买点；此外，在头肩底形态完全形成时，一般来说，当股价突破颈线后也多会出现一个股价回抽至颈线的回调走势，这时头肩底形态已经完全形成，更为稳健的投资者可以在股价回抽至颈线附近时买入，这是头肩底形态中的第二买点。

三、头肩底形态操作要领

（1）当股价向下持续探底过程中，形成头肩底形态之初，投资者可以在

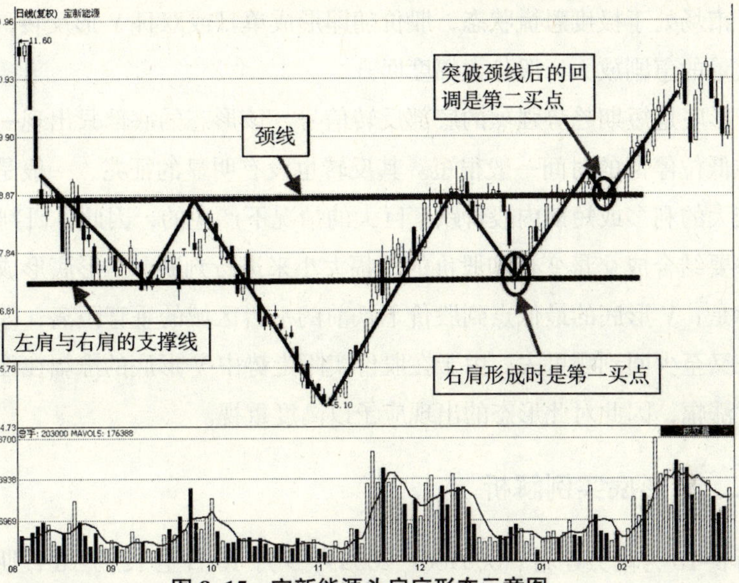

图 8-15　宝新能源头肩底形态示意图

右肩形成时所出现的股价回调过程中买入，此时买入可视为头肩底形态的第一买点，此时买入虽然无法买到头肩底形态中的最底部，但是却能大大地降低风险，此时买入不失为风险与收益最佳组合下的买点。

（2）当股价向上突破颈线位时，是较佳的买入信号，虽然股价与最低点比较，已经有了较大的升幅，即便升势只是刚刚确立，仍可积极介入做多。

（3）当股价向上突破颈线位后，股价随即展开回调走势，如果股价调整接近颈线位和 30 日均线位时，能够受到这两处技术位的较强支撑，则可坚决介入。

第六节　V 形底

一、什么是 V 形底

V 形底又称为尖底，是一种变化较快、转势力度极强的反转形态。V 形底一般出现在熊市末期和上升趋势的阶段性调整中。股价先是连续快速大幅下跌，市场处于极度恐慌状态，股价随即形成单日或双日V形反转，并伴随着成交量的急剧放大，股价大幅度回升。

V形底是短期趋势强烈的底部反转信号，该形态的底部只出现一次，而且其在低位停留的时间一般很短。其反转也没有明显的征兆，一般是在市场出现较大的利多或短期内股价跌幅巨大的情况下产生的，因此，研判V形反转走势要结合成交量变化和股价的跌幅大小来进行判断。V形底形成后的上涨规律是：V形底的最低点到股价下跌前的平台区域的垂直距离，即股价从哪里来又至少回到哪里去。由于在股价实际走势中V形底的涨幅往往超过基本量度涨幅，因此对此形态的出现应予以高度重视。

二、V形底实例解析

图8-16为南方建材（000906）2008年9月16日至12月18日期间走势图，图中显示，该股在2008年9月中旬到11月中旬的这段盘底行情中，走出了一个相当标准的V形底形态。该股股价在2008年8月初开始下跌，并快速形成陡峭持续暴跌状态。V形底的底部十分尖锐，一般来说形成这转势点的时间仅两三个交易日，而且成交在这低点处明显增加。有时候转势点就在恐慌交易日中出现，股价出现宣泄式暴跌，空头得到极度释放，由此V形

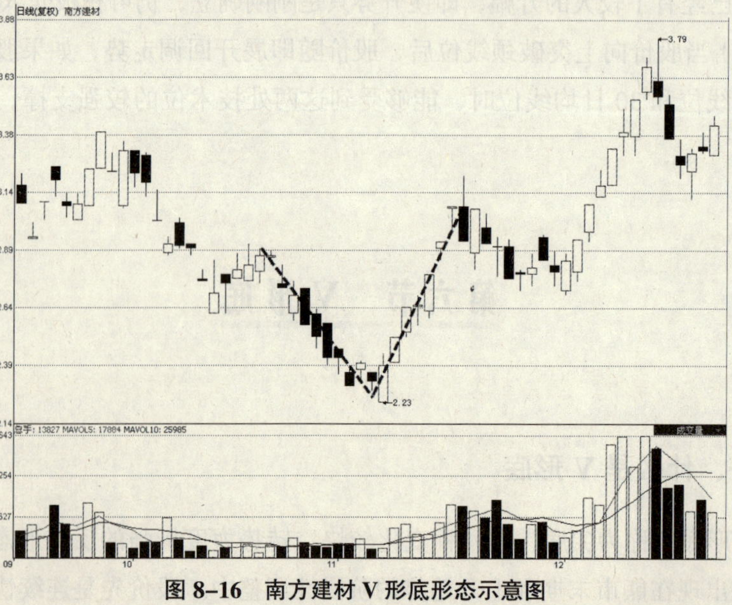

图8-16 南方建材V形底形态示意图

底形态形成。研判 V 形底形态关键是要分析是否有增量资金介入，在成交量放大前提下，行情会回到原来的起点区域，并且能够创出新高。该股后市强劲上涨的走势有力地证明了 V 形底形态是明确的底部做多信号，应大胆操作，坚定中长线持股信心。

图 8-17 为柳工（000528）2008 年 9 月 4 日至 2009 年 2 月 17 日期间走势图。此股在 2008 年 9 月前就已经出现了较大幅度的下跌，在 2009 年 9 月出现了一段时间的横盘之后就再次向下大幅度下跌，股价在短时间的跌幅过快、过深，从而导致了随后 V 形反转形态的出现。当个股处于整体性的下跌趋势之中时，若无明确信号，我们是不可以轻易预测底部的，盲目地预测底部很可能会出现想抄底却抄在半山腰的情况，那么这次在 2008 年 9 月后下跌时产生的 V 形反转，是否底部区的 V 形反转呢？

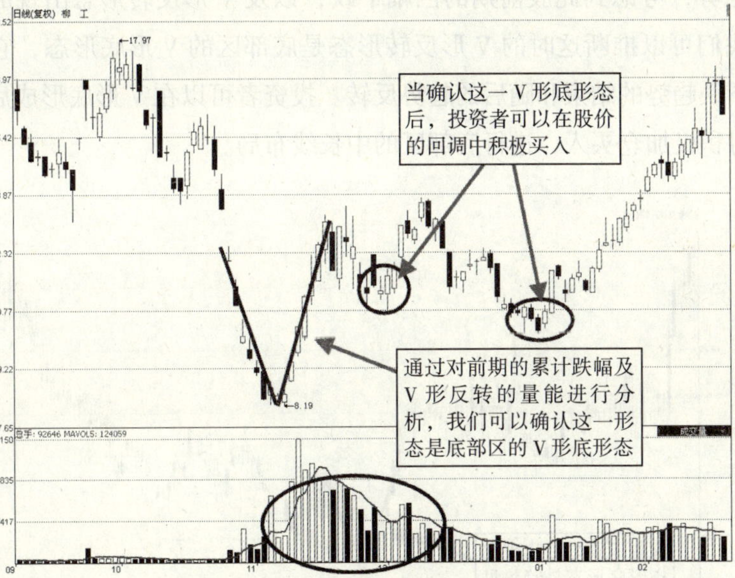

图 8-17　柳工 V 形底形态示意图

对于这一问题，我们可以从两方面入手：一是此股的累计跌幅，二是 V 形反转时的成交量形态。我们先来看一下此股的累计跌幅，在这个 V 形反转出现时，柳工的股价在 8 元区间，与它在 2007 年创出的顶部 45 元区间相距甚远，目前的股价明显处于历史上的相对低估区，在股票估值与累计跌幅上，此股已经具备了形成底部的价位。然后，我们再来看一下 V 形反转形态出现时的成交量情况如何，通过图中标注可以看到，在V形反转出现时，此股成交量连续放大，虽然在V形反转后的回调中出现了相对的缩量，但这时的量能仍然要远大于V形反转形态出现前的量能，这说明有资金在持续地涌入此股，促使此股的交投活跃度明显提高。通过以上两方面的分析，我们有理由认为这一个V形反转形态就是底部区的V形底形态，当投资者明确这一底部区的V形反转形态后，可以在V形底形成后的回调中积极加仓买入，因为主力资金多在V形底大幅弹升的过程中实施拉高建仓，投资者在随后的回调中买入，就会面临着比主力持仓成本还要低的极为主动的局面，此时买入也是在底部区进行中长线的布局的绝佳时机。

图8-18为同仁堂（600085）2008年8月2日至2009年2月24日期间走势图。如图中箭头标注所指，此股在一波急速下跌之后出现了一个V形反转的走势，考虑到此股前期的巨幅下跌，以及V形反转形态出现的量能特征，我们可以推断这时的V形反转形态是底部区的V形底形态，它的出现预示下跌趋势的结束和随后的趋势反转。投资者可以在V形底形成后的股价回调时积极加仓买入，进行底部区的中长线布局。

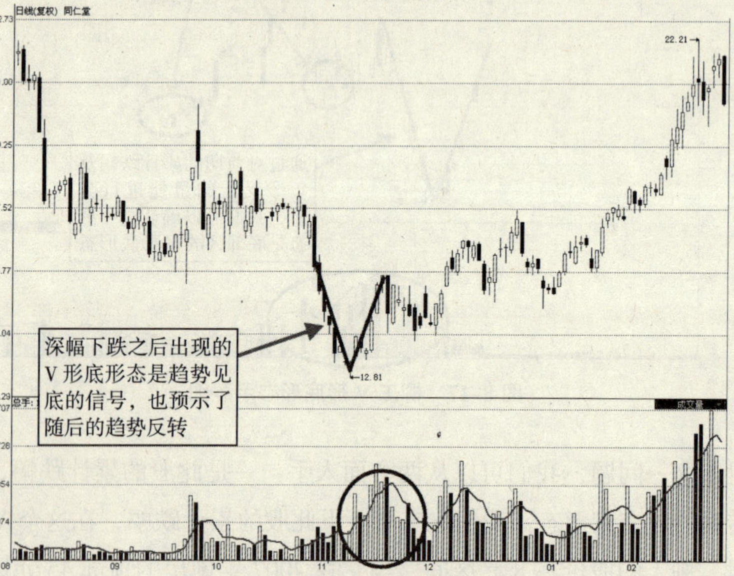

图8-18 同仁堂V形底形态示意图

图8-19为福建南纸（600163）2008年7月30日至2009年3月25日期

间走势图。如图中箭头标注所指，此股在一波急速下跌之后出现了一个 V 形反转的走势，考虑到此股前期的巨幅下跌，以及 V 形反转形态出现的量能特征，我们可以推断这时的 V 形反转形态是底部区的 V 形底形态，它的出现预示下跌趋势的结束和随后的趋势反转。投资者可以在 V 形底形成后的股价回调时积极加仓买入，进行底部区的中长线布局。

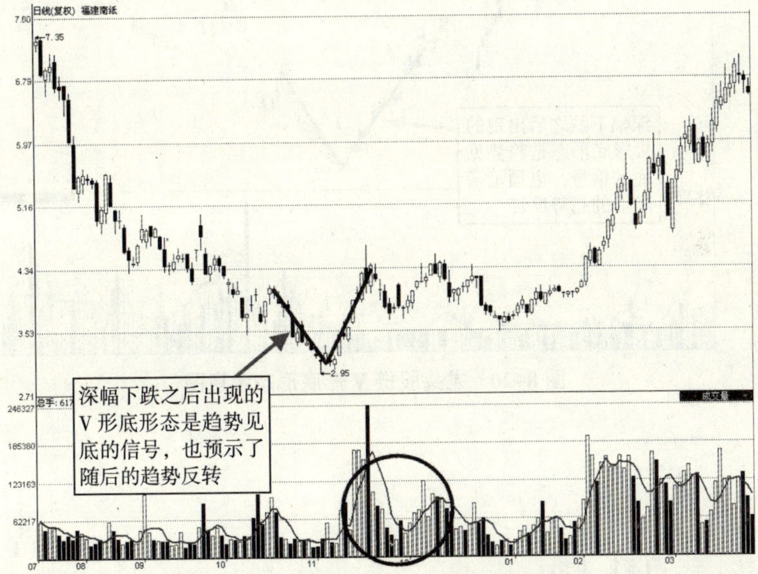

图 8-19 福建南纸 V 形底形态示意图

图 8-20 为龙头股份（600630）2008 年 7 月 4 日至 2009 年 2 月 26 日期间走势图。如图中箭头标注所指，此股在一波急速下跌之后出现了一个 V 形反转的走势，考虑到此股前期的巨幅下跌，以及 V 形反转形态出现的量能特征，我们可以推断这时的 V 形反转形态是底部区的 V 形底形态，它的出现预示下跌趋势的结束和随后的趋势反转。投资者可以在 V 形底形成后的股价回调时积极加仓买入，进行底部区的中长线布局。

图 8-21 为 *ST 二纺（600604）2008 年 7 月 30 日至 2009 年 2 月 20 日期间走势图。如图中箭头标注所指，此股在一波急速下跌之后出现了一个 V 形反转的走势，考虑到此股前期的巨幅下跌，以及 V 形反转形态出现的量能特征，我们可以推断这时的 V 形反转形态是底部区的 V 形底形态，它的出现预示下跌趋势的结束和随后的趋势反转。投资者可以在 V 形底形成后的股

价回调时积极加仓买入，进行底部区的中长线布局。

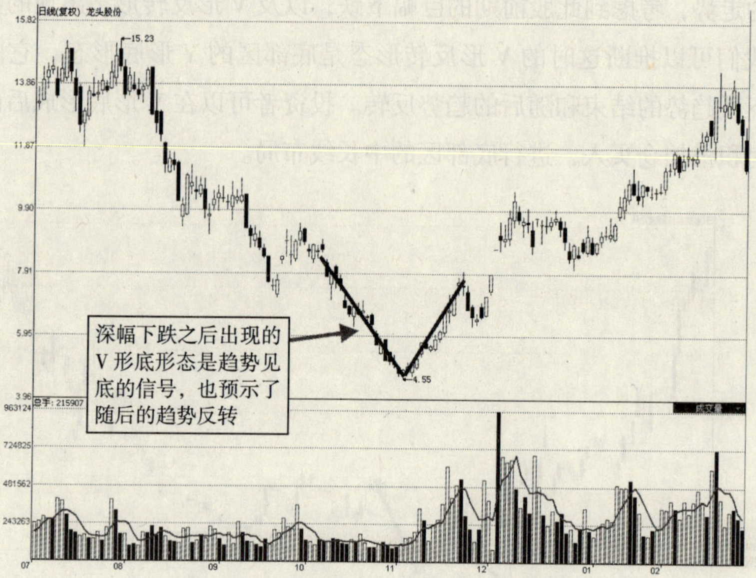

图 8-20　龙头股份 V 形底形态示意图

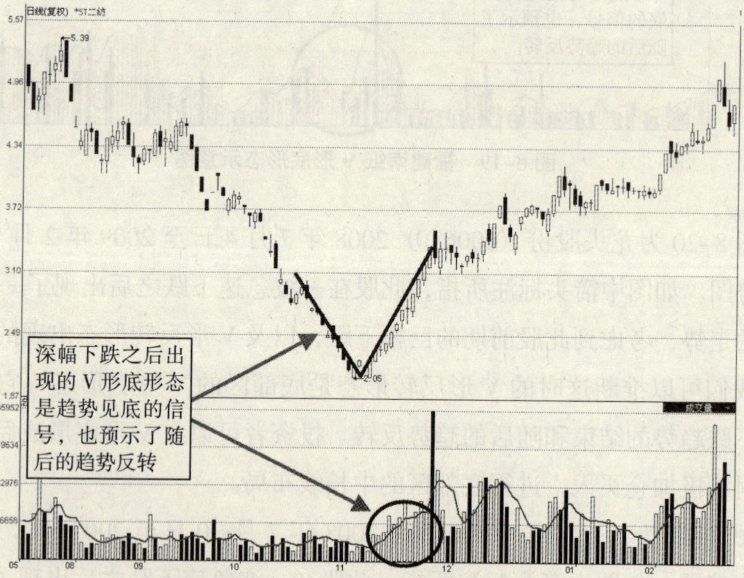

图 8-21　*ST 二纺 V 形底形态示意图

三、V 形底形态操作要领

（1）V 形底出现前的短线下跌幅度越大、量能越大，下跌速度也就越快，出现 V 形底部反转的概率就越大。

（2）股价在底部转折点区域容易产生超过 6%以上的巨阳或巨阴，多空双方进行最后的转换。

（3）V 形底在形成第一根筑底阳线之后一般会于次日或最迟不过三日再度放量飙升，成交量应至少较上一交易日要放大两三成以上。即使于次日发生小幅调整，但是成交量一般不会发生大幅萎缩。

（4）一般来说，V 形底形态产生较难判断，因为它的反转通常没有什么征兆，而且反转前也没有逐渐缓和的趋势（逐渐平衡的买卖实力）可供参考。V 形底形态的出现，通常是报复性反弹的结果。它往往在重大利好消息来临时产生，或是在严重的超卖行情中产生，由此形成了短期内价格的剧烈波动。

第九章　透过K线识顶部形态

第一节　理解顶部的形成

前面讲解底部的时候，我们提到过底部是在大幅下跌后形成的，与此相反的是，顶部是在大幅上涨后形成的。当市场或个股经历了前期巨大累计上涨之后，便开始出现了滞涨的走势，一般来说，由于前期轰轰烈烈的上涨所形成的市场人气不会马上散去，因而，在顶部形成前往往还会出现最后一波较为明显的上涨。下面我们就来看看市场是如何在这最后一波主升浪之后形成顶部的。

最后一波主升浪的时间可长可短，这与市场当时的气氛及市场上主力资金的意向有极大的关系。当市场狂热的气氛能在较长一段时间内持续下去，且主力有意把股价拉得更高的时候，最后一浪的上涨时间就会相对较长一些，反之就会短一些。一般来说，当最后一波主升浪形成时，市场上的很多个股已经开始出现滞涨或宽幅震荡的走势，很明显，它们已经完成了上升趋势的整个过程，余下的任务就是筑顶和等待下跌趋势的开始。

在最后一波主升浪形成时，投资者热情空前高涨，“牛市仍将继续”的念头充斥着绝大多数人的脑海，但是随着买方力量的不断减弱、资金流入速度放缓，就出现了越往上涨成交量越小的情况，此时离行情见顶已为时不远。这一时间，大家似乎更着眼于未来，在当前价格已明显偏离当前基本面情况时，开始计算动态市盈率（用未来几年后的每股收益来计算市盈率），通过透支未来，投资者看到了市场的估值仍然不高，毕竟宏观经济一片大好，经济仍将高速成长，虽然资本市场炒的是预期，但是这个预期毕竟太遥远了。这时的市场中，技术派人士成为主导力量，而技术派的思维仍以行情向上来指导操作，从某个时候，多头行情开始筑造头部。指数已经上攻乏力，虽然个别板块仍会创出新高，但总体上已显疲态，人们贪婪的欲望仍超过恐惧的心理，随着价格的滞涨，获利盘开始抛出，接盘者却不多，头部隐现。

我们在第三章“看K线，不要忘了成交量”中已经解读了顶部的成交量多出现缩量这一特征，而在顶部形成前的最后一波主升浪的量能特征往往也是缩量上涨的情况，即通常所说的量价背离。图9-1上证指数在2007年顶部形成前的情况就充分反映了顶部及顶部形成前的量能特征。

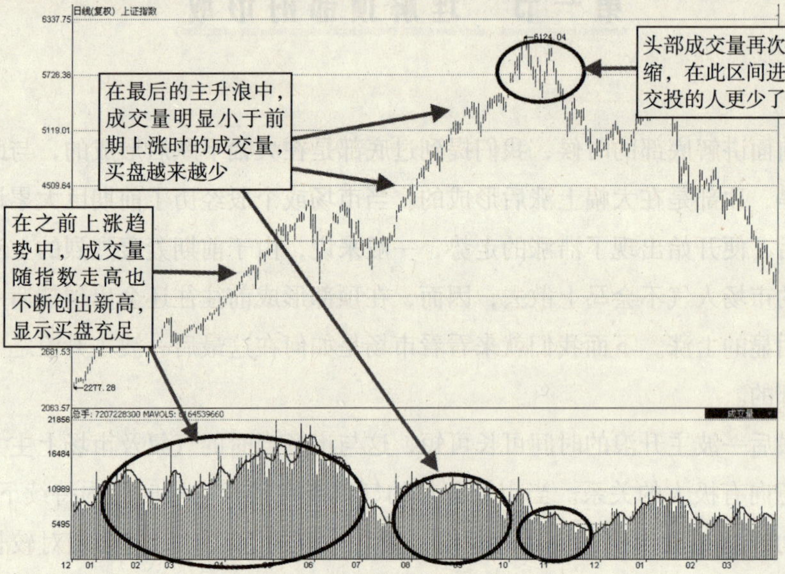

图9-1　2007年大盘顶部形成示意图

第二节　圆弧顶

一、什么是圆弧顶

圆弧顶又称为圆顶、弧线顶。当股价进入上升行情的末期，多头开始遇到阻力，而使股价上升的速度减缓，甚至是下跌，多空双方在高位形成拉锯战，多头由主动进攻变成被动防守，直至上升动力衰竭，形成大幅破位走势。该形态宛如一根月弧状的曲线，称为圆弧顶。

圆弧顶是一种非常扎实的反转形态，在实战中运用价值非常高。圆弧顶多出现于大盘蓝筹股中，这类股票的投机炒作气氛一般不浓，股价在头部区域很难出现急速反转的走势，圆弧顶的酝酿周期至少要在两个月以上，有时甚至长达 4 个月。所以，一般对大盘指数和权重指标股的操作中常常根据圆弧顶研判卖出时机。圆弧顶没有像其他形态有着明显的卖出点，但其一般形态耗时较长，有足够的时间依据股价的趋势线、均线等指标变化从容卖出股票。圆弧顶没有明确的量度跌幅，但下跌的幅度一般不会小于其累计涨幅的 50%，多数情况下，股价将会跌至前期股价的起涨点附近。

二、圆弧顶实例解析

图 9–2 是中国联通（600050）2007 年 6 月 4 日至 2008 年 4 月 8 日期间走势图，从图中可看出，该股在 2007 年 12 月下旬到 2008 年 2 月下旬的这段高位盘整期间，走出了一个标准型的圆弧顶形态。在经过了 2007 年的持续上涨之后，此股在累计涨幅达 5 倍以上的情况下出现了一个圆弧顶形态，在圆弧形态形成时，成交量出现散乱式放大迹象。前面我们讲过，这种高位区的脉冲式放量是主力出货的迹象。随着圆弧形态的完成，股价出现滞涨并且股价重心开始下移，这是主力资金及市场获利盘在高位区大量出货造成的形态，它的出现多意味着顶部的形成，是上升趋势结束、下跌趋势开始的信号。当这一形态出现在个股累计涨幅较大的情况下，它多意味着上升趋势的结束和随后下跌趋势的开始，它的出现是明确的顶部信号。该股圆弧顶形成后的走势再次表明圆弧顶是极为可靠的高位反转信号，投资者应充分利用这一信号，及时做好“多翻空”的转换操作，踏准节拍，最大限度地规避损失。

图 9–3 为信达地产（600657）2009 年 2 月 12 日至 9 月 30 日期间走势图，如图中标注所示，此股在经历了 2009 年上半年大幅上涨之后，于 2009 年 6 月末至 7 月末期间走出一个高位区圆弧形态。由于此股的前期累计涨幅较大，且在圆弧形态形成时，成交量也出现了相对的放量，随着圆弧形态的完成，股价出现滞涨并且股价重心开始下移，这是主力资金及市场获利盘在

高位区大量出货造成的形态，它的出现多意味着顶部的形成，是上升趋势结束、下跌趋势开始的信号，因此，这一形态即是我们本节中所讨论的圆弧顶形态。当这一形态出现在个股累计涨情不大且个股处于明确的上升通道之中时，它意味着个股的阶段性顶部形成和随后回调走势的出现；当这一形态出

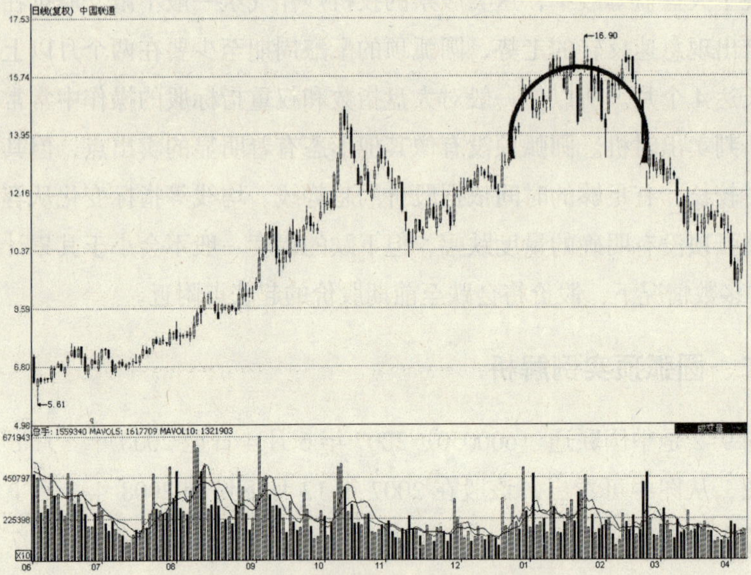

图 9-2 中国联通圆弧顶形态示意图

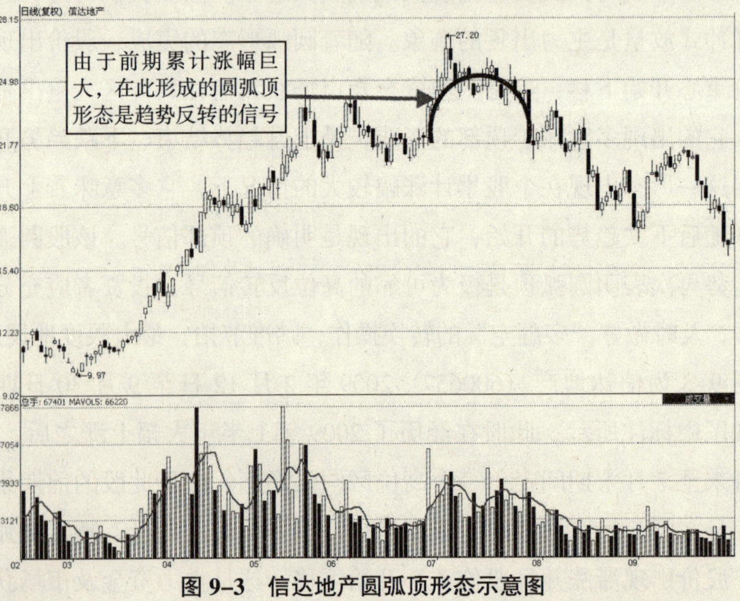

图 9-3 信达地产圆弧顶形态示意图

现在个股累计涨幅较大的情况下，它多意味着上升趋势的结束和随后下跌趋势的开始，它的出现是明确的顶部信号。

在实际操作过程中，投资者可以在圆弧顶初步形成时或形成后而股价短期内无法收复失地时进行卖出，因为圆弧顶形态一旦正式形成，其后期的杀跌力度还是不小的。

图 9-4 为京能置业（600791）2008 年 11 月 25 日至 2009 年 8 月 31 日期间走势图，如图中标注所示，在经过了 2009 年上半年的持续上涨之后，此股在累计涨幅达两倍以上的情况下出现了一个圆弧顶形态。在圆弧形态形成时，成交量也出现了相对的放量，随着圆弧形态的完成，股价出现滞涨并且股价重心开始下移，这是主力资金及市场获利盘在高位区大量出货造成的形态，它的出现多意味着顶部的形成，是上升趋势结束、下跌趋势开始的信号。当这一形态出现在个股累计涨幅不大且个股处于明确的上升通道之中时，它意味着个股的阶段性顶部形成和随后回调走势的出现；当这一形态出现在个股累计涨幅较大的情况下，它多意味着上升趋势的结束和随后下跌趋势的开始，它的出现是明确的顶部信号。

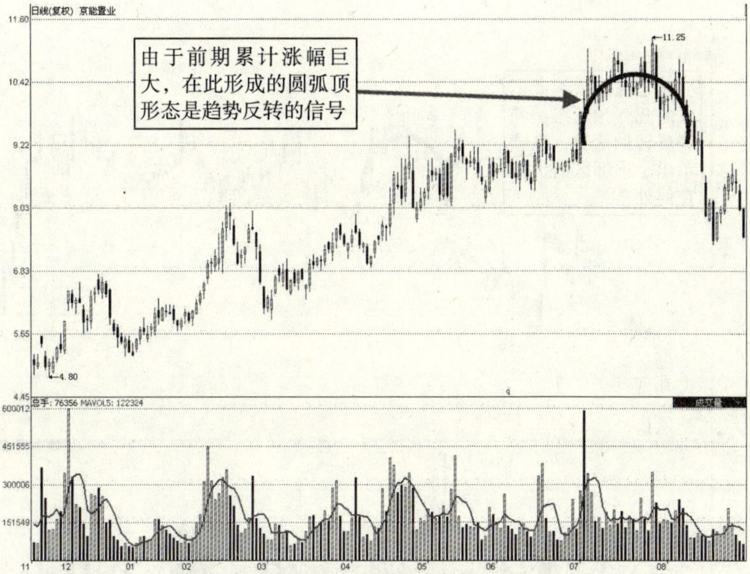

图 9-4　京能置业圆弧顶形态示意图

图9-5为有研硅股（600206）2008年12月29日至2009年8月20日期间走势图，如图中标注所示，此股在一轮较大幅度的上涨之后，出现了一个圆弧形态。值得注意的是，在这一圆弧形态出现后，成交量出现了明显的大幅放量情况，圆弧形态出现在高位区是股价高位滞涨的表现，若此时出现明显的放量，这往往说明有主力资金或市场获利盘在高位进行抛售，是股价见顶的标志。此股在圆弧顶形态构筑完毕后，股价并没有马上调头向下，一是因为当时的大盘走势还比较好，读者如果将此股圆弧构筑完毕后的走势与同期的大盘走势进行对比的话，就会发现，有研硅股的走势要明显弱于同期大盘，产生这种情况的原因是主力前期在此价位区间已开始大量出货，因而一般不会再去刻意拉升股价，可以说只要股价涨至这一出货价位区就会涌出大量的抛盘，从而使此股走势要明显弱于大盘。如果说大盘的强势运行可以让此股在圆弧顶价位区来回震荡的话，那么一旦大盘出现短期内的深幅回调，那么此股就将向下跌破这一个圆弧顶价位区。在图9-5的右侧可以看到，由于受大盘短期回调的影响，此股出现了大幅下跌，其跌幅要明显大于大盘回调的幅度。这种走势真可谓是“大盘涨时它不涨，大盘跌时它更快”，因为先前的圆弧顶形态就已经向我们提示了此股的顶部区间在何处。

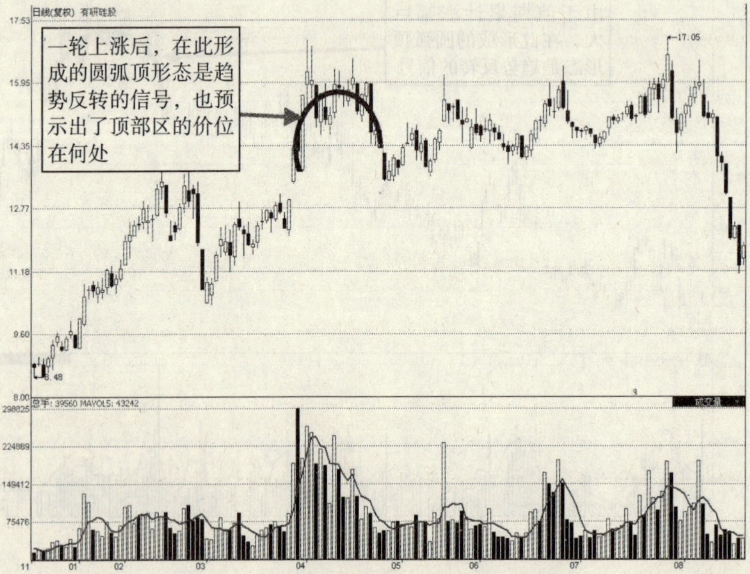

图9-5 有研硅股圆弧顶形态示意图

三、圆弧顶形态操作要领

（1）当股价跌破中期上升趋势线时，是较为理想的卖出时机；

（2）当股价跌破颈线位的当日，应迅速止损出局；

（3）圆弧顶形成破位走势后，多半有一个回抽颈线位的走势，这是另一个卖出时机；

（4）圆弧顶的末期，股价缓慢下跌到一定位置，引发持股人信心动摇，常出现向下跳空阴线，此阶段也是强烈的卖出信号；

（5）圆弧底形成过程中，已有均线等指标提前发出了见顶信号，这也是卖出的信号之一。

第三节　双重顶

一、什么是双重顶

双重顶是由两个相同或相差不多的高点所组成的由上升趋势转为下降趋势的顶部反转形态，也是最常见的股价走势图形。顾名思义，双重顶没有肩，只有两个高度基本相等的“峰”和“谷”组成，该形态形成于上涨行情的末期，由于其股价变化的轨迹形成了一个类似于双头的形态，故称双重顶，由于该形态如同英文字母“M”形态，故也称为“M 顶”。

下面我们来看看双重顶形态下的市场含义：由于市场整体或个股前期出现大幅上涨，由此产生了大量的获利盘。获利盘最大的特点就是随时都有获利出局的愿望，一旦获利盘认为股价难以上涨，就会进行抛售。大量的抛售会令上升的行情转为下跌，当股价产生一定跌幅后，获利盘抛售的愿望会明显减少，而此时股价的跌幅也引起一部分场外投资者或短线投机客的关注，他们开始买入，于是行情再次出现上涨。由于一部分投资者错过了第一次的高点出货机会，当股价反弹至前期高点附近时，多会因信心不足而选择出货，再加上短线客的获利抛出会使得该股在强大的抛压下再次下跌。因为个股两次冲高无果，这种滞涨的走势会引发越来越多的投资者抛出，当个股在卖盘数量远大于买盘数量的情况下向下跌破颈线时，整个双重顶形态便告形成。

双重顶形态是较为常见的见顶信号，是中长期主力大规模清仓离场的重要特征。一般来说，双重顶的两个高点形成的时间间隔应超过一个月，如果在短期内出现此种情况，该形态可能不成立。双重顶两个顶点产生的时间相距越远，中间经过几次次级下跌，反转形态的可能性愈大。双重顶形态的下跌规律是：颈线以下的跌幅，至少是两个顶部高点的连线到颈线垂直距离的一倍以上。图 9-6 为标准的双重顶形态示意图。

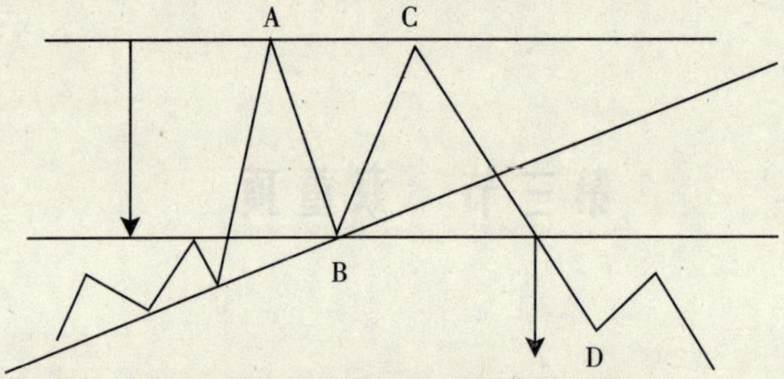

图 9-6　标准双重顶形态示意图

二、双重顶实例解析

图 9-7 是泛海建设（000046）2007 年 4 月 24 日至 2008 年 4 月 21 日期间走势图，如图中标注所示，该股在 2007 年 9 月中旬到 11 月中旬的这段高位盘整期间，走出了一个标准型的双重顶形态。当这一形态出现在个股累计涨幅较大的背景之下，是个股上涨趋势结束，并且正在形成顶部的信号。从此股随后的走势中可以看到，双重顶形态是非常可信的“多转空”信号，一旦出现此形态应坚决离场，以规避损失。

图 9-8 为中国船舶（600150）2007 年 4 月 24 日至 2008 年 6 月 6 日期间走势图，如图所示，此股在前期累计涨幅巨大的情况下，在高位区走出了一个形态宽阔的双重顶形态。由于此股在前期一直处于上涨势头中，在上升途中股价仅做了小幅度的震荡，而此时双重顶形态却是宽幅的大震荡，是股价滞涨的明显信号，再结合前期此股累计涨幅巨大，双重顶形态的时间跨度较长，因此我们有理由认为这一形态的出现预示着顶部的到来和随后的趋势反

转。双重顶形态是较为常见的见顶信号，是中长期主力大规模清仓离场的重要特征。例如，中国船舶上涨时间长、累计涨幅度大，其上涨时间达到两年之久，而累计涨幅近 10 倍，可以说，若不是长线主力在运作此股，那么这种走势是不可想象的，通过大幅上涨后这一双重顶形态的出现，我们可以认

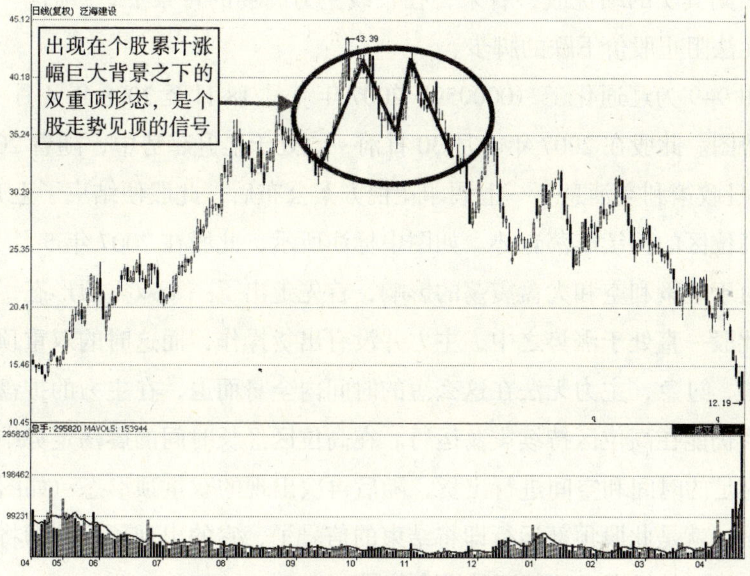

图 9-7　泛海建设双重顶形态示意图

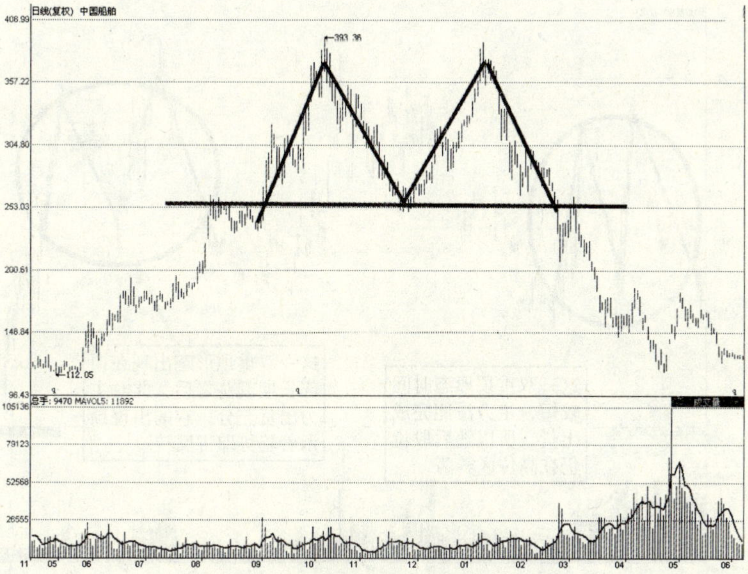

图 9-8　中国船舶双重顶形态示意图

为隐藏在此股之内的中长线主力正在加紧出货，对普通投资者而言，一旦这种双重顶形态出现在个股累计涨幅巨大的背景之下，其后期的杀伤力是极大的，如果盲目抄底，很可能会损失惨重。此股在双重顶形态形成后，股价一路从最高点时的300元跌至最低点的30元，股价跌去了九成，而此股却是一只名副其实的绩优股，看来，在长线主力离场的背景下，"绩优"这一因素也无法阻止股价下跌的脚步。

图9-9为辽通化工（000059）2007年4月18日至2008年4月10日期间走势图。此股在2007年5月30日前一直处于上升趋势中，随着2007年5月30日政策利空消息——上调印花税方案公布后，此股便结束了上升行情，转为高位区的持续震荡走势。如图中标注所示，此股在2007年5月30日之后，由于政策利空和大盘震荡的影响，首先走出了一个双重顶形态，但由于此前此股一直处于涨势之中，主力并没有出货操作，而这时的双重顶形态形成过快、过急，主力无法在这么短的时间内全身而退，在主力的护盘下，此股随后仍能在高位区持续震荡运行。在高位区经长时间的震荡走势中，主力有了充足的时间和空间进行出货，随后再次出现的双重顶形态（如图9-9标注所示）就是此股顶部运行即将结束的信号了，它的出现预示着即将到来的反转走势，是投资者顶部区的逃命信号。

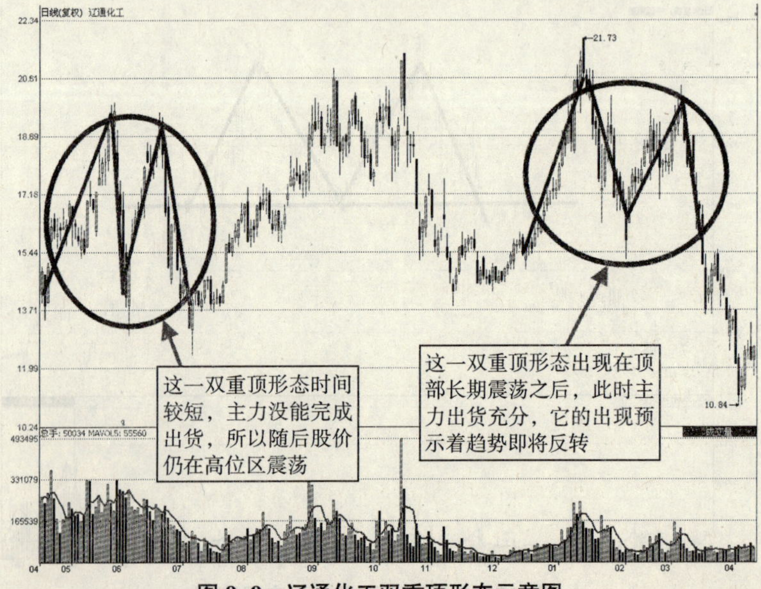

图9-9　辽通化工双重顶形态示意图

图 9-10 为深证成指 2007 年 2 月 12 日至 2008 年 8 月 20 日期间走势图，大盘在 2007 年持续上涨，市场整体涨幅巨大，当指数走到 2007 年 10 月份的 6000 点附近时，上涨势头受阻，出现了一个双重顶形态。由于大盘前期累计涨幅巨大，而且这一双重顶形态的构筑时间较长，这一高位区的双重顶形态的出现明确地发出了牛市已结束的信号。

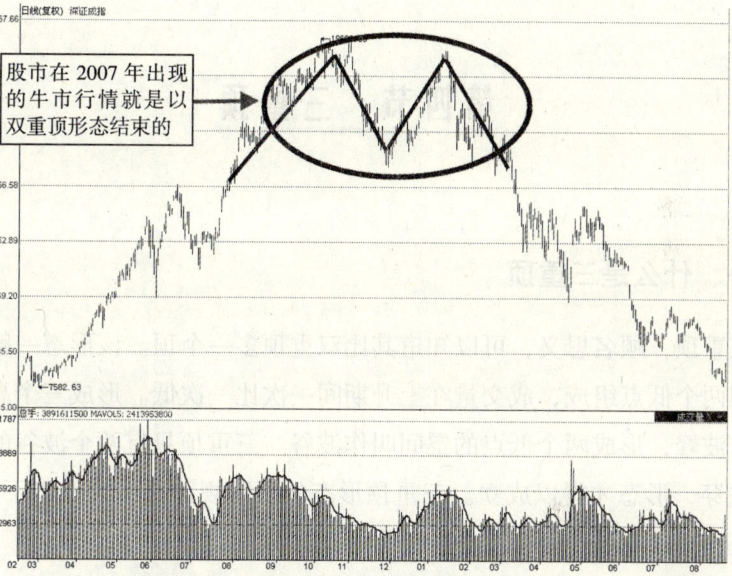

图 9-10　深证成指大盘双重顶形态示意图

三、双重顶形态操作要领

（1）当股价进入高价区域并走出第一个顶部之后，这时若出现较大幅度的下跌，就要明确个股的上涨走势很可能已经结束了，但此时不必急于卖出，一般来说，主力为了出货的需要，会让股价尽量维持在顶部区间，我们可以在股价反弹至前期高点时再做判断。当股价在走向第二个顶部时，如果出现放量不破前高走势时，需要果断卖出，此时是双顶形态的第一个卖出时机。

（2）当股价放量跌破双重顶的颈线位时，多意味着个股的筑顶走势已经结束，随后的走势将是下跌，此时是该形态第二个重要的卖出时机。

（3）一般来说，当股价跌破颈线支撑之后，常常会出现股价反抽现象，短暂反弹至颈线附近，这是双重顶形态的第三个重要的卖出时机。

(4) 双重顶形成过程中，如果出现技术指标严重背离现象，也是重要的卖出时机。

(5) 一般双重顶形态中的第二个顶点都较第一个顶点稍低，原因是先知先觉的投资者在第二个顶部完全形成前就开始卖出，令股价没法再次返回到前期高点。

第四节　三重顶

一、什么是三重顶

三重顶，顾名思义，可以知道其比双重顶多一个顶。该形态一般由三个高点和两个低点组成，成交量在上升期间一次比一次低。形成三个高点的空间叫作波峰，形成两个低点的空间叫作波谷。三重顶只有两个波谷的支撑连线被跌穿，形态才得以成立。三重顶形态的下跌规律是：颈线以下的跌幅，至少是三重顶高点到两个波谷连线的垂直距离。

下面我们来看看三重顶形态下的市场含义：由于市场整体或个股前期出现大幅上涨，由此产生了大量的获利盘，获利盘最大的特点就是随时都有获利出局的愿望。一旦获利盘认为股价难以上涨，就会进行抛售，大量的抛售会令上升的行情转为下跌。当股价产生一定跌幅后，获利盘抛售的愿望会明显减少，而此时股价的跌幅也引起一部分场外投资者或短线投机客的关注，他们开始买入，于是行情再次出现上涨。由于一部分投资者因错过了第一次的高点出货机会，当股价反弹至前期高点附近时，多会因信心不足而选择出货，再加上短线客的获利抛出会使得该股在强大的抛压下再次下跌。但由于前期市场所形成的良好氛围仍没有完全散去，再加上主力出货数量少、短线客仍然较为活跃等因素，股价仍能在二次回落之后再一次出现上涨走势。但此时的买盘人气已越来越差，股价第三次冲高完全是高位区的一种“挣扎”，根本无法突破前期高点，更别说再次走出大幅上涨行情了，因而个股三次冲高无果，这种滞涨的走势会引发越来越多的投资者抛出，当个股在卖盘数量远大于买盘数量的情况下向下跌破颈线时，整个三重顶形态便告形成。图 9-11 为标准三重顶形态示意图。

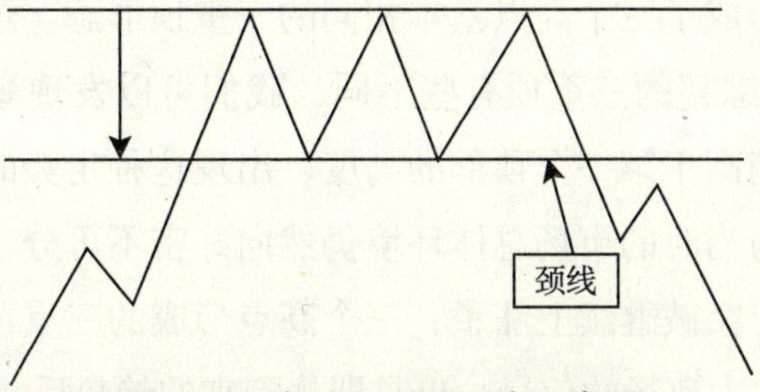

图 9-11 标准三重顶形态示意图

二、三重顶形态实例解析

图 9-12 为华联综超（600361）2006 年 9 月 12 日至 2008 年 4 月 6 日期间走势图，如图中标注所示，此股在前期累计涨幅较大的背景下，于高位区出现了三个高点基本相同的三重顶形态。三重顶形态的出现是个股高位区滞涨的信号，由于个股三次冲高未果而产生的三重顶形态是顶部形成的信号，当这一形态出现个股前期累计涨幅巨大的情况之下时，它的出现也预示着即将到来的下跌趋势。从此股随后的走势中可以看到，三重顶形态是非常可信的“多转空”信号，一旦形成应坚决离场，以规避损失。

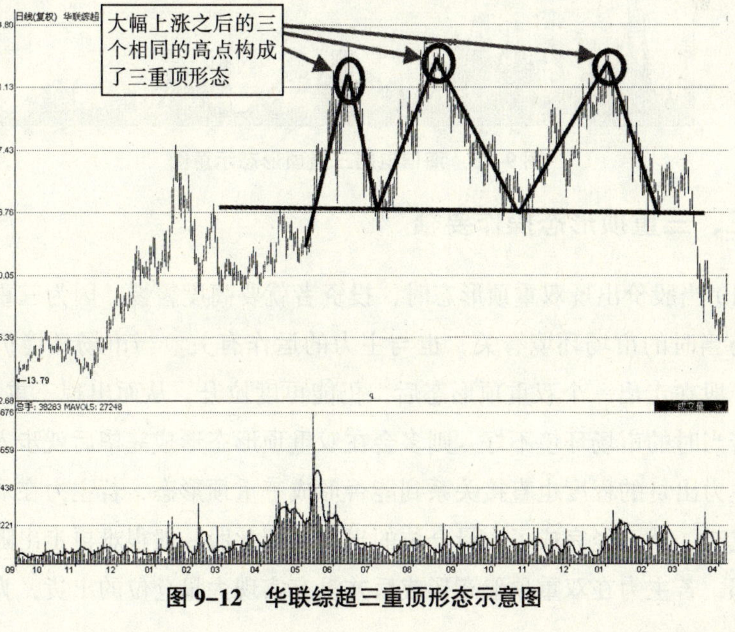

图 9-12 华联综超三重顶形态示意图

图 9-13 为海信电器（600060）2006 年 12 月 4 日至 2008 年 7 月 2 日期间走势图，如图所示，此股在 2007 年上半年出现了较大的累计涨幅，当股价涨至高位后，形成了三个高点基本相同的三重顶形态。这个三重顶形态与图 9-12 中的华联综超的三重顶有些不同，我们可以发现海信电器中的后两个顶部的高度要稍高于第一个顶部的高度，出现这种走势的原因与主力的运作密不可分，也与当时的市场总体环境仍然向好密不可分，但无论如何，股价已没有力量向上突破继续上涨了，三个高点形成的三重顶形态是股价走势见顶的信号，是主力离场的信号，也是即将到来的趋势反转的信号。

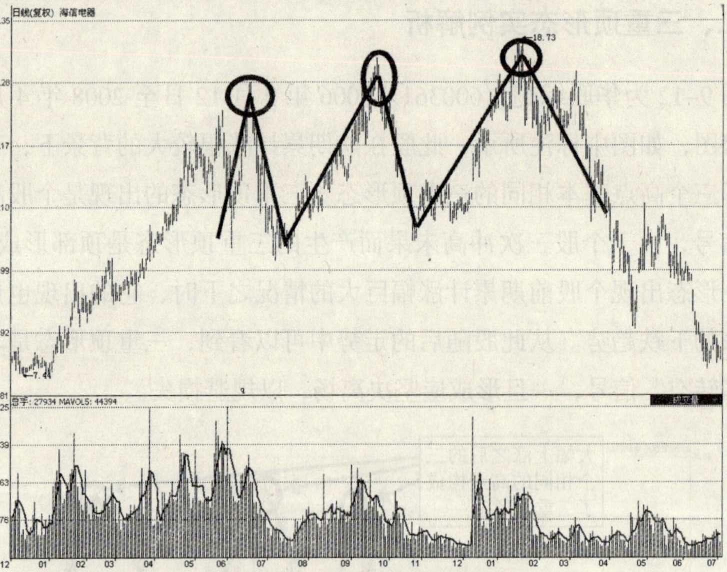

图 9–13　海信电器三重顶形态示意图

三、三重顶形态操作要领

（1）当股价出现双重顶形态时，投资者就要高度警惕。因为三重顶的形成既与当时的市场环境有关，也与主力的运作有关。当市场环境仍然很好时，个股在走出一个双重顶形态后，仍能再度拉升，从而出现三重顶形态，但是若当时的市场环境不好，则多会在双重顶形态形成完毕后就步入下跌通道；主力出货的程度也直接关系到能否形成三重顶形态，若主力在双重顶形态形成时，就已经完成了大量仓位的出货，那此股一般很难再走出随后第三个顶部，若主力在双重顶形态形成后并没有实现大量仓位的出货，为了能尽量在高位区出货，主力多会护盘并适度拉升，从而使个股走出第三个顶部完成三重顶形态。

（2）一般来说，主力为了出货的需要，会让股价尽量维持在顶部区间，当股价在走向第二个顶部或第三个顶部时，如果出现放量不破前高走势时，需要果断卖出，此时是三重顶形态的第一个卖出时机。

（3）当三重顶形态构筑完毕后，若股价向下跌破颈线位时，因为三重顶形态杀伤力巨大，投资者应及时卖出股票或持股观望，这条颈线将从原来回调时的支撑位转变为股价反弹的压力位。当股价放量跌破双重顶的颈线位时，多意味个股的筑顶走势已经结束，随后的走势将是下跌，此时是该形态第二个重要的卖出时机。

（4）当股价放量跌破颈线位且不能在未来三个交易日重新站上颈线位上方，则表明有效跌破。一般来说，当股价跌破颈线支撑之后，常常会出现股价反抽现象，短暂反弹至颈线附近，这是三重顶形态的第三个重要的卖出时机。

（5）三重顶形成过程中，如果出现技术指标严重背离现象，也是重要的卖出时机。

第五节　头肩顶

一、什么是头肩顶

头肩顶是指股价在上升途中出现了三个峰顶，这三个峰顶分别称为左肩、头部和右肩。从图形上看左肩、右肩的最高点基本相同，而头部最高点比左肩、右肩最高点要高。

下面我们来看一看头肩顶形态下的市场含义：起初，股价在多头的推动下不断上升，出现大量成交，市场投资情绪高涨，上涨到一定的高度后回调，形成“左肩”。然后从左肩的低点处开始反弹，超过左肩的高点后继续上升，创出另一新高，表面看来市场仍然健康和乐观，但成交已大不如前，反映出买方的力量在减弱，随着获利盘的纷纷涌出，股价又跌回到接近前一个下跌的低点附近，形成“头部”。头部形成后，这次的回落为那些错过了上次上升机会的投资者提供了一个买入的机会，在这些投资者的积极抄底买入之下，股价又从头部的低点反弹，但股价无力超越上次的高点，又掉头下行，形成“右肩”。左、右肩低点的连线，称为“颈线位”。此时股价疲软的走势已将市场上的乐观情绪完全扭转过来，当股价由右肩下跌，跌破颈线位后便可确认“头肩顶”形态的形成。

头肩顶形态是强烈的见顶信号，是中长期主力大规模清仓离场的重要特征。左肩至头部高点的时间跨度一般维持在 40~50 个交易日，此阶段以强势拉升为主；而左肩顶至右肩顶的时间跨度则至少在 80~100 个交易日，此阶段以杀跌出货为主。因此，当股价形成头肩顶之后，行情将出现较长周期的反转趋势，股价将以反复震荡盘跌的方式进入一轮较长周期的下跌走势。所以“头肩顶”形态是非常可信的高位转势信号，据此操作，可规避较大的市场风险。图 9-14 为标准的头肩顶形态示意图。

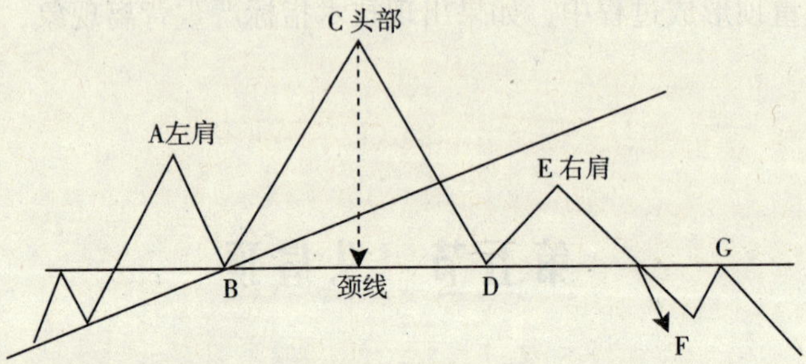

图 9-14　标准的头肩顶形态示意图

二、头肩顶形态实例解析

图 9-15 是中信证券（600030）2007 年 3 月 26 日至 2008 年 4 月 3 日期间走势图，图中显示，该股在 2007 年 8 月上旬到 2008 年 1 月中旬的这段高位盘整期间，走出了一个时间跨度为 5 个月的“头肩顶”形态。头肩顶形态告诉我们过去的长期性上涨趋势已扭转过来，股价在形成头部时显然较先前的一个低点（左肩）要高，但却很快地调头下跌，接下来，股价没有反弹至头部就再次下跌，这说明市场中的多方力量正逐步减弱，空方力量开始转强，当两次下跌时的支撑线（颈线）打破后，显示空方已完全把多方击倒，

卖方代替买方完全控制整个市场。头肩顶形态是非常可信的“多转空”信号，一旦出现应坚决做空，以规避损失。

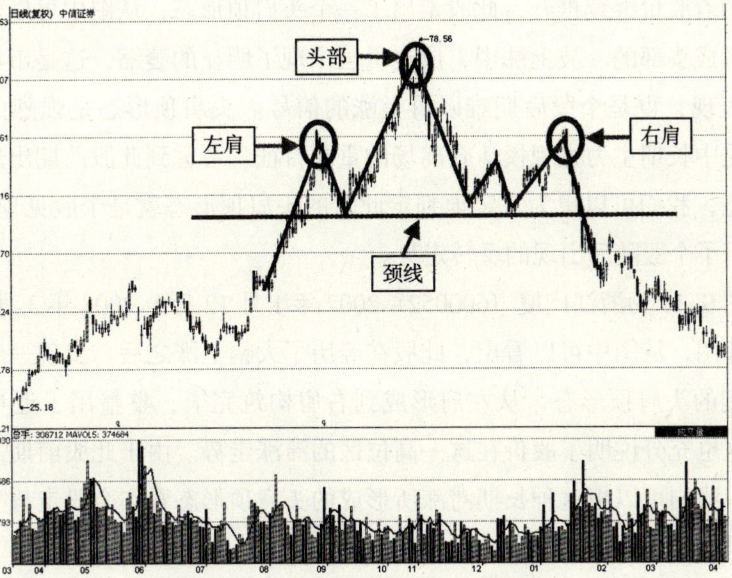

图 9-15 中信证券头肩顶形态示意图

图 9-16 为东华实业（600393）2007 年 2 月 5 日至 12 月 18 日期间走势图，此股在前期大幅上涨之后，先是出现了一个双重顶形态，但随后在主力

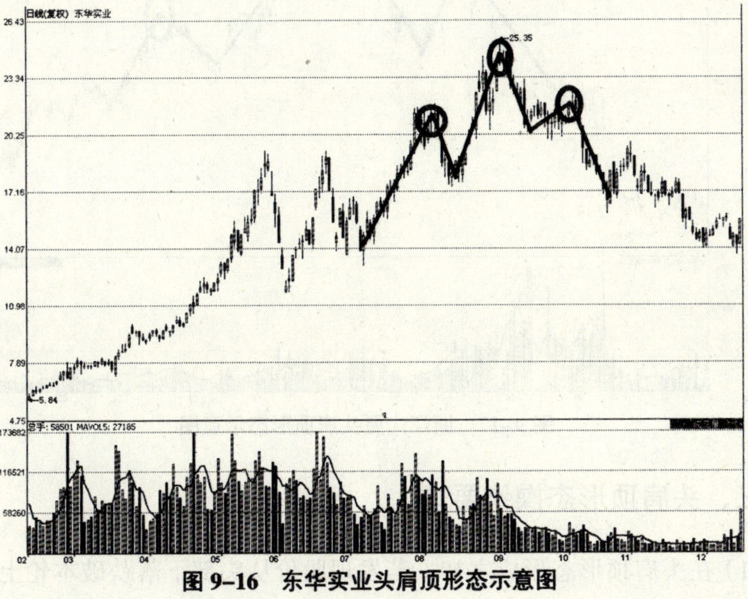

图 9-16 东华实业头肩顶形态示意图

的推动下股价再次大幅上涨，使得这一形态并没有成为真正的顶部形态，但是双顶形态的出现已经向我们预示了股价离顶部已经不远了。如图中标注所示，随着股价继续推升，此股走出了一个头肩顶形态，从图中可以看出，此股在形成头部的一波上涨中，成交量已出现了明显的萎缩，这是市场买盘匮乏的表现，也是个股后期难以再上涨的信号。头肩顶形态是强烈的见顶信号，是中长期主力大规模清仓离场的重要特征。考虑到此股前期出现的双重顶形态，我们可以更为肯定地判定此时的头肩顶形态就是个股见顶的标志，它预示了个股随后出现的反转走势。

图9–17为浙江广厦（600052）2007年1月12日至2008年3月28日期间走势图，从图中可以看出，此股在经历了大幅上涨之后，出现一个形态较为宽阔的头肩顶形态，从左肩形成到右肩构筑完毕，整整用了近半年的时间，这也充分说明了股价在这一高位区的滞涨走势。由于此股前期累计涨幅巨大，我们可以把这种长期滞涨所形成的头肩顶形态看作个股走势见顶的信号，是趋势反转的信号。

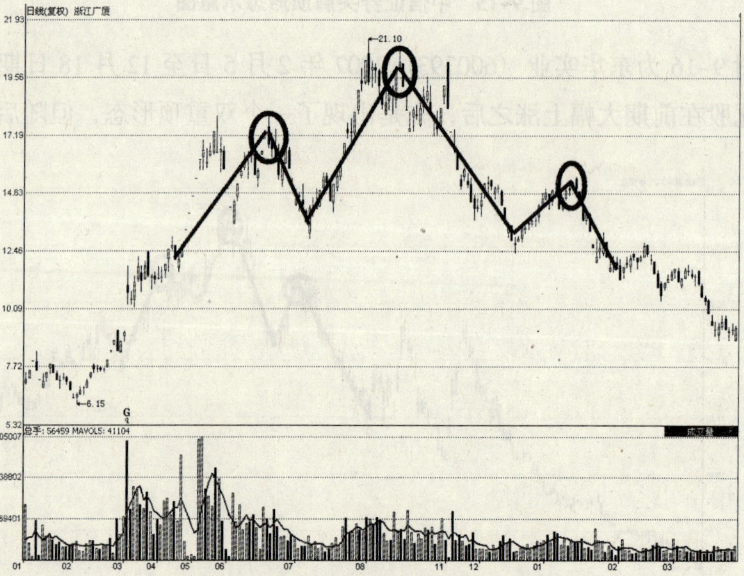

图9–17　浙江广厦头肩顶形态示意图

三、头肩顶形态操作要领

（1）在头肩顶形态形成之初，若发现股价从头部下落跌破本轮上升趋势线时，由于股价跌破中期上升趋势线时，就暗示了中期上升趋势将发生逆转，此时再结合个股累计涨幅巨大这一因素，投资者可以尽快抛出，这时的卖点可以称作是第一卖点。

（2）当头肩顶颈线位被击穿、头肩顶形态正式形成时，是第二卖点。虽然此时股价与最高点比较，已有较大幅度的回落，但上升趋势已发生逆转，下降趋势才刚刚开始，因而在此处为卖出比较适合中长线投资者。

（3）由于个股在顶部区多出现缩量情况，买盘不积极、卖盘也不会突然大量涌出，因而当股价有效跌破颈线位时，并不需要成交量配合，但是若此时出现价跌量增现象，则显示市场抛售力度较强，股价将加速下跌。一般情况下，急跌后的反弹也不会再次突破颈线位。

（4）股价头部的成交量小于左肩时，就暗示了头肩底形态有可能出现；当右肩的成交量又低于头部的成交量时，投资者就需要选择及时卖出。

第六节　V 形顶

一、什么是 V 形顶

V 形顶又称为尖顶，是一种变化较快、转势力度极强的反转形态。该形态一般出现在牛市的末期和熊市反弹阶段。V 形顶一般只有一个高点，即它的顶只出现一次。股价从底部启动，经过一段急速而短暂的拉升后，股价形成单日或双日 V 形大反转，之后连续快速大幅暴跌，在图形上形成类似于英文字母 V 的一种股价反转走势。V 形顶形态往往是受到消息传闻的影响，或是市场情绪化操作的反映。

V 形顶也是股市中较为常见的一种反转形态，其反转事先没有明确的征兆，一般是在市场环境发生剧变的情况下产生的，因此对此形态的研判要从成交量和股价的涨幅程度进行分析判断。V 形顶一旦形成，其杀伤力非常强。与其他顶部反转形态一样，其量度跌幅是从 V 形顶中的最高点到股价启动前平台区的垂直距离有多高，顶点以下股价最少有相等的跌幅，即行情从哪里启动又重新回到启动处。

二、V形顶形态实例解析

图9-18是东安黑豹（600760）2007年1月27日至7月24日期间走势图，图中显示，该股在2007年5月上旬到7月上旬的这段行情中，走出了一个相当标准的V形顶形态。该股股价在2007年5月初开始上涨，并快速形成陡峭持续上涨状态。V形顶的顶部十分尖锐，一般来说形成这种转势点的时间仅需两三个交易日，而且成交量在最高点处有显著放大迹象。有时候转势点就在交易异常活跃阶段中出现，股价出现爆发式上涨，多头得到极度释放，由此V形顶形态形成。V形顶形态研判的关键是要看高点处成交量是否异常放大，在成交量放大前提下，V形顶的下跌幅度往往超过基本量度跌幅。该股后市持续下跌的走势有力地证明了V形顶形态是明确的底部做空信号，应及时出局，有效规避损失。

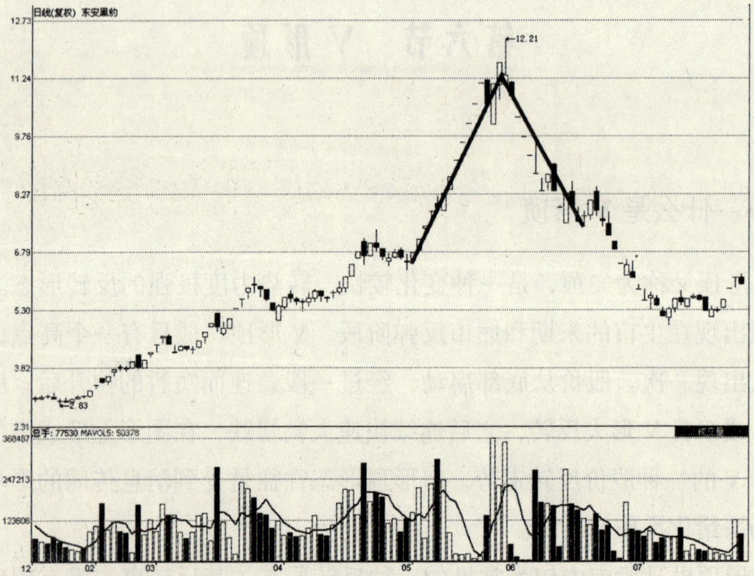

图9-18　东安黑豹V形顶形态示意图

图9-19为动力源（600405）2007年2月8日至7月4日期间走势图。如图中标注所示，此股在一波急速大幅上涨之后形成V形顶形态，股价上涨的角度过于陡峭必然导致股价下跌时也同样会直线下跌，这是市场买方力量

与卖方力量集中涌现的表现，从图中我们可以看到在 V 形顶形成时，成交量是呈急速放大形态的。由于此股在形成 V 形顶之前，已出现了较大的累计涨幅，因而这时的 V 形反转形态多预示着股价的最后一次上冲，V 形顶一旦形成，其杀伤力非常强。与其他顶部反转形态一样，其量度跌幅是从 V 形顶中的最高点到股价启动前平台区的垂直距离有多高，顶点以下股价最少有相等的跌幅，即行情从哪里启动又重新回到启动处。

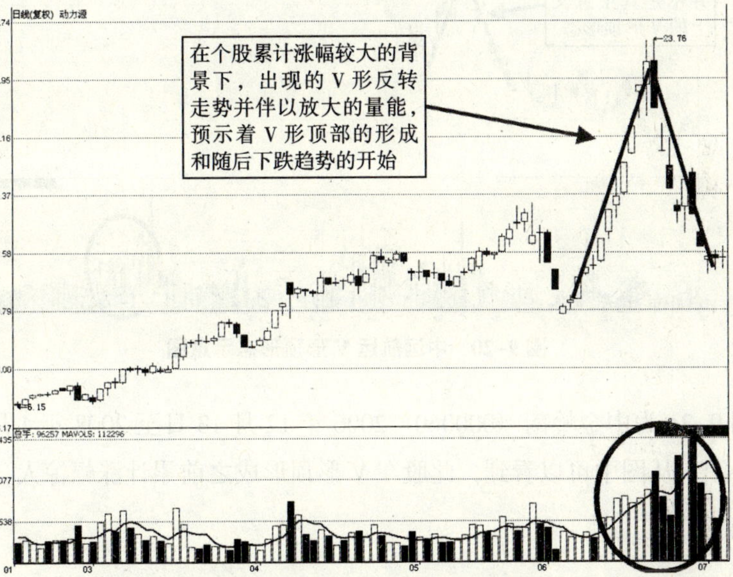

图 9–19 动力源 V 形顶形态示意图

图 9–20 为中远航运（600428）2008 年 10 月 17 日至 2009 年 9 月 30 日期间走势图，从图中标注可以看到，此股在后期的 V 形顶形成之前一直处于上升趋势之中，并且在上升途中也出现了一次 V 形反转的走势，但这一次的 V 形反转并不是所谓的 V 形顶形态，因为这一 V 形反转走势出现在个股刚刚脱离底部区的位置处，它的出现只能说，在个股刚刚脱离底部区后，股价的过快上涨引发了大量获利盘抛出，是一种市场情绪不稳定的表现，这种不稳定的市场情绪与前期此股长时间地大幅下跌密不可分。随后，此股一路上涨，当累计涨幅超过两倍时，再次出现了一个 V 形反转走势，这一次的 V 形形态的力度更大，考虑到此时相对于底部的累计涨幅，以及这一形态出现时的成交放大现象，我们有理由认为这是一个顶部区的 V 形顶形态，它的出

现预示着上涨趋势的结束和随后下跌趋势的开始。

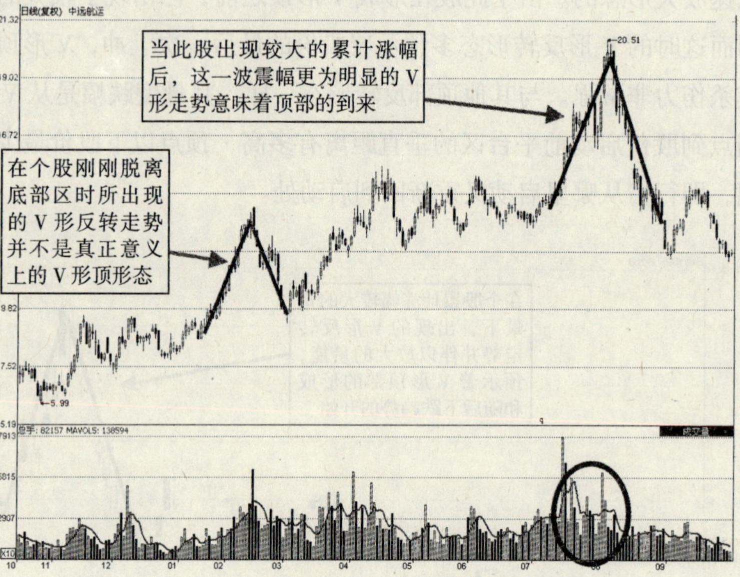
日线(复权) 中远航运
当此股出现较大的累计涨幅后，这一波震幅更为明显的V形走势意味着顶部的到来
20.51
在个股刚刚脱离底部区时所出现的V形反转走势并不是真正意义上的V形顶形态
5.99
总手: 82157 MAVOL5: 138594
成交量

图 9-20 中远航运 V 形顶形态示意图

图 9-21 为中金岭南（000060）2006 年 12 月 13 日至 2008 年 4 月 8 日期间走势图，从图中可以看到，此股在 V 形顶形成之前累计涨幅惊人，顶部的

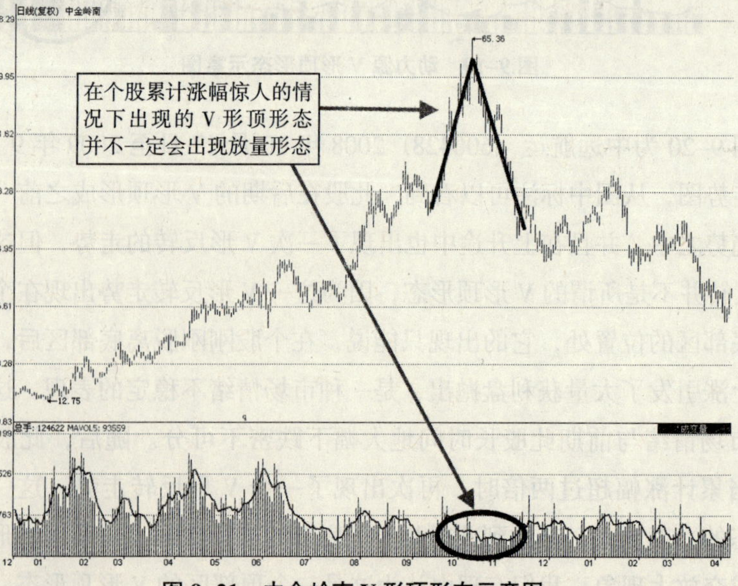
日线(复权) 中金岭南
65.36
在个股累计涨幅惊人的情况下出现的V形顶形态并不一定会出现放量形态
12.75
总手: 124622 MAVOL5: 93559
成交量

图 9-21 中金岭南 V 形顶形态示意图

价位相对于起涨前的底部来说，累计涨幅达到了 8 倍左右。这种长时间的上涨、巨大的累计涨幅，若非长线主力的运作是完全不可想象的，长线主力由于持仓成本极低、控盘能力极强，因而当 V 形顶形态出现在累计涨幅巨大的背景下时，往往会由于市场跟风盘较差而主力此时控盘能力仍然很强，因而会出现不放量的情况，这一点是值得投资者重点注意的。

三、V 形顶形态操作要领

（1）V 形顶往往是出现在个股累计涨幅巨大的背景之下，且它的形成多是个股的最后一次冲顶走势，其上涨幅度有赖于成交量推动。一般来说，V 形顶形成时的成交量越大则其对应的涨幅也越惊人、上涨速度也就越快，出现 V 形顶部反转的概率就越大。

（2）V 形顶在形成第一根筑顶阳（阴）线之后一般会于次日或最迟不过三日再度出现放量阴线，成交量应至少较上一交易日相当。即使于次日发生小幅调整，但是成交量一般不会发生大幅萎缩。

（3）一般来说，V 形顶的筑顶时间极短，一旦股价在大幅度快速上涨之后，有形成 V 形顶走势的苗头，投资者就要尽快卖出，切不可再对股价的上涨抱有幻想，因为 V 形顶在完全形成后，我们会看到它的短期杀跌力度是惊人的。此外，V 形顶的形成往往与重大利空消息有关，或是在严重的超买行情中产生，由此形成了短期内价格的剧烈波动。

第十章　透过K线识整理形态

第一节　什么是整理形态

一、什么是整理形态

整理形态，顾名思义，是一种趋势的休整状态。反转突破形态预示着原有趋势结束、趋势将发生转向。而整理形态则是指在股价向一个方向经过一段时间的快速运行后，不再继续原趋势，而在一定区域内上下窄幅波动。这种上下窄幅波动所留下的轨迹称为"整理形态"，一旦时机成熟，整理形态就会被打破，一般方向会选择向上或向下。可以说，整理形态是一种暂时方向连续的状态，是一种过渡形态，一旦市场做出了选择或主力完成了目的，随之而来的就是转折。整理形态有很多种，常见的有三角形、矩形、旗形、楔形、菱形，等等，本章中我们会一一介绍这些整理形态。

当一种整理形态结束后，如果股价选择突破的方向与整理形态之前的股价运行方向一致，我们可以将这种整理形态称为中继整理形态；反之，如果股价选择突破的方向与整理形态之前的股价运行方向相反，我们可以将其称为反转整理形态，也可以简称为反转形态。本章中我们讨论的多是中继整理形态，但也有少量的反转整理形态（读者可以将其看做是对前面章节中反转形态的一个补充）。例如，三角形形态在实际走势中常出现于各个时间段，且大多数时候属于中继整理形态，但有时也作为反转形态出现，所以投资者在实战中要灵活运用。

二、理解中继整理形态

当市场或个股经历了前期的上涨或下跌之后，它会慢慢进入到一种上涨动能不足或下跌动能不足的情况下，这时价格会回调或反弹至一个相对稳定的区间进行波动，直到市场或个股再次积累到充足的上涨动能或下跌动能，才会继续发起攻势。整理形态通常表示价格的盘整动作，是当前趋势的暂时停止，接下来价格还是会遵循原来的走势进行。

中继整理形态是在价格经过短期调整后，价格仍会依照原有的趋势运行的整理形态，它的性质属于对原有趋势的整理加固。例如，对于下跌趋势而言，股价会出现一浪低于一浪的下跌，当市场整体或个股经历了较大幅度的下跌后，由于市场套牢盘众多，多处于亏损状态，市场抛售意愿明显降低，由于整理形态出现时，个股会经历反复震荡，这会让不少套牢盘寻找到在一个相对高点处抛出的机会。如此，市场才可以在下跌途中实现充分换手，这个充分换手的过程就是下跌途中的中继整理过程。随着换手的完成，由于新加入的买盘不见股价上涨，多会由于熊市中不安情绪抛出筹码，从而成为杀跌主力，让股价再次向下；反之，对于上涨趋势来说，股价在上涨途中会出现一浪高于一浪的走势。当市场整体或个股在经历了较大幅度的上涨后，由于市场普遍处于获利中，使套现回吐压力日益加重，而市场追高买入的意愿会明显降低，这时就需要消化整固。只有让获利的筹码兑现出局，让继续看好后市的投资者入市，实现再换手，才能提高市场的平均持筹成本，从而减轻上升过程中的压力，这个充分换手的过程就是上涨途中的中继整理过程，随着换手的完成及场外资金不断介入的情况下，股价再次上行。在具体操作中，一般在突破的临界点是第一个买点，这时可注意 K 线组合形态，价量配合情况所折射出来的势头，如果是连续小阳上攻，成交量逐日扩增，可判断向上突破的机会就较大。此外，大多个股在突破某个整理形态后，会出现一个回抽走势，原来的压力线就会变成支撑线，一旦股价在这一位置受到支撑，其技术意义即为确认突破的有效性，因此这是给出的第二个买点。

三、如何分析整理形态

分析整理形态时，我们主要从技术面着手。一般来说，整理形态的 K 线走势、波动幅度、发生位置、成交量这四点因素是最为重要的。K线走势是市场多空双方交战的结果，它的形态直接反映出了当前市场是多方占优还是空方占优，从而能够预示整理后的个股走势方向；波动幅度反映了多空双方的交战过程，波动幅度过小，则难以反映出多空双方的交战过程，我们对于双方的实力也难以考察，没有操作价值，因此不宜在波动幅度较小整理期介入，此时等待整理结束重新选择方向之后再进行操作是较为稳妥的；成交量形态反映了多空双方的数量多少，若在整理形态的上涨过程中出现成交量温和持续放大的情况，说明买主实力强大且场外资金源源不断，若在整理形态的下跌过程中出现成交量放大的情况，则说明抛盘巨大，后势堪忧。

在整理过程中，若整理形态出现在下跌途中或累计涨幅巨大的背景之下，则越接近整理末端投资者就要越少参与，因为一旦整理结束，下跌将会给你带来迅速的亏损。对于那些整理后却迟迟不向上突破的个股，则越接近末端投资者越要考虑止损，因为迟迟不突破表明主力在做空。

第二节 三角形

根据三角形出现的形态特征，可以将其分为上升三角形、下降三角形、收敛三角形和扩散三角形。其中上升三角形、下降三角形一般以直角的形态出现，故也称“直角三角形”，而收敛三角形和扩散三角形一般以对称形态出现，故也称对称三角形或正三角形。下面我们就来分别讨论这四种三角形整理形态。

一、上升三角形

1. 什么是上升三角形

上升三角形是指高点基本不变，低点越来越高，价格变动区间由大到小，由宽变窄。成交量从左到右逐步递减，形态内包含涨跌多次波动循环。该形态尾端的价格波动幅度较小，成交量异常萎缩，这是打破平静前的暂时平衡。上升三角形突破后常会有反抽现象出现。

下面我们来看看上升三角形形态下的市场含义：当个股上涨至某一位置时，由于遇到了市场上的强大抛压，因而出现了回落，但由于市场上的买盘依然充足，股价未回至上一波起涨前的低点即告弹升，当价格弹升至上一次所创出的高点时，再一次遇到了获利盘的抛出，价格又出现了小幅下跌，但是这次的跌幅明显小于前一次，这意味着市场上人气旺盛。"回调即是买入的最好时机"成了市场上的共识，在股价没有回调到前次的低点时就涌入了大量的买盘，这使得回调时的低点一次比一次高。此时我们若把每一个短期波动高点连接起来，可画出一条水平阻力线；而每一个短期波动低点则可相连出另一条向上倾斜的线，这就是上升三角形。上升三角形形态的出现，说明在三角形区域内的较量中，买盘占据了主动地位，这体现在股价回调时创出的低点一次比一次高之上。由于市场中仍有不少不看好后市的卖方存在，故卖方在其特定的股价水平不断抛出，但由于前期大势向好，卖方并不急于抛售，于是股价每升到理想的抛售价位时便卖出，这样在同一价格高点就形成了一条水平的短期阻力线。不过，市场的购买力量很强，他们不待股价回落到上次的低点，便急不可耐地购进，因此形成一条向右上方倾斜的支撑线。

上升三角形一般出现在上升趋势中，属于持续形态，但也有出现在股价底部的上升三角形，表明股价可能会在后市见底回升。在实战中特别要注意处于底部的上升三角形态。上升三角形突破后量度升幅的测算方法是算出该形态最宽处的高度，然后从突破的地方开始，向上量出相等的高度即可。但是该形态的最终升幅均超过了这个目标。图10-1为标准的上升三角形与下降三角形示意图。

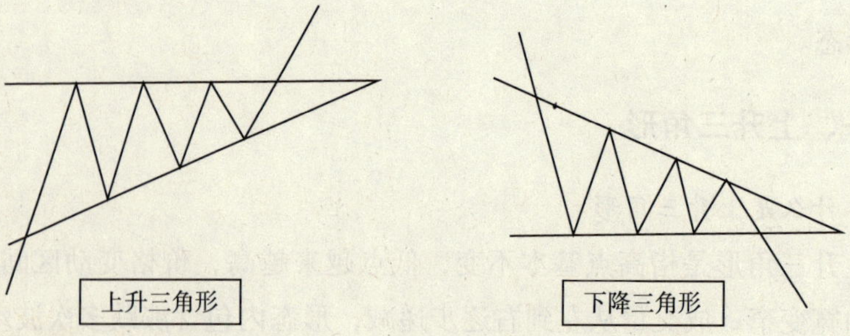

图10-1 标准的上升三角形与下降三角形示意图

2. 上升三角形实例解析

图 10-2 为亿利能源（600277）2008 年 11 月 12 日至 2009 年 7 月 21 日期间走势图。图中显示，该股在 2009 年 4 月上旬到 2009 年 5 月中旬的这段盘整行情中，走出了一个上升三角形形态。此股在上升三角形出现之前一直处于脱离底部后的上涨趋势之中，上升三角形的出现预示着个股在升途中遇到了一定的抛压，但是这种抛压是否能结束此股的上涨趋势呢？我们可以从形态及此股的累计涨幅着手分析。在形态上，上升三角形预示着多方动能仍然较为充足，虽然在上涨时遇到了空方的阻挡，但随着股价从回调时的低点一次比一次高，说明市场抛压越来越少；从累计涨幅上，我们可发现此股在 2008 年经历了巨幅下跌，此时虽然股价相对于底部的最低点来说已出现了翻倍行情，但是其涨幅相对于 2008 年的累计跌幅来说，仍是微不足道的，且当时大势向好，因而我们有理由认为，此股后势仍有上升空间。从图中走势可以看到，在这一上升三角形出现后，此股再次步入了上升通道之中，上升三角形只是这次整体性上涨途中的一次整理而已。

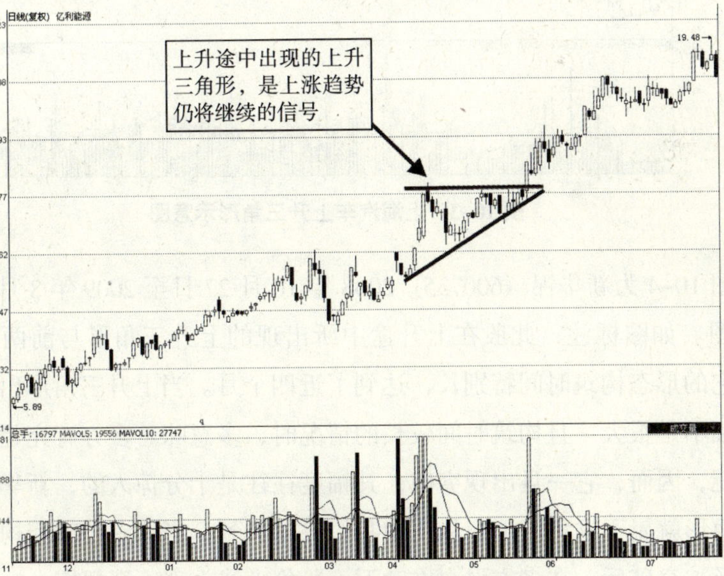

图 10-2 亿利能源上升三角形示意图

图 10-3 为上海汽车（600104）2008 年 10 月 22 日至 2009 年 7 月 28 日期间走势图。如图标注所示，此股在上升途中走出了一个形态较为宽阔的上

升三角形形态。从上升三角形的形态上看，多方明显占据主动地位，空方较弱，多方的强大买盘逐步将价格的底部抬高，而空方能量不足，只是在一水平颈线位做抵抗。这种形态，让人感觉价格随时会向上突破，形成一波涨势。由于这一上升三角形出现在个股累计涨幅较大的背景下，因而我们不能对三角形突破后的股价涨幅抱有太大希望，投资者若参与短线操作，可以突破后获利出局。

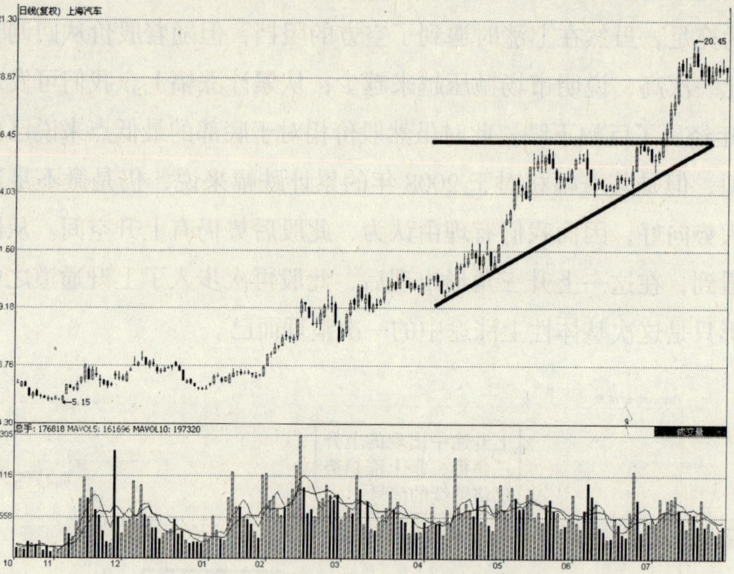

图 10-3 上海汽车上升三角形示意图

图 10-4 为新华锦（600735）2008 年 10 月 27 日至 2009 年 8 月 5 日期间走势图。如图标注，此股在上升途中所出现的上升三角形与前两个例子不同，它的形态构筑时间特别长，达到了近四个月。当上升三角形出现个股累计涨幅不是很大，且构筑时间较长的情况时，多意味着多方有充足的时间积累动能，因而，它一旦出现突破，其幅度往往是十分惊人的，新华锦中的上升三角形就属于这种情形。从图中我们可以看到，当这一长时间构筑的上升三角形被突破后，在多方强力推动下，股价直线上涨，涨幅惊人。并且在突破后的上涨途中，我们发现成交量始终没有明显的放大迹象，这说明主力在上升三角形构筑期间进行了充分的吸筹，由于市场浮筹的大量减少，以及主力的随后拉升的锁仓，从而使得此股的上涨极为轻松，并不需要放大的量能

来维持上涨势头。

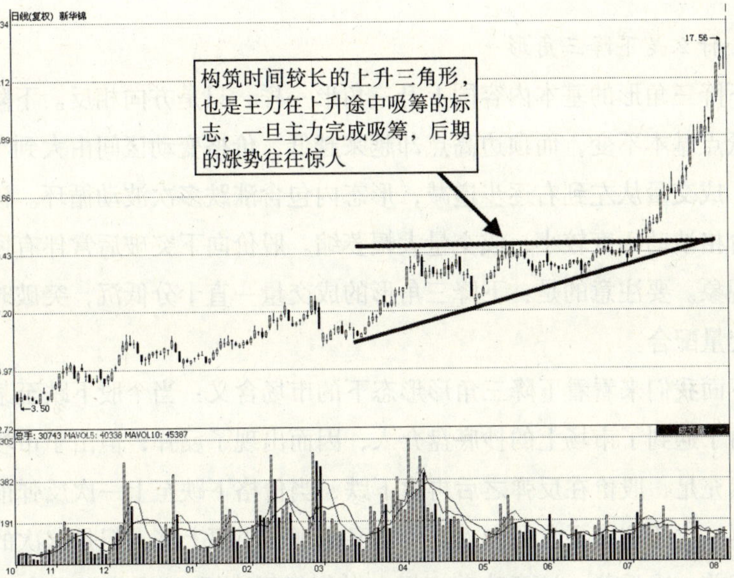
日线(复权) 新华锦
构筑时间较长的上升三角形，也是主力在上升途中吸筹的标志，一旦主力完成吸筹，后期的涨势往往惊人
17.56
3.50

图 10-4　新华锦上升三角形示意图

通过本例，我们也对上升三角形的用途多了一种了解，即它既可以是上升途中的一次短暂休整，也可以是上升途中主力加仓的标志。在区分两者时，我们可以从形态构筑时间长短及个股前期累计涨幅两方面入手。

3. 上升三角形操作要领

（1）上升三角形构筑期间所形成的低点连线处（即下跌阻力线）是较为理想的买入点，投资者可以在结合股价累计涨幅及上升三角形形态是否构建成功的情况下来实施买入，这里是第一买点。

（2）当股价突破顶部平台的阻力线后，也是一个较为明确的买入信号，此时上升三角形形态构筑完毕，这里是第二买入点。

（3）上升三角形的有效突破是以股价的收盘价向上突破形态上边压力线的一定幅度（一般为 3%以上）为准，股价在突破平台后，有一个回抽确认过程。当回抽确认向上突破有效后，股价会出现快速上涨行情，这也是较为明确的买入信号。

二、下降三角形

1. 什么是下降三角形

下降三角形的基本内容同上升三角形一样，只是方向相反。下降三角形底边低点基本不变，而顶边高点却越来越低，价格变动区间由大到小，由宽变窄。成交量从左到右逐步递减，形态内包含涨跌多次波动循环。该形态末端的价格波动幅度较小，成交量大幅萎缩。股价向下突破后常伴有回抽底边下轨现象。要注意的是：下降三角形的成交量一直十分低沉，突破时不必有大成交量配合。

下面我们来看看下降三角形形态下的市场含义：当个股下跌至某一位置时，由于遇到了市场上的抄底盘介入，因而出现了反弹，但由于市场上的卖盘依然充足，股价在反弹之后再次下跌，当价格下跌至上一次反弹前的低点时，再一次遇到了买盘的介入，价格又出现了小幅上涨，但是这次的涨幅明显小于前一次反弹，这意味着市场上抛售气氛浓郁，"反弹即是卖出的最好时机"成了市场上的共识，在股价没有反弹到前次的高点时就涌出了大量的卖盘，这使得反弹时的高点一次比一次低。此时我们若把每一个短期波动低点连接起来，可画出一条水平阻力线；而每一个短期波动高点则可相连出另一条向下倾斜的线，这就是下降三角形。下降三角形形态的出现，说明在三角形区域内的较量中，卖盘占据了主动地位，这体现在股价反弹时创出的高点一次比一次低之上，由于市场中仍有不少抄底盘存在，故买方在其特定的股价水平上不断买入，因此形成水平方向的支撑线；但由于前期大势走熊，买方并不急于买进，于是股价回升力度一次比一次弱，卖方不待股价回升到上次的高点，便急不可耐地卖出，因此形成一条向右下方倾斜的阻力线。

下降三角形一般出现在下跌趋势中，属于持续形态，与其他整理形态一样，下降三角形在形态形成之前，股价已经有了一段比较大的跌势。该形态的整理时间是 15~30 个交易日。下降三角形量度升幅的测算规律是，股价突破下降三角形底边下轨后，一般下跌幅度至少等于下降三角形底边短边边长的两倍。

2. 下降三角形实例解析

图 10-5 是邯郸钢铁（600001）2007 年 11 月 27 日至 2008 年 6 月 17 日

期间走势图。从图中可以看出，该股在 2008 年 1 月上旬至 3 月上旬这段时间里，走出了一个相当标准的下降三角形整理形态。下降三角形出现在个股累计涨幅较大的背景之下，或者出现在个股的下跌途中，多是随后股价下行的信号。当股价跌破下降三角形中下方的水平阻力线时，往往出现快速深幅的下跌走势，该股后市的实际走势也基本验证了下降三角形形成后的跌幅有效性，这一走势足以表明，下降三角形是非常可信的做空信号，此阶段应持观望态度，坚决不进场抢短线。

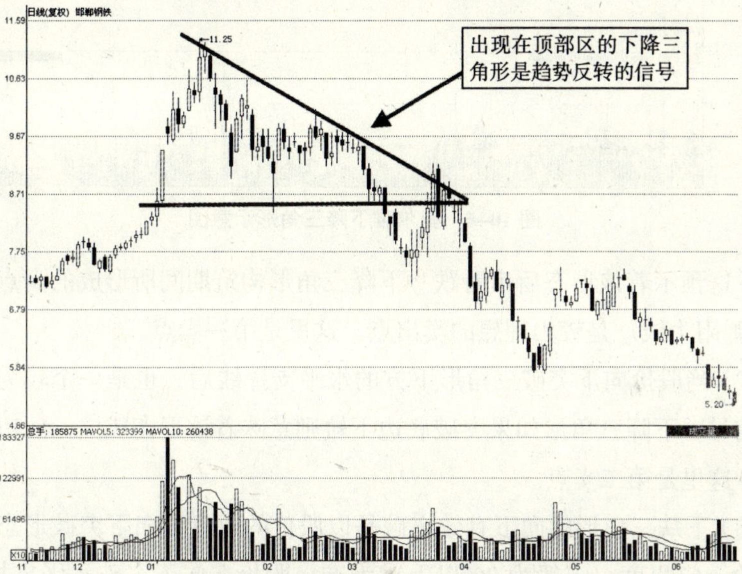

图 10-5　邯郸钢铁下降三角形示意图

图 10-6 为美尔雅（600107）2007 年 1 月 9 日至 2008 年 9 月 3 日期间走势图，从图可以看到此股在 2007 年上半年出现巨幅上涨，在这种巨幅上涨之后，股价开始了高位区的大幅震荡走势。如图标注所示，股价在高位区出现了一个宽阔的下降三角形形态，这一形态的出现说明市场上的空方已占据了主导地位。随着空方的不断抛售，股价的反弹力度一次比一次弱，股价之所以能长时间地在这高位区持续运行，这与主力出货仍未完成有很大关系，一旦主力完成了出货，股价就会调头向下，结束下降三角形的形态构筑。

3. 下降三角形操作要领

(1) 与上升三角形不同的是，下降三角形的顶边是下倾线，底边则为水

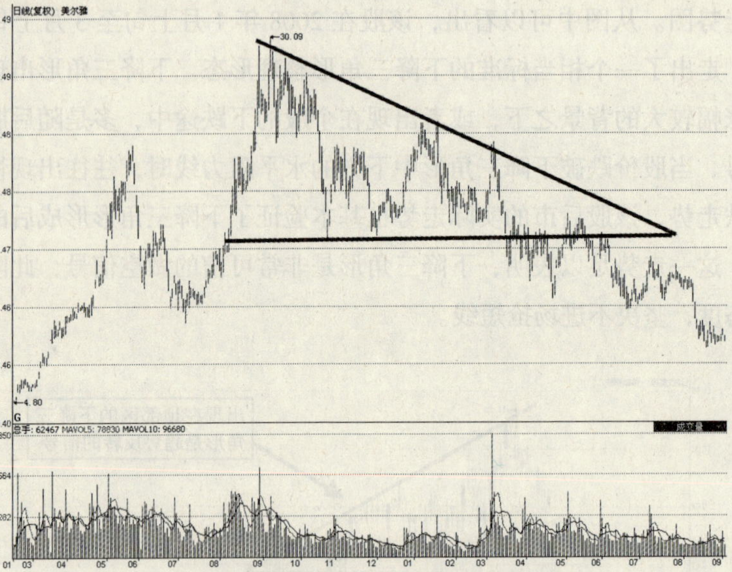

图 10-6 美尔雅下降三角形示意图

平线，这预示着该形态后市看跌。下降三角形构筑期间所形成的高点连线处（即反弹阻力线）是较为理想的卖出点。这里是第一卖点。

（2）当股价向下突破三角形下方的水平支撑线后，也是一个较为明确的卖出信号，下降三角形如果突破底边下轨则意味着该形态成立，后市将继续下跌。这里是第二卖点。

（3）下跌三角形的向下有效突破是以股价的收盘价向下突破形态下方支撑线的一定幅度（一般为3%以上）为准，股价在向下突破水平支撑线后，一般有一个回抽确认过程，在股价回抽时也是一个较为理想的卖点。

三、扩散三角形

1. 什么是扩散三角形

扩散三角形又称“喇叭形”。该形态一般会出现两到三个高点和低点，上升的高点越来越高，而下跌的低点越来越低，如将两个高点连成直线，再将两个低点连成直线，即可形成一个喇叭状，这就是“扩散三角形”。如果将扩散三角形与头肩顶形态进行对比，我们就会发现，它们有很多相似之处。一般来说，我们也可以把扩散三角形形态看做是头肩顶的变形，常见于个股顶部走势之中。

下面我们来看看扩散三角形下的市场含义：扩散三角形通常在长期上升的最后阶段出现，并且常出现在投机性很强的个股上。该形态在形成过程中常伴随着量能的不规则放大。该形态构成的图形是前窄后宽，如同开口三角形，俗称“喇叭口”，这种形态往往是由于投资者的冲动情绪所产生的。当个股经历了前期的大幅上涨之后，由于多空双方发生了明显分歧，使得股价在高位区不正常地大起大落，追涨杀跌的情绪都很浓重，使得上升时一顶高于一顶，而下跌时却是一底低于一底，只有当多空双方实力发生根本性的转变时，股价才会做出大方向的选择。

一般来说，扩散三角形可在低位、高位和下降途中出现。处在低位的扩散三角形，显示的是进货信号，可买入股票。处在高位和下降途中的扩散三角形，显示的是卖出信号，据此做空，能有效地逃离险境。该形态形成后的量度跌幅至少与前期下跌幅度相当。图 10–7 为标准的扩散三角形示意图。

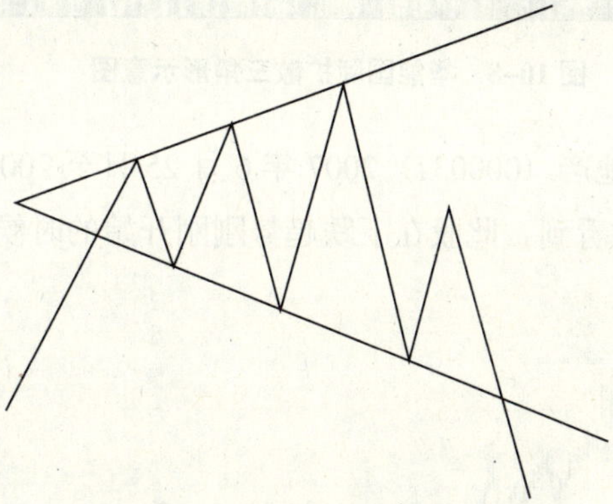

图 10–7　标准的扩散三角形示意图

2. 扩散三角形实例解析

图 10–8 为华能国际（600027）2008 年 1 月 3 日至 8 月 26 日期间走势图。从图中可以看出，该股在 2008 年 4 月下旬至 6 月中旬的这段整理行情中，走出了一个相当标准的扩散三角形整理形态。该形态出现在下降趋势的超跌反弹中，此形态出现后，表明该股反弹的结束，后市将会继续维持下跌趋势，下跌的幅度一般不少于前段下跌的深度。该股后市的走势也确实如此，自扩散三角形形成后，该股就持续走弱。该股的这一走势表明，当下跌途中的扩散三角形形成后，是较为明确的做空信号，应及时趁反弹出局，最

大限度规避损失。

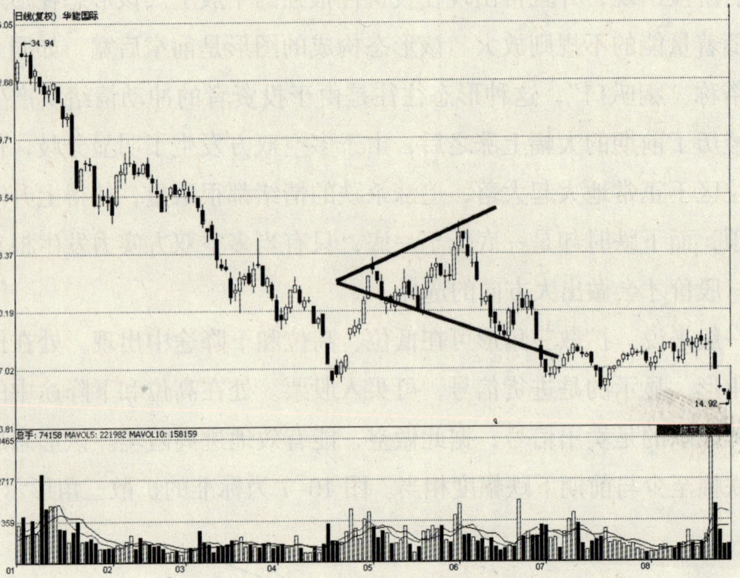

图 10-8 华能国际扩散三角形示意图

图 10-9 为中粮地产（000031）2007 年 6 月 25 日至 2008 年 6 月 24 日期间走势图。从图可以看到，此股在下跌趋势刚刚开始的时候，于下跌途中出

图 10-9 中粮地产扩散三角形示意图

现了一个扩散三角形形态，它的出现说明个股在下跌途中遇到了多方的有力阻击，在多方的强力拉升下，股价出现了较为明显的反弹，但同时也说明空方的打压力度仍然很大，由此形成了股价震荡过程中的一顶高于一顶、一底低于一底的扩散三角形走势。一般来说，出现在累计大幅上涨末期或下跌途中的扩散三角形多预示着三角形形态构筑完成后，个股将下跌，这一形态更多地反映出空方占据了市场主导地位，是一种看跌信号。从本例中，我们可以看到，在扩散三角形形态构筑完成后，此股就开始了大幅下跌走势。

3. 扩散三角形操作要领

（1）高位和下降途中的扩散三角形是较为明确的下跌信号，标准的扩散三角形至少包含三个转折高点，两个转折低点，当股价从第三个高点处出现滞涨回落迹象时，应果断卖出股票，这时卖出会在扩散三角形形态中最高点处，为第一卖点。

（2）扩散三角形的另一卖点是在股价跌破扩散三角形的底边支撑线时卖出，此处是最后止损点位。

（3）扩散三角形在整个形态形成的过程中，成交量保持着高而且不规则的波动，这是投资者非理性情绪造成的，这种不规则的成交波动，反映出投资激动且不稳定的买卖情绪，这也是大跌市来临前的先兆。

（4）扩散三角形虽然常常预示着趋势的下跌，但一般很少出现在底部区，因为股价经过一段时间的下跌之后，市场毫无人气，在低沉的市场气氛中，难以形成这种形态。但市场走势往往变幻莫测，如果这一形态出现在个股深幅下跌后的止跌企稳区域，则是较为可信的买入信号。

四、收敛三角形

1. 什么是收敛三角形

收敛三角形也是一种比较常见的整理形态，有时也会出现趋势逆转突破的情况，但出现的概率比较少，据统计发现，收敛三角形中大约 3/4 属整理形态，1/4 则属上升趋势或下降趋势中出现的转势形态。

收敛三角形是多空双方在某一价格区域暂时达成平衡所致，此形态通常有两个以上的高点和低点组成，且高点逐渐降低，低点逐渐抬高，价格变动区间由大变小，由宽变窄。成交量从左往右依次递减，形成尾端的价格波动幅度和成交量变化均较为稳定，趋势突破伴随着成交量的大幅放大，但方向不明确，上下均可，属于左右平衡型整理。此形态若出现在上升趋势中，股价上升的概率极大；若出现在下降趋势中，股价向下寻求支撑的概率更大。收敛三角形向上突破后的量度跌幅至少是短边边长的两倍；而向下突破后的幅度也达两倍，甚至会下跌到更低位置。图 10-10 为标准的收敛三角形示意图，值得注意的是，由于收敛三角形这一形态也常常出现于顶部区域及下跌行情中，因而在图中我们给出向下的箭头。

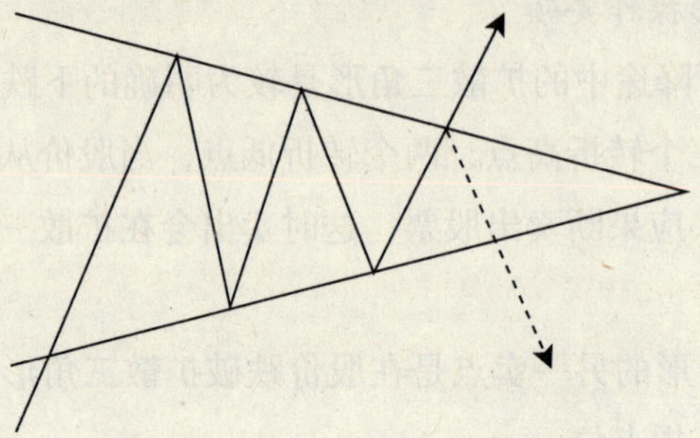

图 10-10　标准的收敛三角形示意图

2. 收敛三角形实例解析

图 10-11 为华纺股份（600273）2006 年 12 月 18 日至 2008 年 11 月 12

图 10-11　华纺股份收敛三角形示意图

日期间走势图，此股在 2007 年上半年出现大幅上涨，累计涨幅达数倍之多，随后于 2007 年下半年开始在高位区持续震荡运行。通过对此股在此期间的走势的观察，我们发现它是走出了一个收敛三角形的形态，考虑到这一形态持续时间较长且出现在个股累计涨幅巨大的背景之下，因而，它预示着顶部的到来。一旦收敛三角形形态构筑完毕，就意味着顶部构筑完毕、下跌趋势开始。在此股随后的走势中可以看到，当股价向下跌破了三角低点的连线时，大幅下跌的走势就正式开始了。

在判断收敛三角形是否为顶部反转形态时，我们可以从两方面入手。一是看个股的前期累计涨幅大不大，如果前期出现了大幅上涨，主力有了明显的获利空间，则此时出现的收敛三角形很可能是顶部区的收敛三角形；二是看收敛三角形构筑的时间长短，一般来说，上升途中出现的中继整理的收敛三角形其构筑时间较短，而出现在顶部区的出货收敛三角形则构筑时间较长。

图 10-12 为昌九生化（600228）2008 年 10 月 14 日至 2009 年 7 月 21 日期间走势图。从图中可以看出，该股在 2009 年 4 月上旬至 5 月中旬的这段整理行情中，走出了一个相当标准的收敛三角形向上突破整理形态。这一收敛三角形出现在个股刚刚脱离底部区的上升途中，且收敛三角形形态的构筑时间较短，属于典型的上升中继整理形态，当这一形态构筑完毕后，个股仍

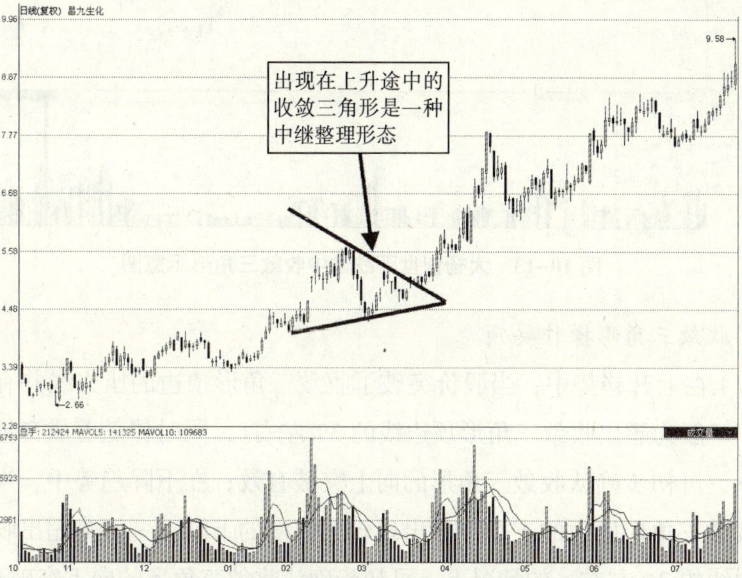

图 10-12　昌九生化上升途中收敛三角形示意图

将继续原有的趋势向上运行。通过对此股随后走势的观察，我们认为出现在上涨途中的收敛三角形是较为可信的短线做多信号，此阶段应逢低坚决进场做多。

图10-13是大杨创世（600233）2008年1月16日至8月18日期间走势图。从图中可看出，该股在2008年4月中旬至5月中旬的这段整理行情中，走出了一个时间跨度为1个多月的收敛三角形向下突破整理形态。这一收敛三角形出现在个股下跌途中，且收敛三角形形态的构筑时间较短，属于典型的下跌中继整理形态。当这一形态构筑完毕后，个股仍将继续原有的趋势向下运行。该股后市的实际走势表明出现在下跌途中的收敛三角形是较为可信的短线做空信号，此阶段应坚决出场观望。

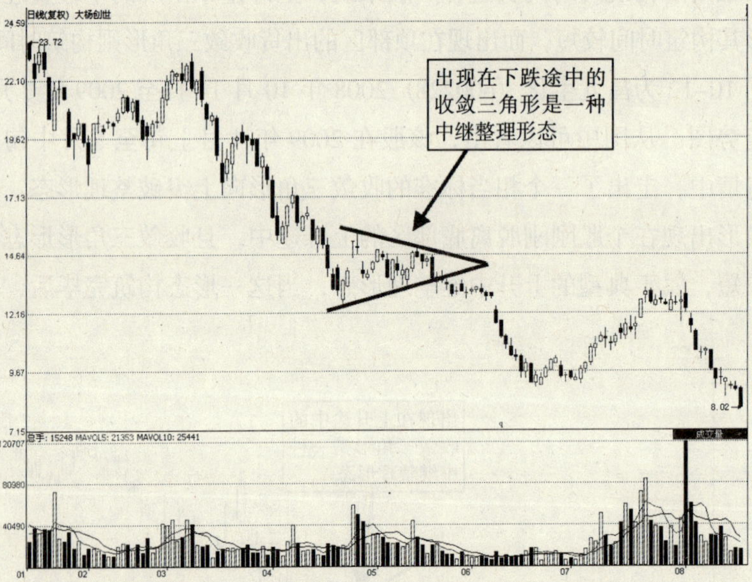

图10-13　大杨创世下跌途中收敛三角形示意图

3. 收敛三角形操作要领

（1）在上升趋势中，当股价突破了收敛三角形顶边的压力线并有一定的升幅（一般为超出收敛三角形顶边线的3%左右），同时伴随着成交量放大的情况下，可初步确认收敛三角形的向上突破有效；在下降趋势中，当股价跌破了收敛三角形底边的支撑线并出现较大幅度的下跌（一般为超出收敛三角形顶边线的3%左右）的情况下，可初步确认收敛三角形的向下突破有效。

（2）收敛三角形的形成时间一般在 30 个交易日以内，大多发生在一个大趋势进行的途中，它表明原有的趋势暂时处于休整阶段，如果该形态持续的时间越长，保持原有趋势的动能就会下降。一般情况下，股价突破形态整理向上或向下运动的时间尽量要早些，越接近形态的高点区域，准确研判信号就越差。如果该形态的顶部区域仍处于横盘状态，则说明该形态失效。

（3）在上升趋势中，如果收敛三角形形态出现在股价突破长期均线的上方附近时，则该形态向上突破的力度极强，涨幅也较为可观；在下降趋势中，如果收敛三角形形态出现在股价突破长期均线的下方附近时，则该形态向下突破的力度极强，跌幅也十分巨大。

（4）收敛三角形产生突破后，经常会有一种反抽现象，向上突破产生反抽是一个较好的逢低买入点；而向下突破，投资者应坚决离场，不要死等反抽点的出现，因为一旦下跌趋势产生，通常这种反抽不出现。

第三节　菱形

1. 什么是菱形

菱形是一个比较特殊且少见的形态，菱形整理形态因形似"钻石"，故也常被称做钻石形态。与扩散三角形一样，菱形多出现在下跌途中或顶部区域，很少出现在底部区或上涨途中，一种常见的看跌形态。图 10-14 为标准

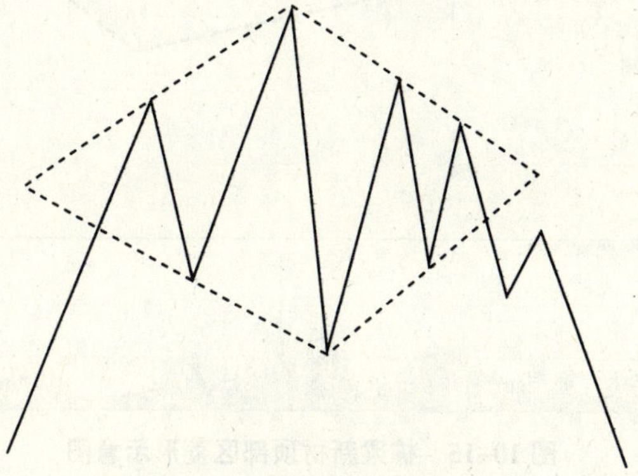

图 10-14　标准的菱形示意图

的菱形示意图，可以看出菱形是由一个扩散三角形和一个收敛三角形组成。

下面我们看看菱形下的市场含义：首先在形成菱形左半部分的扩散三角形说明市场中的投资者变得越来越情绪化，使得行情的震荡逐渐加剧，而随着行情走向菱形右半部分的收敛三角形时，则说明市场正在等待方向的选择，导致越来越多投资者转向观望。因此整个菱形形态说明了市场由交投活跃转向为交投清淡，而菱形左半部分的交投活跃的市况多发生在个股大幅上涨的背景之下，因而随着市场参与者在不断减少，使得行情经过菱形调整后大多时候选择了向下运行。

2. 菱形形态实例解析

图 10-15 为栋梁新材（002082）2006 年 12 月 27 日至 2008 年 4 月 22 日期间走势图。从图中可以看到此股在经历了 2007 年上半年的大幅上涨之后，于高位区出现长时间的震荡走势。通过图中的虚线标注，我们可以看到股价在高位区出现了一个菱形形态，它的出现说明了市场由交投活跃转向为交投清淡，而菱形左半部分的交投活跃的市况发生在个股大幅上涨的背景之下，因而随着市场参与者在不断减少、主力出货的完成，当菱形形态构筑完毕后，股价将开始大幅下跌的走势。

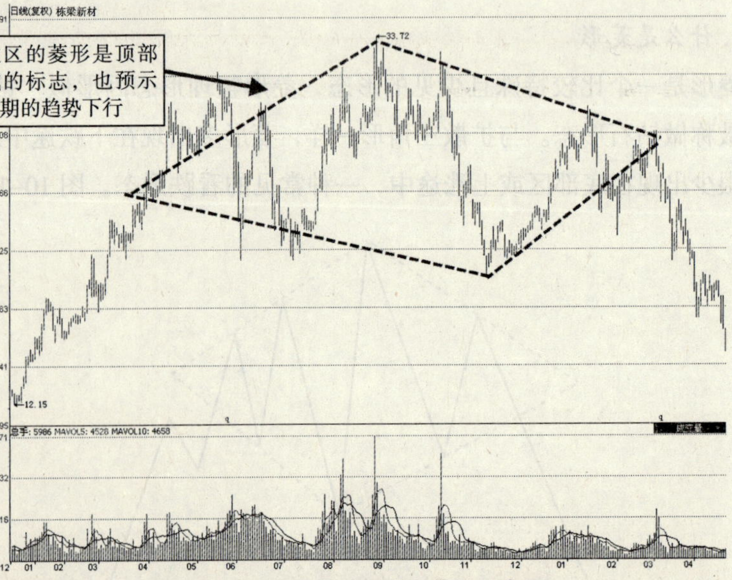

图 10-15　栋梁新材顶部区菱形示意图

3. 菱形操作要领

（1）菱形形态虽然较为少见，但是一旦出现且出现在个股的相对高位区时，则往往预示着后期的下跌走势，投资者在此形态形成之初就要有所警觉。

（2）由于菱形的形成初期是扩散三角形，而扩散三角形在大多数情况下属于看跌形态，所以投资者在该形态形成之初就可以选择卖出，此时是第一卖出时机。

（3）当菱形右下方支撑线被跌破后，是大幅下跌即将开始的信号，此时应坚决出场观望。

第四节　旗形

旗形，顾名思义，其走势就像一面挂在旗杆顶上的旗帜，这种形态一般出现在上涨途中或下跌途中，是一种趋势行进途中的中继整理形态。在旗形形态中，股价经过一连串紧密的短期波动后，形成一个稍微与原来趋势呈相反方向倾斜的长方形，这就是旗形走势。

旗形形态多出现在上涨途中或下跌途中，因为不论强势上涨行情还是大幅下跌行情，价格不可能不停地上涨或下跌，都会有休整的时候。在行情休整的时候，K 线走势往往会出现旗形形态。旗形形态也可以说是多方或空方的加油站，一般停留时间不长，一旦加满油，价格将再次启动。旗形走势一般可以分为上升旗形和下降旗形。从几何学的观点看，旗形应该叫平行四边形，它的形状是一上倾或下倾的平行四边形，图 10–16 为标准的上升旗形和下降旗形示意图。

一、上升旗形

1. 什么是上升旗形

上升旗形类似于旗状的上升整理形态，有一个旗杆和一个略向下倾斜四边形波段，上下两条平行线分别起压力和支撑作用，与上波段的振幅大致相当，且成交量不大，在形态形成前和突破后成交量都很大。

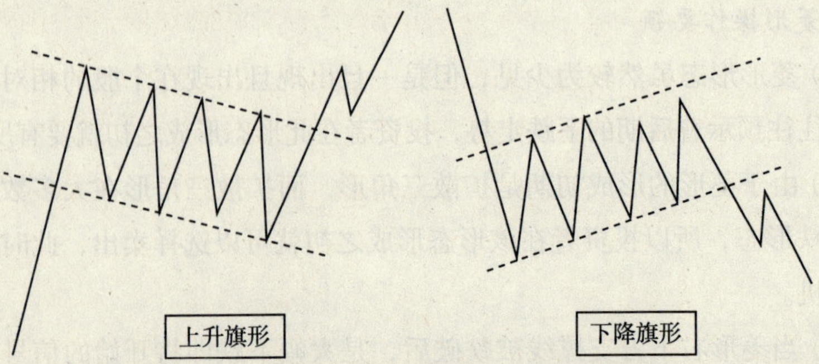
上升旗形
下降旗形

图 10–16　标准的上升旗形和下降旗形示意图

上升旗形一般出现在上涨行情中，属于典型的整理形态，它的整理往往是对短线股价的一个调整。股价先有一个急速拉升阶段，然后出现调整，但这个调整有一定规矩，如果调整过度，容易形成旗形失败。在实战中，一般认为调整的最低价位置不应该超过旗杆一半。如果超过，则容易形成失败。上升旗形突破后量度升幅的测算规律：当股价突破旗面上轨，那么股价至少可能上升到原来旗杆的顶部，如果突破，则以下一个重要的阻力位为目标位。

2. 上升旗形实例解析

图 10–17 为凌钢股份（600231）2009 年 2 月 27 日至 7 月 15 日期间走势图。从图中可看出，该股在 2009 年 4 月 16 日至 4 月 30 日走出了一个相当

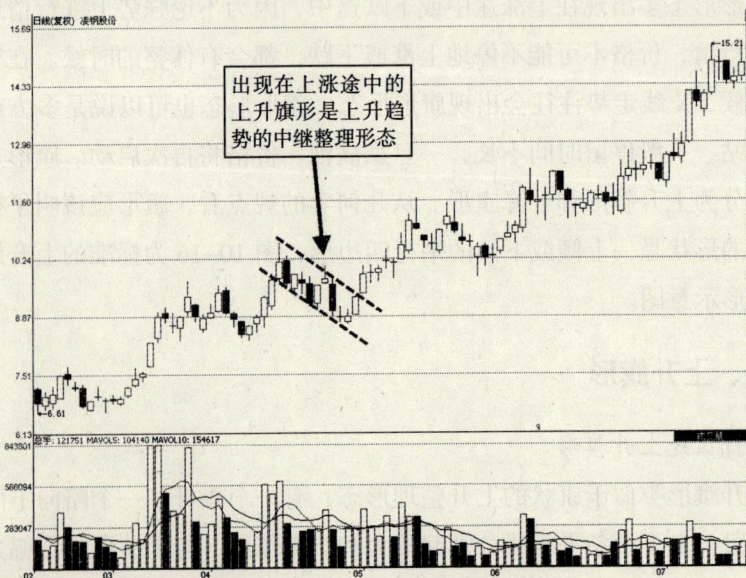

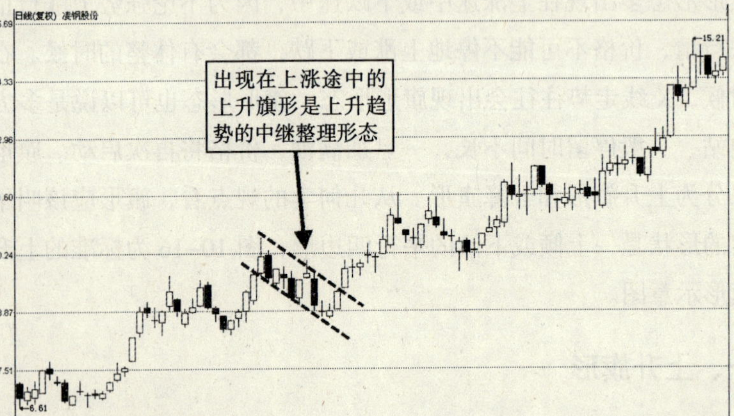
日线(复权) 凌钢股份
出现在上涨途中的
上升旗形是上升趋
势的中继整理形态

图 10–17　凌钢股份上升旗形示意图

标准的上升旗形整理形态。这一形态出现在个股累计涨幅不大的背景下，且个股前期处于明确的上升趋势之中，它的出现是股价在上升途中的一次休整过程，一旦休整结束，个股仍将按原来的上升趋势继续运行，该股后市的走势也确实如此。该股的这一走势表明上升旗形调整完毕后，是做多的一个重要信号，适时介入，一般都能获得满意的收益。

3. 上升旗形操作要领

（1）上升旗形的运行周期不应超过20个交易日，且该形态内成交量必须显著萎缩，否则形态的作用将大大减弱甚至会演化为其他形态。

（2）上升旗形一旦放量向上突破旗形上轨的压力线是最佳买入时机，止损点可设在旗形的下边支撑线被跌破处。

（3）上升旗形如出现在股价的中期均线（如160日均线等）上方附近时，上升旗形形态的突破将比较强劲，突破高度也相对较高。如果上升旗形出现在股价的中期均线（如160日均线等）上方但远离均线时，上升旗形的突破力度则会降低，高度也将收窄。如果上升旗形出现在股价的中期均线（如160日均线等）下方时，该形态有可能演化为其他的整理形态。

二、下降旗形

1. 什么是下降旗形

下降旗形与上升旗形相对应，也是一种重要的整理形态，如果股价跌破旗面的底边下轨，意味着股价将摆脱整理形态，而向下发展。

下降旗形一般出现在下跌行情的中途，它的形态过程正好和上升旗形相反。股价进入下降通道后，经过一段短期急速的下跌，股价在一个位置得到支撑后企稳反弹，一般行情会演化出一个上升通道。通道一般在后市会被向下打破，一旦打破意味着下降旗形成立。后市股价会大幅下跌，延续之前的下跌趋势。下降旗形突破后量度跌幅的测算规律：当股价突破旗面底边的下轨，那么股价至少可能下跌至原来旗杆的顶部，如果突破，则以下一个重要的阻力位为目标位。

2. 下降旗形实例解析

图10-18为华能国际（600011）2007年8月22日至2008年4月17日期间走势图。从图中可看出，该股在2007年12月上旬至2008年1月上旬

走出了一个相当标准的下降旗形整理形态。这一形态出现在个股下跌途中，且个股刚刚步入下降通道的背景之下，它的出现是股价在下跌途中的一次休整过程，一旦休整结束，个股仍将按原来的下跌趋势继续运行。该股后市的走势也确实如此，自下降旗形形成后，该股就持续走弱。该股的这一走势表明下降旗形形成后，是较为明确的做空信号，应及时趁反弹出局，最大限度规避损失。

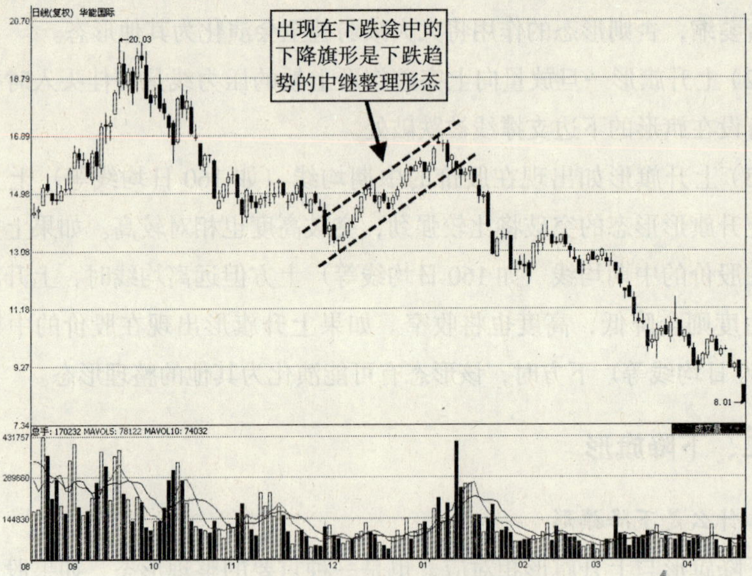

图 10–18 华能国际下降旗形示意图

3. 下降旗形操作要领

（1）下降旗形的整理时间不应太长，在熊市周期内，其运行周期不应超过 20 个交易日，且该形态内成交量必须显著萎缩，否则形态的作用将大大减弱甚至会演化为其他形态。

（2）下降旗形一旦大幅放量向下突破旗形下轨的支撑线时，该形态成立，下跌趋势将继续延续。

（3）下降旗形如出现在股价的中期均线（如 160 日均线等）上方附近时，则下降旗形的突破应以有效跌破中期均线为标志，如果股价虽然跌破旗形底边的支撑线，但没有跌破中期均线，该形态就不一定成立。如果下降旗形出现在股价的中期均线（如 160 日均线等）下方，所有短中期均线都对股价构成压力时，当股价触碰到中期均线就调头向下，则下降旗形成立。

第五节 楔形

楔形形态与旗形形态相类似，都属于短期内的调整形态。从形态上看，两种图形都像挂在旗杆的旗子，只是旗形为平行四边形，而楔形则为上下两条颈线，会在短期内交叉，形成一扁长的三角形，形如三角旗。

楔形形态多出现在上涨途中或下跌途中，因为不论强势上涨行情还是大幅下跌行情，价格不可能不停地上涨或下跌，都会有休整的时候。在行情休整的时候，K 线走势往往会出现楔形形态。楔形形态也可以说是多方或空方的加油站，一般停留时间不长，一旦加满油，价格将再次启动。楔形走势一般可以分为上升楔形和下降楔形。图 10–19 为标准的上升楔形和下降楔形示意图。

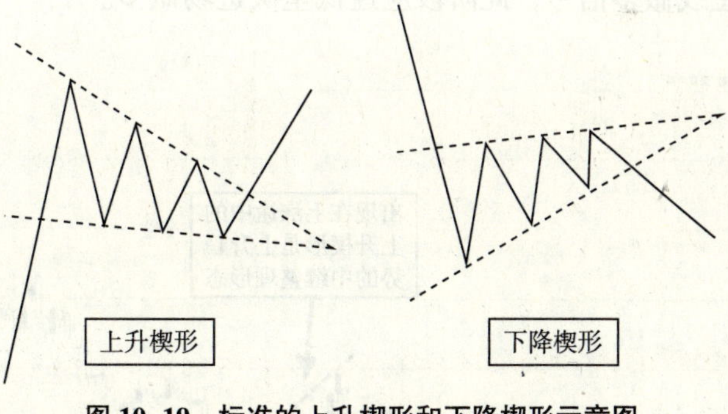

图 10–19 标准的上升楔形和下降楔形示意图

一、上升楔形

1. 什么是上升楔形

上升楔形与旗形形态很相似，将旗形的平行四边形变成向下倾斜的三角形就会得到楔形。楔形的上下两条边朝着同一方向倾斜，与原上升趋势相反。由于有三角形上下边压制，与旗形相比，波段振幅逐渐被压缩。

上升楔形一般出现在股价经过一段较快的升势后，表明股价经过一段时间上升后，出现了获利回吐，股价开始技术性回调，当股价回落一定幅度后又掉头向上，但上冲至前期高点附近便遇阻回落，新的回落浪较上一个回落浪波幅为小，并且跌破前次低点之后，没有出现进一步下跌反而出现回升走势，说明抛压的力量正在减弱，抛压主要来自获利回吐盘，并无大规模做空力量出现。随后这类走势又重复多次，总体上形成逐级下跌的趋势。如果把这些短期低点连接起来，就得到了一条向下倾斜直线，而且两者呈向下收敛状，这就形成了上升楔形。当股价突破楔形上轨后，一般上涨幅度至少等于楔形短边边长的两倍。

2. 上升楔形实例解析

图 10–20 为南京中商（600280）2008 年 11 月 26 日至 2009 年 6 月 11 日期间走势图。从图中可看出，该股在 2009 年 2 月中旬至 3 月中旬这段时间里，走出了一个相当标准的上升楔形整理形态。这一形态出现在个股累计涨幅不大的背景下，且个股前期处于明确的上升趋势之中，它的出现是股价在上升途中的一次休整过程，一旦休整结束，个股仍将按原来的上升趋势继续运行，该股后市的走势也确实如此。该股的这一走势足以表明，上升楔形是非常可信的短线做多信号，此阶段应逢低坚决进场做多。

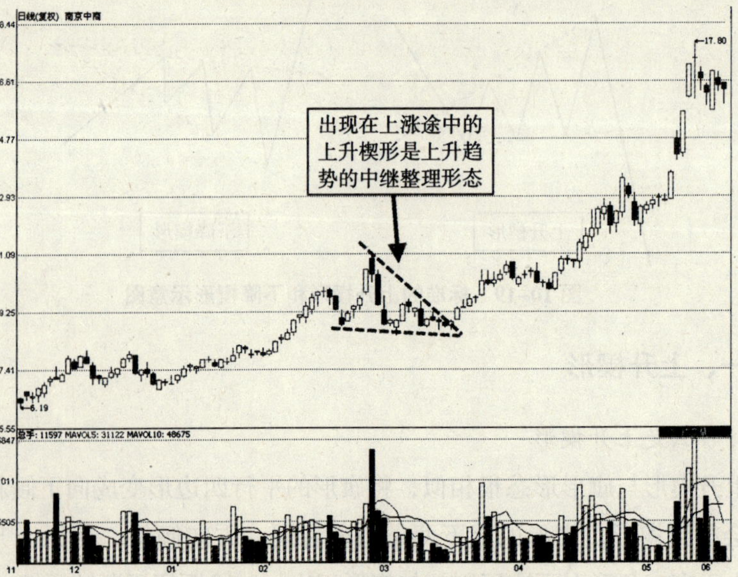

图 10–20　南京中商上升楔形示意图

3. 上升楔形操作要领

(1) 对于上升楔形来说，在具体分析中，需要密切关注成交量、时间等诸多因素。通常楔形形态内的成交量是由左向右递减的，且萎缩较快。同样，楔形整理的时间不宜太长，一般在 8~15 日。时间太久的话，形态力道将消失，也可能造成股价反转的格局。

(2) 股价放量向上突破上升楔形的上轨是买入的最佳时机。

(3) 股价向上突破压力线后，常常有回抽确认走势出现，当回调到压力线时获得支撑，从而确认上升突破有效，可及时介入做多。

(4) 上升楔形一般出现在上升趋势中，多数情况下会形成向上突破的走势，但一旦形态走坏，向下杀跌的力量也很巨大。

二、下降楔形

1. 什么是下降楔形

下降楔形是股价经过一段时间的下跌后产生的技术性反弹而形成的整理形态。该形态的两边略向上倾斜，从表面上看股价向上趋势较明显，但实际上并非如此。因为任何价格水平边线，反映股价下降到一定价位后产生主动性卖压，股价虽上扬，但每一次的下降动能都在依次递减，最后当这种向上趋势完全消退后，股价便反转向下。因此，下降楔形仅具有一个技术性反抽的意义，是场内抵抗性反弹和市场参与者信心逐级减弱的表现。下降楔形显示股价尚未见底，只不过是整体下跌趋势中的一次技术性反弹而已。

下降楔形一般出现在较大幅度的下跌后，与原下跌趋势相反。其形态如同开口右倾向上的楔形。这表明股价经过一段时间下跌后，出现了抄底盘介入，股价开始技术性反弹，当股价上升一定幅度后又掉头向下，但下跌至前期低点附近遇支撑再次上涨，但新的上涨浪较上一个上涨浪波幅为小，并且突破前次高点之后，并没有出现进一步上涨反而出现下跌走势，说明买盘的力量正在减弱，买盘主要来自少量的市场抄底资金，并无大规模做多力量出现。随后这类走势又重复多次，总体上形成逐级上涨的趋势。如果把这些短期低点连接起来，就得到了一条向上倾斜直线，而且两者呈向上收敛状，这就形成了下降楔形。该形态出现后，表明反弹结束，后市将会出现换档下跌的走势。当股价突破楔形下轨后，一般下跌幅度至少等于楔形短边边长的两倍。

2. 下降楔形实例解析

图 10-21 为杭钢股份 2008 年 3 月 14 日至 2008 年 11 月 4 日期间走势图。从图中可看出，该股在 2008 年 4 月中旬至 5 月中旬的这段整理行情中，走出了一个相当标准的下降楔形整理形态。该形态由三个顶部高点和三个底部低点组成。将高点和低点分别连接起来，可以得到由左向右上倾的两条“收口”水平线，高点逐级趋缓，低点逐级抬高，形成一个形状上倾的楔形的图形。这一形态出现在个股下跌途中，且个股刚刚步入下跌通道的背景之下，它的出现是股价在下跌途中的一次休整过程，一旦休整结束，个股仍将按原来的下跌趋势继续运行，后市又将重拾跌势，该股后市的走势也确实如此。自下降楔形形成后，该股就持续走弱。该股的这一走势表明下降楔形形成后，是较为明确的做空信号，应及时趁反弹出局，最大限度规避损失。

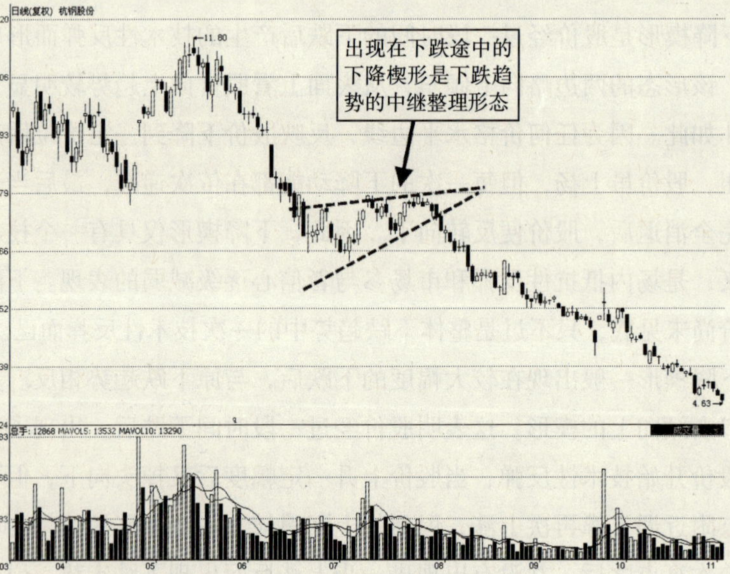

图 10-21　杭钢股份下降楔形示意图

3. 下降楔形操作要领

（1）对于下降楔形来说，在具体分析中，需要密切关注成交量、时间等诸多因素。通常楔形形态内的成交量是由左向右递减的，且萎缩较快。同样，楔形整理的时间不宜太长，一般在 8~15 日。时间太久的话，形态力道将消失，也可能造成股价反转的格局。

（2）股价越接近下降楔形的顶部区域，成交量越小。

（3）下降楔形向下突破底边边线和突破之后反抽接近于反压线之时是最佳卖点。

第六节　矩形

一、什么是矩形

矩形又称“箱形”，也是一种典型的整理形态。在矩形走势中，当股票价格上升至某一水平时遇到较大的阻力而调头向下，但股价在某一低点区域又被很快拉回，回升到前一次上升高点处再一次受阻回落，而当股价再次接近前期低点区域时，再次获得支撑。将顶边高点和低边低点连接起来，就形成一个平行规则的箱体区间，此即矩形形态。矩形是股价由一连串在两条水平的上下界线之间变动而成的形态，股价在其范围之内上升或回落。矩形顶边高点的连线为矩形整理的压力线，底边低点的连线为矩形整理的支撑线。

一般来说，矩形是整理形态，在上涨途中和下跌途中都可能出现，出现在上升途中的矩形为上升矩形，出现在下跌途中的矩形则为下降矩形，它们的形态是相同的，只是出现的位置不同。上升矩形在突破矩形上线后为短线买入信号，而下降矩线在突破矩形下沿后为短线卖出信号，其突破后的涨跌幅度通常等于矩形本身宽度。矩形形成的过程中，除非有突发性消息影响，其成交量一般是不断减少的，但突破矩形顶边压力线则需要成交量的配合，而跌破底边支撑线则不一定需要成交量的放大。

二、矩形形态实例解析

图 10-22 为中金黄金（600489）2008 年 12 月 30 日至 2009 年 6 月 11 日期间走势图，此股在此阶段一直处于上升趋势中。如图标注所示，在上升途中出现了一个矩形整理形态，整理的结果究竟是上还是下，这要根据当时多

空力量对比而定。由于此股目前处于上升途中，且累计涨幅有限，在国际金价大幅飙升的影响下，我们可以看到此股走势仍然十分强劲，做多动能充足，因而随着矩形形态构筑完毕，股价会再次步入升势。

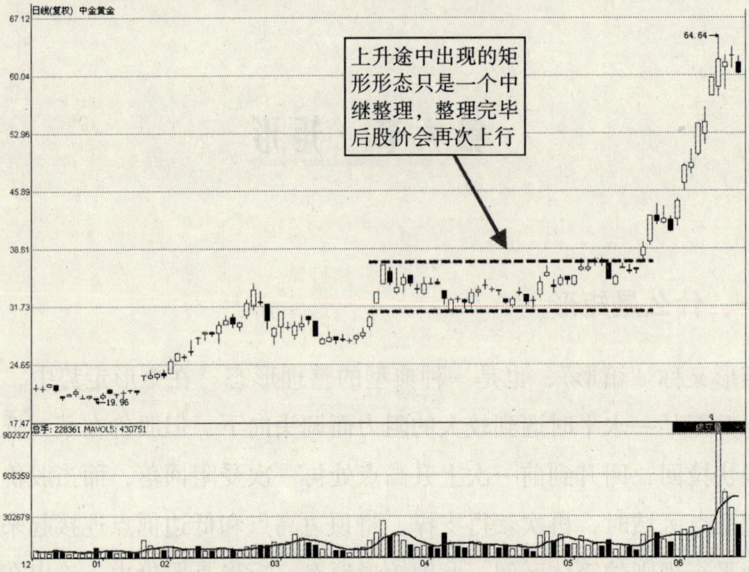

图 10-22 中金黄金上涨途中矩形示意图

图 10-23 是天山股份 2008 年 9 月 9 日至 2009 年 3 月 11 日期间走势图。从图中标注可看出，该股在这段上升趋势中，出现了一个极为标准的矩形形态，它的出现说明股价的上涨暂时受阻，多空双方在矩形区域内交战，当多方再次积累了足够的动能后，矩形形态就会出现向上突破的走势。根据矩形向上突破形态的量度升幅规律计算，该股后市升幅的高度不应低于矩形整理周期的宽度。该股后市的实际走势验证了矩形向上突破形成后的升幅有效性，这一走势足以表明，矩形向上突破是较为可信的中短线做多信号，此阶段应逢低坚决进场做多。

图 10-24 是南化股份（600301）2008 年 3 月 21 日至 2008 年 11 月 11 日期间走势图。从图中可看出，该股在 2008 年 6 月下旬至 8 月上旬的这段整理行情中，走出了一个时间跨度为 1 个多月的矩形下降突破整理形态。虽然同为矩形形态，但这一形态出现在上涨途中与下跌途中所代表的含义是不同的，出现在上涨途中的矩形是多方累积能量的过程，而出现在下跌途中的矩

形则是空方累积能量的过程，它们都属于原有趋势中的一种休整形态，当休整完毕后，股价仍会沿原来趋势继续运行。如图所示，南化股份下跌途中的矩形形态构筑完毕后，股价再次步入跌势，这一走势足以表明，矩形下降突破是较为可信的短线做空信号，此阶段应逢低坚决出场观望。

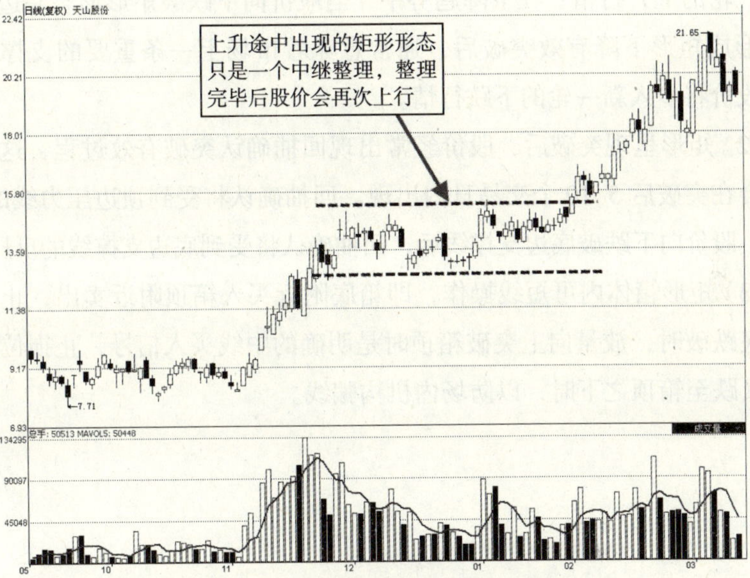

图 10-23 天山股份上涨途中矩形示意图

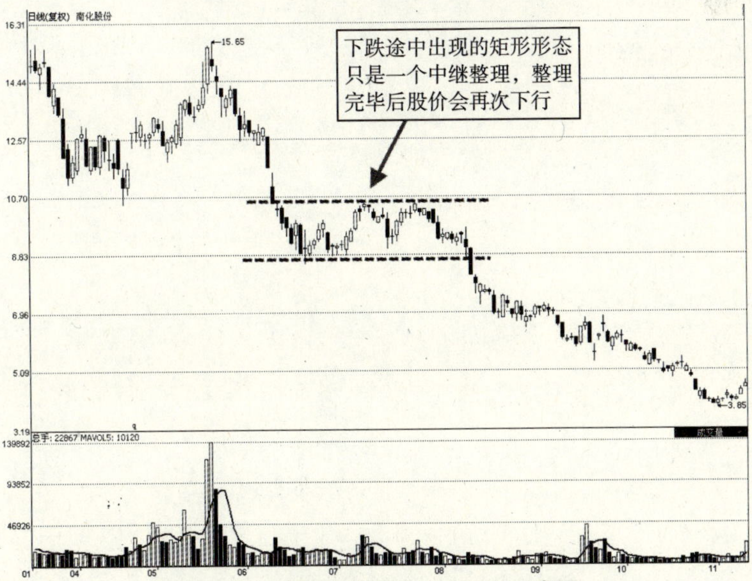

图 10-24 南化股份下跌途中矩形示意图

三、矩形形态的操作要领

（1）在上升趋势中，当股价放量向上突破矩形形态顶边的压力线，形成矩形上升有效突破后，通常意味着市场一条重要的压力线被突破，股价将开始新一轮的上升行情；在下降趋势中，当股价向下跌破矩形形态底边的支撑线，形成矩形下降有效突破后，通常意味着市场上一条重要的支撑线被击穿，股价将步入新一轮的下跌行情。

（2）矩形呈现突破后，股价经常出现回抽确认突破有效过程，这种情况通常会在突破后 5~10 个交易日内出现。回抽确认将受到顶边压力线的支撑。同理，股价向下跌破底边支撑线后，回抽确认将受到底边支撑线的反压。

（3）矩形箱体内可短线操作，即箱底附近买入箱顶附近卖出，止损位设在箱底跌破时，放量向上突破箱顶时是明确的中线买入信号，止损位设定在股价又跌至箱顶之下时，以防场内机构骗线。

第十一章　看K线形态，识主力动向

第一节　主力：趋势的制造者

一、什么是主力

在国内股市中的投资大体可以分为两大类：一种是其买卖行为比较随便，因资金规模相对较小而无法形成合力效果的“中小投资者”；另一种则是其买卖行为比较明确，又持有大量资金可以掌控大量二级市场流通筹码的“主力”。凡是有一定炒股经验的投资者都会不约而同地认定这样一个事实，即无论对于股价的中长期走势，还是对于股价的短期走势来说，主力在其中的作用是占主导地位的。

主力，顾名思义，就是主要的力量，对大盘或个股的涨跌起主导作用的力量。一般来说，我们在讨论主力的时候，主要侧重于从个股的角度出发。主力参与个股炒作的原因很简单，就是通过低吸高抛，从而达到在二级市场中赚取差价带来的利润。当主力从二级市场中大量吸筹后，由于市场浮筹的大量减少，因而主力就有了对个股走势进行控制的能力，这就是我们所说的主力对于个股进行了“控盘”。主力吸筹力度越大，则对个股走势的控制能力就越强，即控盘能力越强，体现在个股身上就是：个股的走势更具独立性。

在主力控盘过程中，有两个要点是值得投资者注意的：一是主力要在股市中直接参与买卖交易，由于中国的股市不允许做空，主力也只有在低位买进，并在高位卖出才能够获利；二是主力须有能力控制局面的发展，让自己获利出局。可以说，只有当股价涨高了，主力卖出后才可以实现获利出局的目的，为了让股价涨高，主力必须有能力拉升股价。为此，主力要把资金分成两部分，一部分资金用于建仓，这时的操作是“低买”，这时的筹码是主力等炒高了股价进行抛售获利的那部分筹码；另一部分资金则用于控制股价，如维护股价波动区间、对股价进行拉升，等等。这两部分资金比例是成反比的，即用于建仓的资金越多，则控制的股票筹码也越多，那么维护股价或拉升股价时所使用的资金就会减少；而建仓资金如果较少，则市场仍有大量的“浮筹”存在，这些浮筹会对主力后期控制股价起到不小阻碍作用，因而主力拉升与维护股价所用到的资金便会增多。

由此可见，主力要想控盘成功，有很多工作要做，如规划资金的分配，选择建仓、拉升、出货的时机，等等，是一个具有策略性的过程，这也是为何主力在股市中屡战屡胜的原因所在。下面我们就来具体看一下主力的优势都体现在哪些方面。

二、主力的优势

1. 资金实力强大

“只有你在这一领域内具备了较强的实力，你才有发言权。”主力在股市中的实力就体现在它有大量的筹码握在手里。一般来说，主力只有通过二级市场来买入这些筹码，没有巨额资金做后盾，想要大量吸筹是不可能的，一般意义上的大户是不会有这么多资金的，而散户资金则相对来讲更少。正是在依靠着强大资金实力，主力才可以让吸筹、拉升、洗盘、出货每一阶段顺利完成，从而实现一轮“高抛低吸”的成功控盘过程。

2. 消息灵通，先知先觉

在股市久了，投资者就会发现一种常见的情况，某只个股若有重大利好或利空消息发布时，在消息正式发布前，股价总是能提前反映出这一消息。普通投资者只能通过公开渠道了解消息的发布，因而这时的股价异动一定不是来自普通投资者，我们可以很有把握地说，这是市场上某个大资金对于消息的“先知先觉”才促使股价在消息发布前就出现异动，这个大资金就是我们所说的主力。股票炒的就是一个预期，能先知先觉于市场提前获得消息，从而提前对个股走势进行运作，那无疑会使自己处于极为主动的地位，这也可以说是主力获得成功的“秘笈”之一。

图 11-1 为天业股份（600807）2009 年 5 月 25 日至 8 月 25 日期间走势图，此股在 2009 年 7 月 10 日之后因重大利好消息要公布而停牌交易，在此之前股价已出现异动。如图标注所示，停牌前股价出现了较大幅度地上涨，并在停牌前两个交易日内连续收出涨停板，主力运作迹象明显，这是主力提前获知了利好消息从而提前运作股价导致的结果。

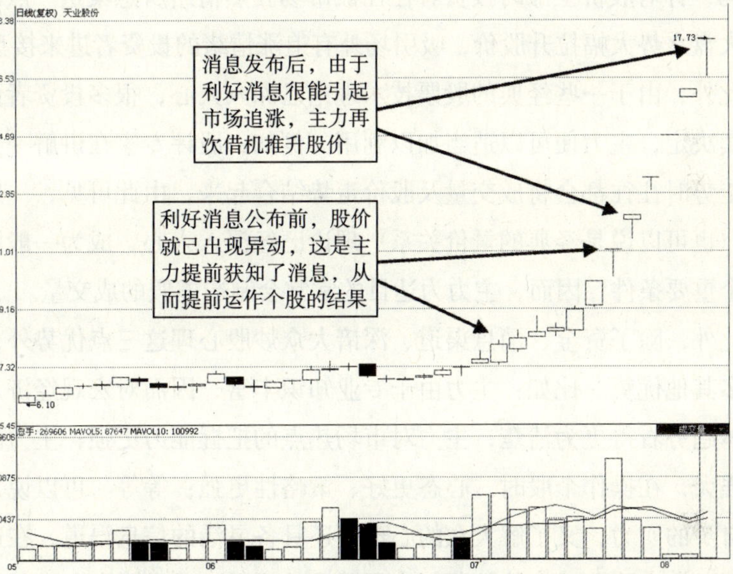

图 11-1 天业股份利好发布前股价异动示意图

2009 年 8 月 15 日此股在公布利好消息后复牌交易，其利好消息是：“天业股份：拟定向增发不超过 2700 万股收购天业黄金矿业 100%股权，其中天业黄金系为收购明加尔金源公司股权而成立（3000 万澳元收购 51%股权），明加尔金源公司已取得明加尔矿区的金采矿权 12 个，明加尔矿产区域面积为 1457 平方千米，截至目前，已探明储量的矿区面积约 50 平方千米，仅占总面积的 3.43%，明加尔金矿已探明金储量达到 12.5 吨，同时，未勘探部分矿区潜在储量丰富。”

在 2009 年上半年金价大涨的背景下，这则消息无疑能激发市场投资者的热情，看来消息发布前的涨幅还不够大，至少与主力所计划的涨幅还差一大截，因而当消息发布后，主力再次借助这一利好消息大幅拉升股价。

3. 主力深谙大众炒股心理，操盘手法老到

主力对股票市场中的投资者炒股心态是较为了解的，当主力了解了投资者炒股心态后，就可以利用适当的操盘手法达到自己的控盘目的。例如，针对股价下跌时，投资者往往会产生恐慌情绪这一点，主力为了达到快速建仓的目的，经常会利用大盘的跌势顺势打压，通过挂出大压单、进行虚拟的买卖申报等形式制造恐慌的效果，以此达到让更多散户在恐惧中交出自己手中的筹码；针对股价上涨时投资者往往被市场狂热情绪所感染这一点，主力则会借大盘之势大幅拉升股价，吸引场外有追涨情绪的投资者进来接盘。

此外，由于一些经典的股票技术理论已深入人心，很多投资者依据它来做买卖决定，主力便可以适当加以利用。例如：股评专家在讲解一只股票的后期走势时往往都会将成交量及股价走势结合起来，由此可见，一般的量价关系（也可以说是经典的量价关系）理论已经深入人心，成为一般股民选股的一个重要条件，因而，主力为达目的常常会制造虚假的成交量。

此外，除了资金、消息渠道、深谙大众炒股心理这三点优势外，主力还有很多其他优势。比如：主力由于专业知识丰富，因而对宏观经济走势、股市总体趋势看得更为清楚；主力对市场热点的把握能力更强；主力由于综合实力强大，在操作个股时，心态更好、策略性更强；等等。可以说，主力既了解自身的实力，又了解大众的心理，还具备灵活的信息渠道，在这样一种情况下，主力除非对大势的研判出现严重的错误，或发生资金链断裂等意外情况，否则，是不会不成功的。这也从另一个侧面反映了大众投资者处在一个相对不利的地位，知识贫乏、信息滞后、经验不足，等等。

三、主力的类型

就我国目前的股市二级市场中的主力情况来看，主力资金主要来自基金、券商、企业、机构、QFII、私募（民间游资）、大户或他们形成的联盟等，随着全流通时代的逐步到来，又加入了一个新的主力，即大小非。值得我们重点关注的是基金与民间游资这两个操盘手法截然不同的主力。

公募型股票基金的主要特点体现在其买卖行为是围绕着基民的申购与赎回，当基民申购多时则加大持股力度，反之则进行减仓应付基民的赎回。在行情好的时候可能会部分地追逐市场热点，在行情不佳的情况下可能会对一

些重仓股维护股价，并也会对一些基本面有利好消息的股票“抱团取暖”。在目前情况下，基金重仓股的走势多数时间可能会被动地跟随大势，但波动幅度一般会小于大势，节奏上落后于大势一个节拍。

民间游资或私募基金是沪深股市的热点制造者和热点的推波助澜者，我们常会看到同一个板块或同一种题材、概念的许多股中，在没有重大利好的前提下，仅仅凭着一些市场猜测，有些业绩一般、流通市值相对较低的股票却能在短时间内飙升，成为同板块或同题材中的“黑马”或“龙头”。如果翻看一下它的前十大流通股东，一般少有公募基金或券商，这正体现了基金与游资的风格不同。

第二节 主力控盘过程解析

主力控盘过程就是低吸高抛的过程，也是一个赚取差价的获利过程。由于本章中我们将结合主力的控盘过程来分析K线形态，因而我们有必要简单了解一下主力控盘过程的各个阶段。一般来说，我们可以将主力控盘过程分为四个阶段，即建仓阶段、洗盘阶段、拉升阶段、出货阶段。

一、建仓阶段

所谓建仓，就是主力将手中资金转化为筹码的过程。当然，主力要在尽可能低的价位上买入股票，这样才可以将手中有限的资金转化成为更多的筹码；也只有在较低的价位买入，才能更好地在股价涨上去之后从容卖出。不同类型的主力选择的目标建仓股是不同的，比如长线主力多挖掘有业绩增长潜力的绩优股，而短线主力则往往顺应市场热点挖掘短期内的题材股。

二、洗盘阶段

洗盘的主要目的就是为让个股在后期可以更从容地上涨。我们知道，当个股已累积了较多的市场获利盘时，由于获利盘随时都会有“套现”的冲动，这对个股的上涨是极为不利的，而且当主力出货时，若这些获利盘抢着跟主力一起出货，那对主力是极为不利的。通过洗盘，主力可以让市场浮筹在一个较高的价位上充分换手，这样就可以大大提高市场持仓成本，为后期上涨和后期主力出货打下基础。主力洗盘的意图和目标是明确的，如果洗盘你不走，就继续反复地进行横盘震荡或者反复地打压，看看跟庄者究竟能耗多久，最后洗盘到主力感到满意为止。

洗盘既可以出现在拉升之前，也可以出现在拉升途中。出现在拉升之前的洗盘我们一般将其称作“震仓”，即把意志不坚定的浮筹震出去，震仓既可以检验主力的控盘能力，也可以为大幅拉升打好基础；出现在途中的洗盘是为提高市场持仓成本，从而为后期继续拉升打下基础，也为主力后期出货打下基础。

三、拉升阶段

为了实现高抛低吸的目的，主力必须将股价拉上去，这就是所谓的拉升。一般来说，在自己能力之内，主力是能拉到多高就拉到多高，然后在一个较高的价位套现出局。通常情况下，主力拉抬股价都要借助外围因素，比如有关上市公司或相关行业的一些朦胧利好消息、大盘企稳上升，等等，以此减轻拉抬过程中的抛压，并逐步吸引跟风盘进场帮助主力拉抬。

四、出货阶段

出货就是指主力将自己手中筹码在高价位卖出进行套现。出货是关系到主力坐庄成败的关键的一个环节，当股价达到主力设计好的目标价位后，主力就会选择合适的时机进行出货。这个合适时机是跟坐庄者人气旺盛被赢钱冲昏头脑之时或者公众散户贪得无厌之时，散户跟着买而主力则顺势而为统统抛出去，这一般要结合强势的大盘或利好消息才能顺利完成。当你发觉股票怎么不涨反跌的时候，主力已经出局，而散户已经被套住了。相对来说，出货也是主力控盘过程中最难的一个环节，如果主力顺利完成出货，获利必定十分丰厚。但通常情况下，主力出货都需要反复进行数次炒作，才能最终完成全仓出货。

任何主力在实际控盘时都会经历以上几个阶段，不同类型的主力有不同的侧重点，比如短线主力更关注个股短期之内的拉升，而长线主力则较为关注低位区的建仓布局。

图 11-2 为中国软件（600536）2008 年 10 月 6 日至 2009 年 7 月 20 日期间走势图，图中标注在此期间内主力对于此股的控盘过程。值得注意的是：洗盘阶段仅仅出现在了大幅拉升之前，而在拉升途中并没有明显的洗盘迹象，这与主力的控盘风格密不可分。

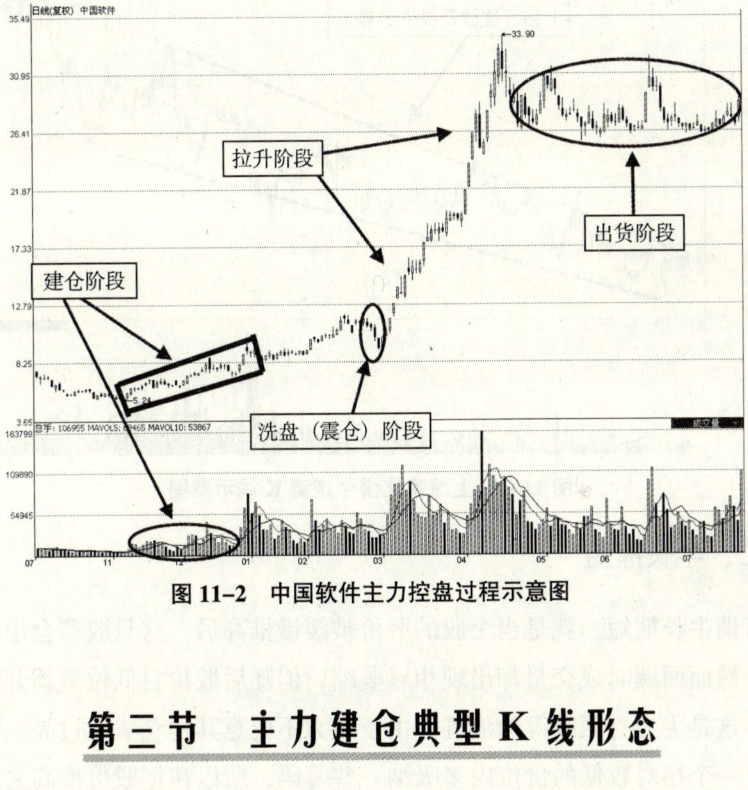

图 11-2　中国软件主力控盘过程示意图

第三节　主力建仓典型 K 线形态

一、慢牛走势

在主力缓慢、持续吸筹的背景下，个股会走出慢牛形态。所谓的慢牛走势就是指股价呈现缓慢上扬的格局，这是因为主力的吸筹改变了一只股票的供求关系，这使得一只股票的下跌动能被完全抵消。但为什么一定是慢牛呢？因为主力要想控制一只股票，需要大量的筹码，如果主力吸筹过快的话，会引发这只股票迅速上涨，从而暴露主力的意图，引起市场公众的追涨，这是主力吸筹时所忌讳的，而股价缓慢上涨为主力相对低位吸筹提供了较为充足的时间，主力才有机会在低位区大量吸筹，为日后的控盘打好基础。图 11-3 为上海家化慢牛走势示意图。

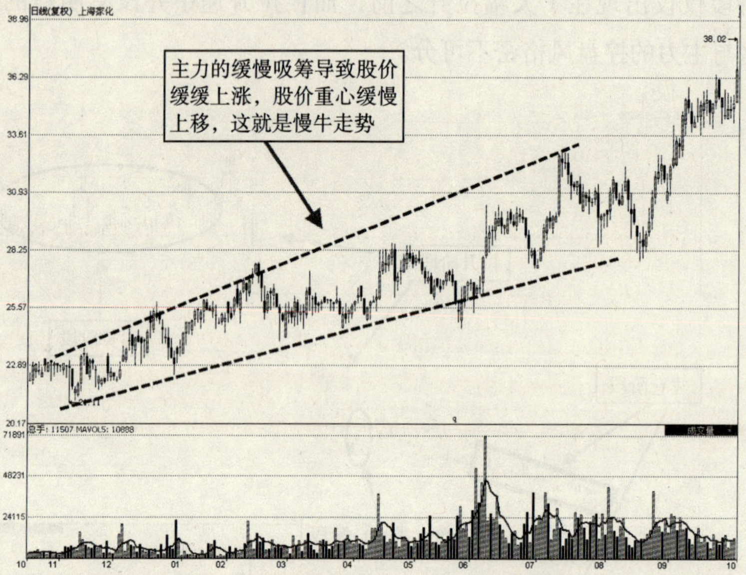

图 11-3　上海家化慢牛走势 K 线示意图

二、牛长熊短

所谓牛长熊短，就是当个股的股价被缓慢推高后，这只股票会出现快速回调，然而回调时成交量却出现相对萎缩，但随后股价自低位重新开始缓慢上升，这是主力打压吸筹的痕迹。由于主力不愿意其建仓成本过高，因此会希望在一个相对较低的价位内多吸纳一些筹码，所以在把股价推高之后，主力往往在大盘震荡的时候瞅准机会来一次打压，这种打压所形成的大阴线会给散户造成强大的心理压力，在主力打压和散户恐慌抛售的双重压力下，股价迅速下跌。这种方法不仅节约了时间和空间，而且当股价再次被推高时，散户的解套盘就蜂拥而出，主力如果愿意，还可以进一步吸筹。对于牛长熊短的走势而言，我们还需要关注这种走势所发生的位置，只有相对低位的牛长熊短才可能被判为主力吸筹，在一只股票已经上涨了许多之后的牛长熊短，仅可以理解为主力不大可能出货，而不能简单地理解为主力正在加仓。图 11-4 为金陵饭店牛长熊短形态示意图。

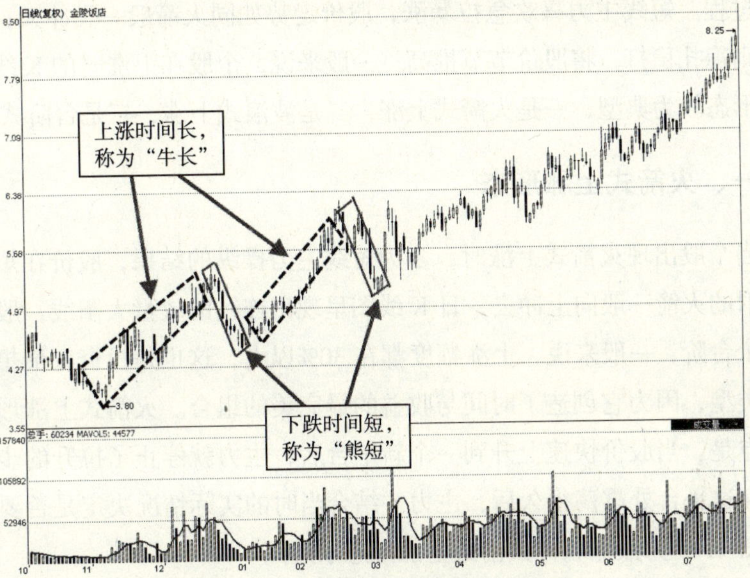

图 11-4 金陵饭店牛长熊短形态示意图

三、红肥绿瘦

红肥绿瘦是侧重于从单根K线形态来说明的，红肥是指阳线实体较长，而绿瘦则指阴线实体较短。在整个吸筹阶段，K线图基本上以阳线为主（且经常出现大阳线），夹杂少量的绿色的阴线（相对于阳线实体来说，形态较短），这样的K线形态我们通常称之为红肥绿瘦。

红肥绿瘦多会夹杂在慢牛走势、箱体震荡、牛长熊短等日K线所形成的走势当中。在很多时候，主力为了能在一天内吸取更多的筹码，会在盘中大量买入，从而将股价节节推高，这样收盘时K线图上常常留下一根红色的阳线，伴随着大阳线出现的是成交量的快速放大，这显示出当日的交投极为活跃，而主力就是当日的吸筹者。

第四节 主力拉升典型K线形态

不同的主力有不同的拉升方式，这体现在个股往往会以不同的形态完成上涨过程。短线主力喜欢急拉暴涨，股价走势如同火箭般一飞冲天；中长线主力则稳扎稳打，将股价节节推高；一般来说，个股在上涨时的 K 线走势有三种形态较为典型，一是火箭式上涨，二是波浪式上涨，三是台阶式上涨。

一、火箭式上涨形态

当个股出现火箭式上涨时，多为短线主力操纵的结果，股价在短期内犹如发射的火箭一般向上冲去，日 K 线图呈现出连续的放量大阳线，股价迅速上一个台阶，一般来说，上涨幅度都在 30%以上，这也是投资者最想捕捉的黑马类型，因为它创造了时间与收益的最完美的组合。火箭式上涨形态的最大特点是，当股价快速上升到一个新平台后，主力就停止了拉升的步伐，股价要在这平台处震荡很久后，主力才结合当时的实际情况决定是否要再次拉升。图 11-5 为浪潮软件火箭式上涨形态示意图。

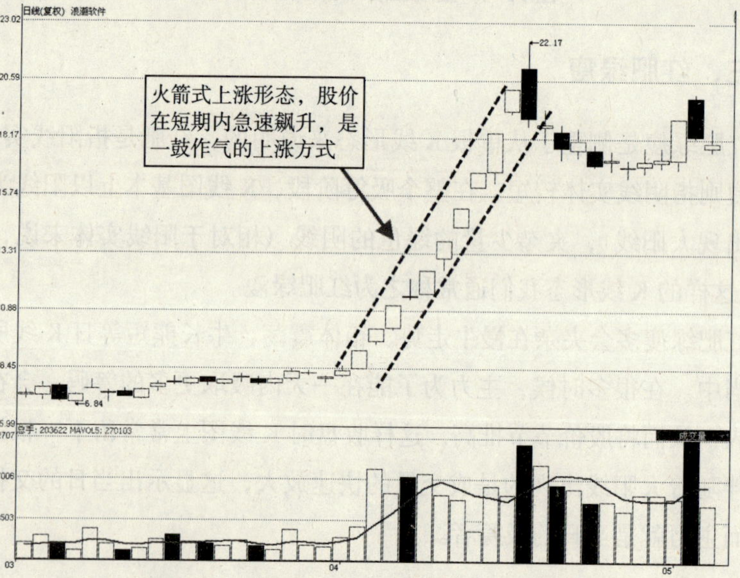

图 11-5 浪潮软件火箭式上涨形态示意图

二、波浪式上涨形态

波浪式是一种稳中推进的方式，它出现在大盘回暖时，主力一边吸筹、一边推高股价的过程中。在 K 线形态中，股价运动趋势呈波浪式的一浪一浪向上推进，一波较为明显的上涨浪过后，就会出现一波幅度不大的回调浪，给人一种股价运行较为自然的感觉。图 11–6 为中海发展波浪式上涨形态示意图。

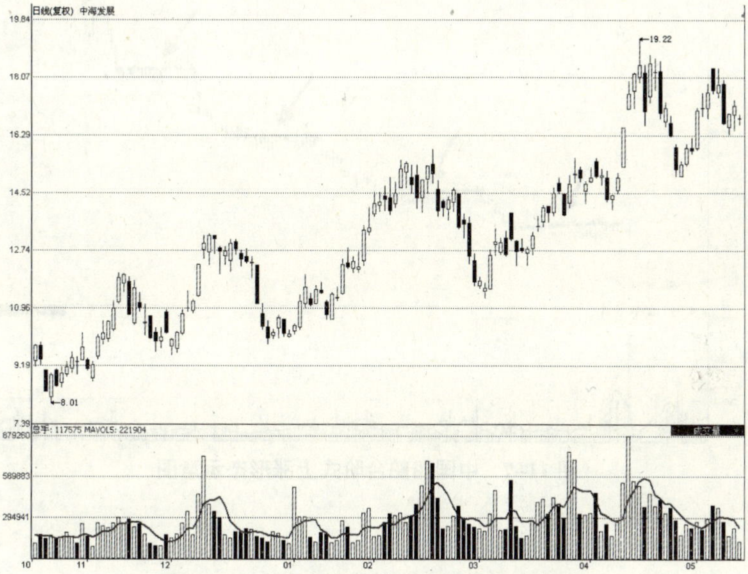

图 11–6　中海发展波浪式上涨形态示意图

三、台阶式上涨形态

台阶式上涨形态多出现在中长线主力控盘的个股中，个股总体涨幅往往都很惊人。从 K 线形态上来看，股价的上涨是一个台阶一个台阶地上涨，即每次股价的上涨都来自于几天内的连续大阳线将股价打高一个台阶，而每上一个新的台阶后就会采取平台或强势整理的方法，经过这种方式的洗盘后再度拉升股价至一个新台阶。图 11–7 为中国船舶台阶式上涨形态示意图。

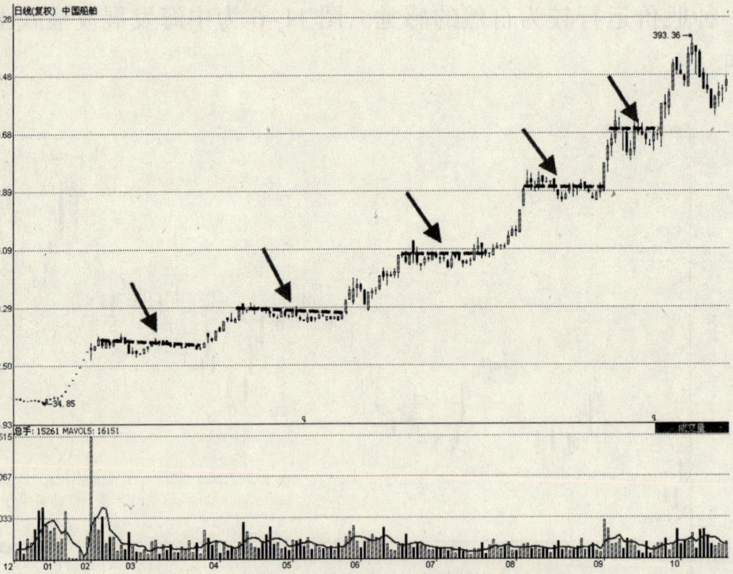

图 11-7 中国船舶台阶式上涨形态示意图

第五节 主力洗盘典型 K 线形态

一般来说，个股在洗盘时的 K 线走势有三种形态较为典型，一是 K 线空头排列形态，二是横盘整理形态，三是箱体大幅震荡形态。

一、K 线空头排列形态

所谓 K 线空头排列是指个股在走势图中连续收出阴线，既可能是高开低走的大阴线，也可能是直接下跌的大阴线，同时股价下了一个台阶，给人一种主力大量出货的盘面感觉，其产生原因多是主力使用了打压式洗盘手法。K 线空头排列由于使得股价在短时间内跌幅较大，可以制造良好的恐慌气氛，迫使获利投资者抛出手中筹码，而跟踪此股很久的投资者正苦于股价上涨中没有出现回调而不愿介入时，却发现了这个机会。在主力的引导下，市场浮筹充分换手，为再次拉升创造了条件。图 11-8 为天坛生物 K 线空头排列形态示意图。

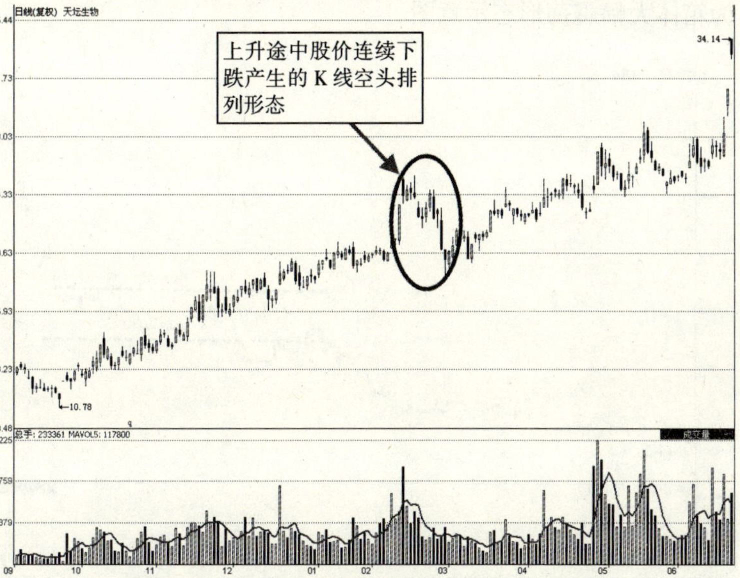

图 11-8　天坛生物 K 线空头排列形态示意图

二、横盘整理形态

股价上升到一个新的高度时，主力停止拉升，但主力也不想让股价出现大幅回落。这种洗盘的方式特征是：股价呈现小幅震荡，使得短线上几乎没有什么差价，成交量相对萎缩，给人感觉此股交投极不活跃，主力在此期间既没有打压也没有拉升，一般多是通过在委托盘上挂大压单、下挂大托单用以维持股价，以引导散户投资者充分换手。这种横盘震荡型的方法，主要是针对市场绝大多数投资者没有耐心的弱点，达到淘汰一批持股者出局的目的。该形态与我们前面讲过的上升矩形形态基本相同。图 11-9 为中金黄金横盘整理形态示意图。

三、箱体大幅震荡形态

箱体震荡型 K 线的主要特征是：股价在一定的空间内震荡，其幅度一般在 30%左右，股价在箱体中震荡上行时，成交量相对放大，震荡下跌时，成交量则相对缩小；总体量能效果相对前期的拉升会小很多，由于此时股价累计已有一定的涨幅，因此这种股价在相对高位大幅震荡会给人一种震荡出货的感觉。当量能迅速放大，股价迅速向上突破平台的时候，洗盘结束。图

11-10 为箱体大幅震荡形态示意图。

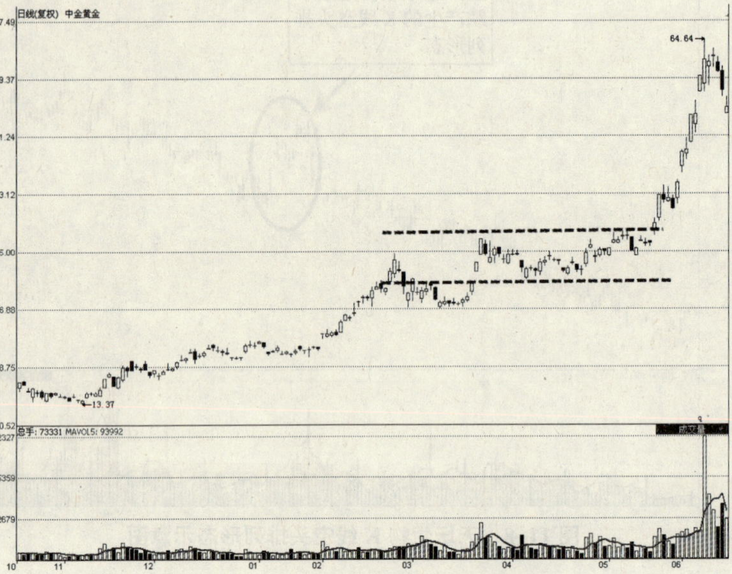

图 11-9　中金黄金横盘整理形态示意图

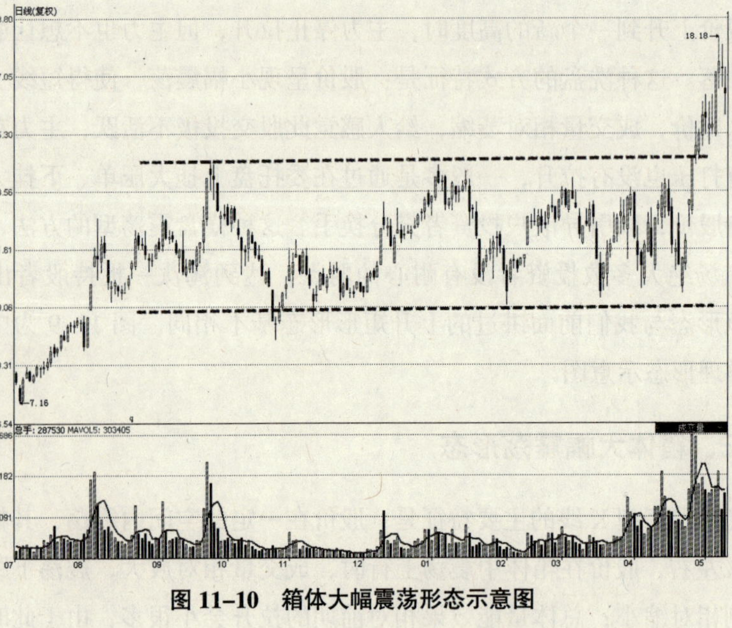

图 11-10　箱体大幅震荡形态示意图

第六节 主力出货典型 K 线形态

一、慢熊走势

在主力缓慢、持续出货的背景下，个股会走出慢熊形态。所谓的慢熊走势就是指股价呈现缓慢下跌的格局，这是因为主力的出货改变了一只股票的供求关系，这使得一只股票的上涨动能被完全抵消。但为什么一定是慢熊呢？因为主力手中握有大量的筹码，如果主力出货过快的话，会引发这只股票迅速暴跌，从而暴露主力的出货意图，引起市场公众的杀跌，这是主力出货时所忌讳的，而股价缓慢下跌为主力相对高位出货提供了较为充足的时间，主力才有机会在高位区大量出货，才有可能最大限度地获取差价利润。图 11-11为慢熊走势示意图。

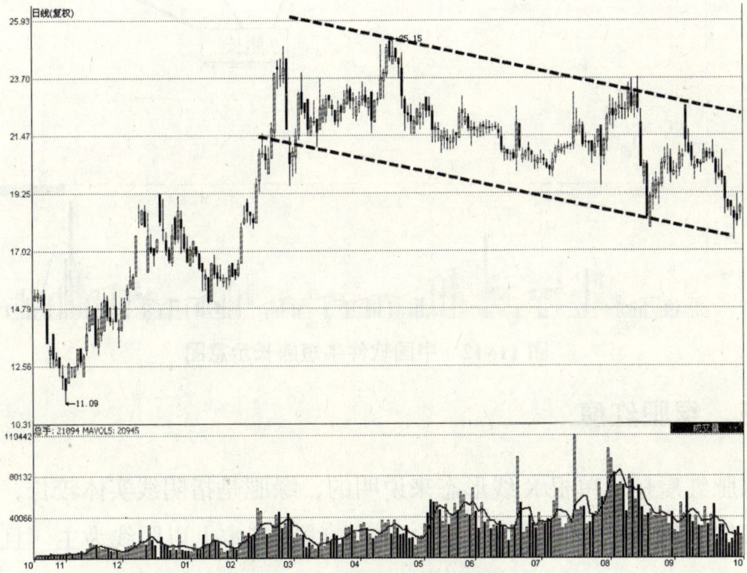

图 11-11 慢熊走势示意图

二、牛短熊长

主力在出货时期必须将自己在底部买进的筹码换成追高者手中的高位追涨筹码，即实现底部的低价筹码向上顶部转移。等到股价处在拉升末期时，为了迷惑投资者并吸引跟风盘，主力会刻意制造“走势强劲”的假象，所以在做K线图时往往会有意做成醒目的长阳线、向上跳空缺口、涨停板，以此来吸引散户投资者积极介入。但是一旦散户介入，就会发现股价开始持续阴跌，这说明股价升势已至末期，主力迅速推高之后便开始陆续派货，出货期会耗去相当长的时间，牛市显得极为短暂，且股价下跌时间明显长于上涨时间。图11-12为中国软件牛短熊长示意图。

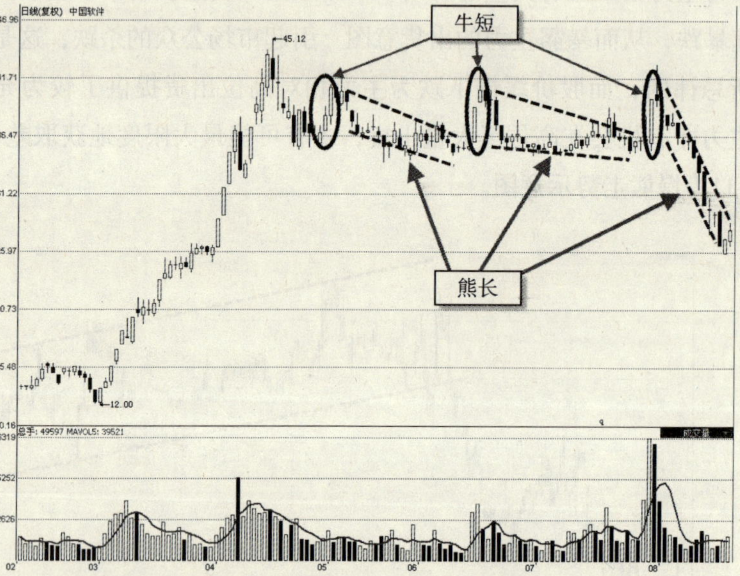

图11-12 中国软件牛短熊长示意图

三、绿肥红瘦

绿肥红瘦是从单根K线形态来说明的，绿肥是指阴线实体较长，而红瘦则指阳线实体较短。在整个出货阶段，K线图基本上以阴线为主（且经常出现大阴线），夹杂少量的红色的阳线（相对于阴线实体来说，形态较短），这样的K线形态我们通常称之为绿肥红瘦。

后 记

本书经过笔者长时间的打磨、反复修改，终于与读者见面了。对于广大股民朋友而言，K 线形态是最常接触也是最为重要的，但重要的东西并不等于一定能掌握好，目前市面上有不少关于 K 线形态方面的书，但这些书的通用性一般并不强。写作一本关于 K 线形态这方面内容的实用性书籍，笔者构思已久，一方面是希望能将自己多年来的经验积累与股民分享，另一方面也是希望能通过对 K 线形态进行系统性的讲解，让股民朋友可以轻松、全面、深入地掌握 K 线分析的方法，实现股市获利之道。

由于市场变幻莫测，本书也无法对每一种 K 线形态都进行分析，“授人以鱼不如授人以渔”，本书在讲解 K 线形态的时候更侧重于方法的讲解，只有在理解了 K 线分析方法的基础之上，投资者才能真正地学懂 K 线、才能真正地会用 K 线，这也是本书的最终目的。

本书在编写过程中，得到了石娟、俞慧霞、刘丹、吴华、黄凤祁、郑小兰、李银玲、张超、王海涛、谢荣湘、张玉梅、李星野、黄皇华、王媛媛、梁小明、王天宝、石国桥、吕艳、何凤娣、马连萍、杨慧艳等人的大力支持，在此深表感谢。